Problemas de la conducta y

EMOCIONES EN EL NIÑO NORMAL

Problemas de la conducta y

EMOCIONES EN EL NIÑO NORMAL

Guido Aguilar

EDITORIAL
TRILLAS

México, Argentina, España,
Colombia, Puerto Rico, Venezuela

Catalogación en la fuente

Aguilar, Guido
Problemas de la conducta y emociones en el niño normal. -- 2a ed. -- México : Trillas, 2009 (reimp. 2010).
312 p. : il. ; 23 cm.
Incluye bibliografías e índices
ISBN 978-607-17-0223-4

1. Niño, Estudio del. 2. Emociones. 3. Conducta humana. I. t.

D- 155.412'A626p LC- BF723.E6'A3.6 3769

División Administrativa,
Av. Río Churubusco 385,
Col. Gral. Pedro María Anaya,
C. P. 03340, México, D. F.
Tel. 56884233, FAX 56041364

División Comercial,
Calzada de la Viga 1132,
C. P. 09439, México, D. F.
Tel. 56330995, FAX 56330870

www.trillas.com.mx

Tienda en línea
www.etrillas.com.mx

Miembro de la Cámara Nacional de la Industria Editorial
Reg. núm. 158

Primera edición SR
ISBN 968-24-6590-7
(SM)
Segunda edición SO
ISBN 978-607-17-0223-4

Reimpresión, 2010

Impreso en México
Printed in Mexico

Se imprimió en
Impresora Publimex, S. A. de C. V.

B 90 TW

Presentación

PROBLEMAS DE LA CONDUCTA Y EMOCIONES EN EL NIÑO NORMAL es un libro que nació conceptualmente desde que Editorial Trillas publicó en 1987 la primera edición de la obra *Conductas problema en el niño normal* (Guido Aguilar, Blanca G. de Lebl y Luis A. Recinos). Muchas personas insistieron en un libro de continuación, pero no fue sino 10 años después, a sugerencia de la editora Priscila Harfush de Editorial Trillas, cuando la obra cobró verdaderamente formalidad. Mi amistad con importantes psicólogos iberoamericanos permitió una interesante selección de temas y autores, cuya formalidad y madurez se reflejan en este libro. Preferí esta vez incluir algunos capítulos extensos, pero que tratan los temas a fondo.

Y ahora, después de publicar la segunda edición además de mejoras en los programas y acualizaciones de todos los artículos, se incluyen dos capítulos nuevos, ambos relativos al desarrollo y manejo de emociones. El primero de ellos, con el que se inicia ahora el libro, brillantemente escrito por Carmen Lucía Cordón, una de mis más estrechas colaboradoras en la actualidad, señala la importancia del buen manejo de la frustración en la vida diaria, para *el desarrollo de la felicidad de los niños.* Y el segundo capítulo, también nuevo para la obra y escrito por Andrea Musso, presenta *actividades divertidas* para que padres y maestros ayuden a los niños a entender mejor sus *emociones.* En el capítulo 3 revisamos con Hade Dávila, el tema de la *autoestima*, desde su conceptualización, formación y evaluación, hasta sus problemas y formas de superarlos.

En el capítulo 4, Lucía Cazali Leal y Cecilia de León, dos brillantes psicólogas guatemaltecas, abordaron un programa útil, bien conceptualizado y práctico para el *manejo del niño enojado.* Y, para contrastar, dos conocidos investigadores españoles, María Inés Monjas Casares y

Vicente Caballo, presentan en el capítulo 5 un interesante y muy completo programa para entender, evaluar y tratar *la timidez y el retraimiento infantil*. El capítulo 6, sobre el *tratamiento de la depresión infantil*, fue escrito por Victoria del Barrio, quien ha realizado y escrito abundantemente sobre el tema en España.

Tres psicólogas que trabajan conmigo, Betsy Espada, Anna Urrutia y Elizabeth Gordillo, escribieron y actualizaron según su amplia experiencia, un brillante capítulo 7 acerca de un tema de moda: el *trastorno por déficit de atención y la hiperactividad* desde un punto de vista práctico para ayudar a padres, maestros y al niño mismo.

El capítulo 8 trata un tema de sumo interés para el desarrollo del niño emocionalmente sano: *cómo enseñar a los niños a pensar racionalmente*. Solicité este capítulo a José J. Navas Robleto, conocido psicólogo de origen nicaragüense que ha desarrollado un importante trabajo de terapia racional emotiva en Puerto Rico.

El capítulo 9 fue escrito por una psicóloga boliviana, Patricia Wiener, a quien siempre he respetado por su profundidad y dedicación. Basada en su investigación y trabajo de años, escribió acerca de *cómo descubrir, desarrollar y potenciar las habilidades cognoscitivas de los niños*.

Y para finalizar con broche de oro esta obra, en el capítulo 10 Clara Enriqueta Salazar Meléndez, con su amplia experiencia como investigadora en psicología educativa, trata con profundidad el complejo y a veces confuso tema del *bajo rendimiento escolar*, orientado fundamentalmente a la identificación y clasificación del mismo. Sólo identificando con propiedad estos problemas resulta viable su solución.

Agradezco el esmero y la dedicación de cada uno de los autores, pues gracias al trabajo conjunto esta obra se mantiene actualizada y a la vanguardia en su segunda edición. Un agradecimiento especial a mi esposa, Roxanna Molina, y a mis hijas, Francisca, Carolina, Ericka, Christel, Daniella y Gabriella, por su apoyo incondicional en éste y en todos mis proyectos de vida.

Estoy seguro que este libro será de gran ayuda para muchos niños, por medio de los padres, maestros y profesionales que lo consulten.

GUIDO AGUILAR
Director

Acerca de los autores

Aguilar, Guido. Clínicas de Psicología y Biorretroalimentación, Guatemala.

Caballo, Vicente. Universidad de Granada, España.

Cazali Leal, Lucía. Universidad del Valle de Guatemala.

Cordón, Carmen Lucía. Clínicas de Psicología y Biorretroalimentación, Guatemala.

Dávila, Hade. Clínicas de Psicología y Biorretroalimentación, Guatemala.

De León, Cecilia. Clínicas de Psicología y Biorretroalimentación, Guatemala.

Del Barrio, Victoria. UNED, Departamento de Psicología, Madrid, España.

Espada, Betsy. Clínicas de Psicología y Biorretroalimentación, Guatemala.

Gordillo, Elizabeth. Práctica privada, Guatemala.

Musso, Andrea. Práctica privada, Guatemala.

Navas Robleto, José J. (PSYPRO) Producciones Psicológicas y Educativas, Corp. San Juan, Puerto Rico.

Monjas Casares, María Inés. Universidad de Valladolid, España.

Salazar Meléndez, Clara Enriqueta. Psicopedagogía Salazar, Guatemala.

Urrutia, Anna. Clínicas de Psicología y Biorretroalimentación, Guatemala.

Wiener B., Patricia. Universidad Católica Boliviana.

Índice de contenido

1

Quiero que mi hijo sea feliz: el papel de la frustración en el bienestar emocional del niño

CARMEN LUCÍA CORDÓN

Con las mejores intenciones se obtienen la mayoría de veces los peores efectos.

OSCAR WILDE

EL DESEO DE HACER HIJOS FELICES

No existe un manual de cómo ser padres perfectos y que además nos garantice el éxito, y si lo hubiese seguramente sería de los libros más vendidos en la historia. Cada uno de nosotros en el rol de padre o madre hacemos nuestro mayor esfuerzo para lograr que nuestros hijos sean felices. Nos aventuramos a proezas de superhéroes, alcanzamos metas en su honor, e incluso en ocasiones nos permitimos olvidarnos de nosotros mismos con tal de satisfacer sus necesidades y rodearlos así, de un mundo lo más perfecto posible. "Si está dentro de nuestras posibilidades complacerlo, ¿por qué no hacerlo?", escucho frecuentemente.

Es difícil entender cómo las mejores intenciones pueden provocar los peores efectos. Sobre todo, las palabras de Oscar Wilde que inician este trabajo, suenan frívolas y duras cuando esas intenciones son precisamente las nuestras, y el objetivo que se persigue es la felicidad de nuestros hijos. Sin embargo, la realidad es que el fenómeno del que se ocupa este trabajo evidencia chicos y chicas desmotivados, con problemas de autoestima, inseguros y poco comprometidos con metas, a pesar de contar con padres que se dedican fervientemente a la tarea de hacerlos felices.

Actualmente, muchos de los padres que acuden en búsqueda de orientación psicológica manifiestan estar confundidos en cuanto a la postura que deben tomar en la disciplina de sus hijos. Algunos argumentan que cuando niños fueron educados en ambientes muy cerrados y con padres a quienes consideraban autoritarios; no había mucho espacio para expresar sus opiniones y sentimientos. Ellos no quieren repetir la historia y quieren crecer más atentos a las necesidades de sus hijos y con mentalidades más amplias, sin coartar su desarrollo.

Sin embargo, en este camino, pareciera que la dualidad autoritarismo-permisividad ha fallado en encontrar un balance, y los efectos que se derivan de esta situación evidencian un gran número de padres que en el afán de ser "padres perfectos" sienten que la educación y disciplina de sus hijos se les ha ido de las manos.

Colmar a nuestros hijos de atenciones, actividades y regalos con el fin de que sean lo más felices que se pueda, aparte de ser desgastante e incluso costoso en términos económicos, implica un grave error al definir nuestro papel como padres. El objetivo de la formación que les damos no debería enfocarse en hacerlos felices, sino en enseñarles a producir ellos mismos su propia felicidad, a construir condiciones que les produzcan bienestar y poder tolerar y afrontar con las mejores estrategias posibles aquellas situaciones que no se los permiten. El error radica en creer que debemos ser el motor que impulse esa felicidad, en lugar de constituirnos en promotores de este valor. Está en nuestras manos promoverla, no crearla.

En el presente capítulo se revisan algunos de los mitos respecto del papel de los padres en la construcción de la felicidad de sus hijos y los efectos que estas actitudes pueden desarrollar en los niños. Se analiza el lugar que ocupa la frustración en esta dinámica y se plantea una serie de acciones orientadas a la identificación y la modificación de algunas conductas de los padres, que pueden influir en el manejo de la frustración de sus hijos. Por último, se presenta un breve desarrollo acerca de algunas ideas para proveer a nuestros hijos de herramientas que les ayuden a construir la felicidad por sí mismos.

Si usted ha iniciado este capítulo acompañado del cuestionamiento de si es una madre o un padre que tiende a tomarse la felicidad de sus hijos como una tarea de la que solamente usted es responsable e intuye que puede estar dejando de lado algunas consideraciones necesarias, es importante que inicie este análisis con la revisión de algunas creencias que pueden influir en las decisiones que toma en relación con la educación de sus hijos; algunas creencias que veremos más adelante pueden tener buenas intenciones pero generar efectos negativos.

MITO 1. LAS FRUSTRACIONES PRODUCEN TRAUMAS

La noción de frustración implica la sensación desagradable que proviene de experimentar que nuestros deseos no son satisfechos. Muchos padres creen que la experiencia de frustración hará que sus hijos se queden traumados por toda su vida, de tal forma que algunos padres hacen todo lo que pueden para evitar que los chicos encuentren obstáculos en el camino.

En realidad, pareciera que esta aseveración responde al error de enfocarse en los efectos inmediatos de la frustración: definitivamente cuando nuestros deseos no se ven satisfechos experimentamos sensaciones molestas como tristeza, enojo o decepción. Consideremos los principios de nuestra relación con nuestros hijos, cuando aún eran bebés. La madre frente al recién nacido intenta satisfacer las necesidades básicas de su bebé, de tal forma que si tiene hambre le dará de comer, si identifica que tiene sueño lo ayudará a dormir. En muchos sentidos la confianza básica del bebé se desarrolla a partir de una experiencia afectiva consistente en la que ante sus carencias y necesidades exista un adulto que con su presencia le mande el mensaje siguiente: "Tus necesidades son importantes para mí, y yo estaré ahí cada vez que me necesites." Esta es una actitud válida e importante para un recién nacido, totalmente dependiente de los adultos. Sin embargo, muchos padres que desean evitar a toda costa la frustración en sus hijos, continúan esta postura al pasar de los años, y siguen acudiendo ante el mínimo llamado de sus hijos. Están allí para ayudarlos a hacer tareas, para comprarle el juguete que "necesita", o simplemente para auxiliarles ante la tragedia de que su equipo no ganó el partido de futbol, en edades en que el niño ya tiene la capacidad de valerse más por sí mismo. No hay que olvidar que la experiencia de afrontar los obstáculos sin la ayuda de otros representa por sí misma una importante oportunidad de aprendizaje.

EFECTO: "LAS COSAS DEBEN SALIR COMO YO QUIERO PARA PODER SER FELIZ"

Los niños que no tienen exposición a las frustraciones, no tienen costumbre de sentirse incómodos o de necesitar algo, por lo que en el momento que una frustración aparece, se sienten fuertemente amenazados, incapaces e impotentes. La fantasía de ser invencible se derrumba ante el más leve obstáculo, pues le son tan ajenos este tipo de problemas que exageran su importancia y el significado que le atribuyen con respecto a cómo éste pone a prueba la percepción de sí mismos. En pocas palabras, se vuelven intolerantes a la frustración.

MITO 2. EL AMOR ES SUFICIENTE PARA CREAR UNA BUENA AUTOESTIMA

La opinión que tenemos de nosotros mismos determinará en gran medida la forma en que nos sintamos capaces y nos aventuremos a emprender nuevos retos. De la forma en que nos sentimos apreciados y valorados por lo que somos nace la seguridad y un sentimiento de bienestar que funciona como piedra angular en el desarrollo de nuestra personalidad.

El amor incondicional manda el mensaje al niño de que es valioso para sus padres, y en esto se basa una buena parte de la autoestima, sobre todo durante los primeros años. Sin embargo, la autoestima de los niños no se fundamenta solamente en el número de veces que los padres les recuerdan que son amados, o la frecuencia con la que les decimos lo exitosos o hábiles que son. La autoestima no puede ser donada, ni creada artificialmente, por el contrario, es a través de la propia vivencia como se pueden acumular nociones de valía acerca de uno mismo. A partir de la puesta en acción de sus habilidades, el niño pondrá a prueba el concepto de sí mismo y será testigo, por ejemplo, de que a pesar de que su madre le ha dicho que sus dibujos son los mejores del planeta, ha perdido el concurso que tanta ilusión le daba ganar. No significa esto que la autoestima sea proporcional a la suma de éxitos en nuestra experiencia. Más allá de esto, se trata de la forma en que enseñamos y modelamos (recuerde lo importante de sus acciones como ejemplo para el niño) la habilidad de dar significados a las situaciones que nos rodean. La valoración del esfuerzo realizado en una tarea o el aprendizaje obtenido a partir de varias situaciones de ensayo/error son maneras importantes de encontrar satisfacción en una tarea (y a su vez, sentirse orgulloso de uno mismo), sin que precisamente hayamos alcanzado el logro que esperábamos. No hay nada más satisfactorio que por fin, después de mucho esfuerzo, lograr hacer algo que no podíamos. ¿Recuerda el momento en que consiguió manejar bicicleta por primera vez, sin la ayuda de las rueditas auxiliares?

Solamente el niño que se ve enfrentado a la experiencia de superar obstáculos puede ir formando una estructura de confianza en sus propios recursos. En la figura 1.1 se presentan los distintos significados que le podemos adjudicar a la experiencia de la frustración y cómo a partir de esto se construyen interpretaciones acerca de nuestras propias capacidades.

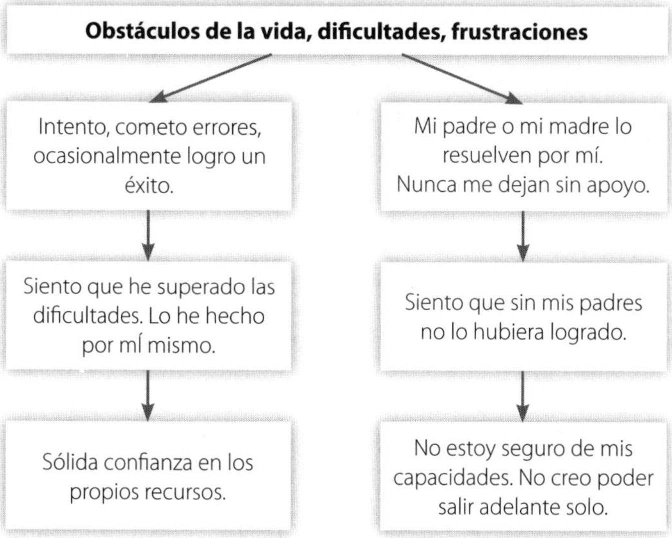

Figura 1.1. Relación entre la experiencia de frustración y confianza en uno mismo.

EFECTO: "ME SIENTO SEGURO(A) Y BIEN CONMIGO MISMO SÓLO CUANDO ESTOY CON MI MADRE/PADRE. EL MUNDO ME PARECE AMENAZANTE Y PELIGROSO"

Los niños cuya autoestima no se ha visto retada a partir de la puesta a prueba de sus habilidades encuentran sumamente difícil enfrentarse a nuevas situaciones o participar en actividades en las que deben competir. Manifiestan dificultades específicas en las relaciones con hermanos y presentan fuertes conflictos cuando de compartir se trata. En ocasiones, con el inicio de la experiencia escolar, presentan también problemas de tipo social, pues sucede que se retraen de la interacción con otros en la búsqueda de sentirse seguros, o evidencian conductas de conflicto en las relaciones cuando sienten amenazada su autoestima.

MITO 3. NECESITAN NUESTRA AYUDA

Manuel es un niño de 10 años que ha presentado dificultades académicas desde los siete años. Nunca ha perdido un grado, pero sus resultados siempre son la nota mínima aceptada. Desde que los problemas comenzaron, Manuel ha tenido todo tipo de ayuda y refuerzo extracurricular, al extremo que el día que la tutora no puede llegar a su casa no hace los deberes hasta que su madre no regresa del trabajo, pues dice que no puede hacerlo solo.

Cuando por alguna razón nuestros hijos manifiestan alguna debilidad en ciertas áreas, podemos caer fácilmente en perder la confianza en sus propias habilidades de salir adelante. Optamos por una posición de ayuda incondicional, justificando que ellos no pueden con eso y que nos necesitan. Sin embargo, es precisamente en las áreas en las que nuestros hijos presentan dificultades en las que la construcción de la confianza en sí mismos es fundamental.

Es frecuente que ante la frustración que nos provoca a nosotros mismos la dificultad de nuestro hijo, terminemos haciendo por ellos la tarea. De esa manera evitamos el conflicto de seguir insistiendo, y nos aseguramos de que la tarea se haga. Otras veces ante la necesidad de que la tarea quede impecable desalentamos los intentos de iniciativa e independencia del (de la) niño(a). Tenemos dificultad para vencer ese duendecito de la perfección y comprender que si le ayudamos a realizar la tarea, probablemente saque un 100 (o es más válido decir "*saquemos* un 100"), pero no podrá experimentar sensaciones reales y, sobre todo, propias cuando vea el resultado final. Lo peor de todo, nunca sabrá cuál hubiera sido el resultado si lo hubiera hecho solo. ¿Hubiera podido?

EFECTO: "LO HACEN POR MÍ, PORQUE YO NO PUEDO SOLO"

El talento se atrofia si no se usa, y se da el caso de niños que nunca llegan a conocer los límites de sus propias capacidades, simplemente porque después de haber pensado que no podían hacer algo, y alguien más lo hizo por ellos, se convencieron a sí mismos que solos **nunca** podrían.

MITO 4. SI TIENE UNA INFANCIA MÁS FÁCIL QUE LA QUE YO TUVE SERÁ MÁS FELIZ

Lisa recuerda que en su infancia su familia sufrió constantes preocupaciones económicas. En aquellas épocas era poco el tiempo que podía pasar con sus padres, pues trabajaban incluso los fines de semana. Ahora Lisa es madre y tiene como objetivo principal que sus hijos tengan acceso a las cosas que desean y puedan tener a sus padres con ellos todo el tiempo.

Dar a nuestros hijos lo que nosotros hubiéramos querido que nos dieran, ser diferentes padres de lo que fueron con nosotros, puede representar una base para delinear la forma en que deseamos cumplir este rol con nuestros propios hijos. Sin embargo, debemos estar alertas ante la posibilidad de que en el intento por hacer la vida de nuestros hijos demasiado perfecta e ideal, los alejemos del mundo real. La burbuja que queremos crear alrededor de ellos para evitar que sufran o para evitarles incomodidades puede llegar a ser precisamente la que más tarde les impida interactuar en sociedad, así como comprender, enfrentar y respetar a los otros.

Compensar las carencias experimentadas en nuestra niñez o acomodar las situaciones para el bienestar de nuestros hijos puede hacernos sentir satisfechos, sentir que estamos superando a nuestros padres en sus dificultades. No obstante en este proceso olvidamos que nuestros hijos son distintos a nosotros, y que nuestras antiguas necesidades no tienen que ser precisamente las mismas que las de ellos en el presente. Olvidamos también que muchas de nuestras fortalezas como personas se deben precisamente a los momentos difíciles de nuestra vida. ¿Puede identificar un momento difícil de su vida que considere le dio fortaleza para enfrentar futuras situaciones?

EFECTO: "TODO ME LO MEREZCO. LOS PREMIOS Y CASTIGOS NO DEPENDEN DE LO QUE HAGO O LOGRO, LAS COSAS ME CORRESPONDEN POR DERECHO"

Hacer una vida fácil implica hacer una vida artificial, sobre todo porque el niño crecerá pensando que los padres están obligados a facilitarles la vida. Se pierde la conciencia de la relación entre esfuerzo y éxito y se buscan solamente las soluciones fáciles y cómodas.

MITO 5. EL ÉXITO O FRACASO DEL HIJO CALIFICA O DESCALIFICA A LOS PADRES

Cada vez que llegamos a una cita al colegio de nuestros hijos y nos dan un buen reporte de ellos, nos sentimos tan orgullosos como si todo lo que hubieran dicho fuera acerca de nosotros. De igual forma nos sucede cuando lo que recibimos son sólo quejas y reportes de indisciplina o mal rendimiento académico. Por dentro sentimos como si el regaño fuera para nosotros, como si nuestro trabajo como padres estuviera siendo mal calificado.

Sin embargo, de la misma manera que sus éxitos y dichas son un mérito que les pertenece a ellos y no a nosotros, la responsabilidad de las acciones que los han metido en problemas también les corresponde. Con esto no se persigue llegar a la conclusión de que nuestras acciones, actitudes o incluso nuestras palabras tienen poca o ninguna influencia en los modos de comportamiento de nuestros hijos. Por supuesto que sí, este capítulo está basado en ese supuesto. Sin embargo, pensar que los buenos o malos comportamientos de los niños dependen solamente de lo que los padres hacemos o dejamos de hacer, implica anular la presencia y la individualidad de un ser que es mucho más que el resultado de nosotros mismos. Implica quitarle la responsabilidad de sus decisiones y establecer lazos de dependencia a partir de los cuales es difícil para el/la niño(a) diferenciar entre sus propios sentimientos y los de sus padres.

EFECTO: "SOY RESPONSABLE DE LA FORMA EN QUE MI PADRE/MADRE SE SIENTE"; O BIEN "MIS PADRES SON LOS RESPONSABLES DE LO QUE ME PASA"

Es importante que las motivaciones que llevan a los niños a realizar las cosas sean propias. Resulta un riesgo además mandarles el mensaje de que la tranquilidad de sus padres depende de ellos. En un contexto en el que asumimos como nuestros sus errores o tropiezos se pueden desarrollar en ellos sentimientos de culpa o, por el contrario, la costumbre de culpar a los padres de todos y cada uno de los eventos que les suceden.

MITO 6. LOS DESEOS SON NECESIDADES

Ante la diversidad de opciones, productos y servicios que nos rodean, caemos en la trampa de convencernos a nosotros mismos que necesitamos un sinfín de cosas que son realmente sólo deseos. Hoy día los padres hacen grandes esfuerzos por proveer a sus hijos de todo lo que *necesitan,* sin embargo la lista de lo que se va definiendo como necesidades parece interminable: el colegio más caro, el par de zapatos de marca, el celular de moda, las clases extracurriculares (como deportes y baile) son algunas de ellas.

Los medios desempeñan un papel relevante en este sentido, influyen en lo que se considera deseable en un contexto, y nos presionan para que les garanticemos a nuestros hijos que podrán tener lo que *todos* los demás tienen. La cultura del consumismo nos envuelve y, en el camino con nuestras acciones, envolvemos a nuestros hijos en ella. Se tiende a destacar la importancia de que lo más eficiente es aquello que nos evita la necesidad de esforzarnos, lo que nos procura una satisfacción inmediata sin tener que esperar.

Piense en fenómenos que rodean su vida diaria, por ejemplo, la tarjeta de crédito, que se anuncia como un medio para acercarnos a la felicidad y nos envuelve en un mundo de fantasía en el que casi todo es posible. Aunque no contemos con el dinero en ese momento, no necesitamos esperar mucho para obtener algo que deseamos. ¿Sabrán los chicos cómo funciona realmente el famoso pedazo de plástico? ¿Nos ocupamos de que puedan conocer y vivir el proceso o solamente les damos el producto final?

EFECTO: "SI NO OBTENGO LO QUE NECESITO NO PODRÉ SER FELIZ"

Un(a) niño(a) que está acostumbrado(a) a obtener todo lo que desea puede llegar a pensar que su valor personal radica en la cantidad de cosas que recibe o que tiene.

En un mundo como el de hoy, los niños y los jóvenes necesitan más oportunidades para explorar su entorno, afrontar responsabilidades y probarse a sí mismos lo valiosos que son. Encontrar el gusto en el esfuerzo y la consecuente demora de la satisfacción para poder disfrutar el *proceso* de un triunfo y no solamente lo obtenido por éste.

SIGNOS DE ALERTA

Si hasta ahora usted ha identificado que algunas de las aseveraciones anteriores se aplican a la forma en que educa a su hijo, puede ser de provecho también explorar algunas señales que estas conductas provocan en los niños. ¿Ha observado que su hijo o hija presenta algunos de los rasgos que se presentan en el cuadro 1.1?

Cuadro 1.1. Signos de alerta.

Insaciable	Pareciera que siempre pide más y más, y cuando obtiene lo que quiere, ya está pidiendo otra cosa. No cuida sus pertenencias, lo importante es conseguirlas, no disfrutarlas realmente.
Poca empatía	Manifiesta una fuerte dificultad para "ponerse en los zapatos de los demás". Mantiene una postura egocéntrica todo el tiempo y se preocupa solamente de sus deseos y necesidades.

Cuadro 1.1. (*Continuación.*)

Aburrimiento	Se queja constantemente de estar aburrido y no tener nada que hacer, a pesar de que su dormitorio rebosa de juguetes. Se cansa rápidamente del "juguete de turno".
Insatisfacción	No logra estar satisfecho o contento durante largos periodos. Se ve malhumorado y como que no es capaz de disfrutar de las cosas. Pareciera que nada le gusta.
Desinterés	Muestra falta generalizada de interés. Lo observa poco motivado en situaciones en que se esperaría que mostrara alguna ilusión. Comienza actividades o deportes, pero rápidamente pierde interés o la ilusión por ellos.
Se frustra fácilmente	No tolera los obstáculos ni los fracasos. Evade actividades y situaciones en las que considera que es probable que las cosas no le salen bien, y ante los fracasos presenta reacciones emocionales exageradas, como berrinches, gritos o enojos.
Pobres hábitos de trabajo	Tiene dificultad para terminar las tareas escolares, aun cuando usted sabe que posee las habilidades intelectuales necesarias. Es desorganizado con su material y con el tiempo que dedica a las tareas.
Poca creatividad	Ante los problemas o situaciones de conflicto muestra pocas estrategias de afrontamiento. Tiene dificultad para ver las cosas desde distintas perspectivas, y le cuesta idear formas novedosas de actuar o pensar en ciertas situaciones.

Las conductas y actitudes que se presentan como señales de alerta no son indicadores exclusivos de las actitudes referidas en la primera parte de este capítulo, por el contrario, pueden estar asociadas con problemáticas de distintas índoles. Sin embargo, si ha identificado que muchos de los mitos mencionados anteriormente se aplican a las creencias fundamentales que usted ha tenido como base para la educación de sus hijos, es muy probable que la presencia de estas señales en el comportamiento de los niños esté asociada. Si tiene dudas en cuanto a la raíz del problema, lo mejor será consultar a un(a) psicólogo(a) que establezca las fuentes y determine las intervenciones necesarias.

UNA PALABRA CLAVE: FRUSTRACIÓN

Mucho de lo que se ha dicho hasta ahora está relacionado con el papel de la frustración en los procesos de aprendizaje de nuestros hijos. Si ha identificado que en el afán de que su hijo o hija sean felices y exitosos está obstaculizando la dirección natural en que su hijo puede aprender lecciones de vida a través de las frustraciones y dificultades cotidianas, es un buen momento para evaluar el lugar que tiene la frustración en la educación de sus hijos.

Cuestionario: frustración en la interacción entre padres e hijos. Tome papel y lápiz. Analice las siguientes frases y anote en cada situación la opción que se aplica de mejor manera a su forma de actuar.

1. Cuando mi hijo(a) pierde un juguete que le regalaron recientemente y que deseaba mucho:

a) Lo repongo inmediatamente.
b) Trato de conseguirlo cuando puedo.
c) Le presento varias posibilidades para que lo compre con su esfuerzo.

2. Cuando realizamos un juego de mesa en familia:

a) Lo(a) dejo ganar porque es el(la) más pequeño(a).
b) Le voy ayudando (lo dejo hacer una trampita).
c) Juego como normalmente lo haría aunque le toque perder.

3. Cuando le pongo un castigo a mi hijo(a) y no para de llorar:

a) Se lo tengo que quitar, no soporto oírlo(a) llorar.
b) Lo negociamos, me repondrá el castigo más tarde.
c) El castigo se lleva a cabo de todas formas.

4. Si la mayoría de niños de su clase tienen la última versión de los mejores videojuegos, pero su familia pasa por una crisis económica en estos momentos, usted:

a) Lo compra con la tarjeta de crédito.
b) Ahorra un poco cada semana, al final del mes su hijo lo tendrá, si no, ...¡por lo menos para Navidad!
c) Le explica sus razones para no comprarlo, y no lo hace.

5. Si uno de sus hijos obtiene un éxito y usted desea premiarlo por eso:

a) Le compra un premio grande y uno pequeño al otro hijo, porque se va a sentir mal de no recibir nada.
b) Los lleva a almorzar a los dos a su lugar preferido.
c) Premia solamente al niño que obtuvo el éxito.

Si la mayoría de sus respuestas fue *a* es muy probable que usted sea un padre o una madre que tiene dificultades para administrar la frustración como un recurso de aprendizaje en la disciplina con su hijo o hija. Estas frases están relacionadas con la necesidad de satisfacer las necesidades y deseos de forma inmediata en nuestros hijos sin tomar en cuenta la importancia de las circunstancias que le rodean. Esto implica poca visión a futuro de las lecciones que deberían aprender en cada uno de los casos.

Si la mayoría de sus respuestas fueron *b* pareciera que usted está consciente de las circunstancias y no sólo de la necesidad de satisfacción de sus hijos. Sin embargo, evidencia disposición a modificar los obstáculos que sean necesarios para evitar la frustración de su hijo. La posición en estas frases refleja conciencia de la realidad, pero también una sobrevaluación de su responsabilidad en el proceso de satisfacer a su hijo.

En el caso en que la mayoría de sus respuestas haya sido *c* aparentemente tiene usted clara la relación entre la responsabilidad de las acciones de su hijo y las consecuencias que le corresponden. ¡Ojo! Si todas sus respuestas fueron *c* es importante que analice si trasmite estas experiencias como oportunidad para crecer, o como castigos que da la vida. El conocer y comprender las consecuencias con anticipación es un buen apoyo para que no se visualicen como castigo, sino como consecuencias de actuar de forma inadecuada. Un poco de flexibilidad y mucho respeto en cuanto a los sentimientos de sus hijos son los ingredientes principales para hacer de la experiencia de la frustración una experiencia enriquecedora.

MANEJO DE LA FRUSTRACIÓN

A continuación se presenta un plan detallado que le orientará paso a paso en el proceso de utilizar la frustración como una oportunidad de aprendizaje para sus hijos.

1. Comience por el ejemplo. Las reglas son importantes, pero si lo que usted hace contradice lo que le pide a su hijo, será muy confuso para él y terminará reaccionando en la forma en que ha visto que usted reacciona. Si usted mismo tiene dificultades para tolerar la frustración, comience evaluando algunas cosas:

- ¿Tiende a tener reacciones emocionales, como fuerte tristeza o enojo cuando las cosas no salen como quiere?
- ¿No tolera que su hijo no sea exitoso?
- ¿Necesita planificar las cosas con mucha anticipación, para poder tener controlados pequeños imprevistos?

Actividad. Lleve un diario en el que registre la frecuencia y la intensidad de sus reacciones emocionales hacia la frustración. Apunte los momentos en los que típicamente se dan estas situaciones. Explore la forma en que percibe las experiencias frustrantes y registre la forma en que las reacciones de su hijo ante la frustración son similares a las suyas.

2. Escuche atentamente lo que su hijo(a) tenga que decirle. La frustración es un sentimiento que debe poder expresarse. Probablemente si su hijo(a) tiende a presentar estallidos emocionales fuertes, será difícil poder manejar la primera expresión de esta frustración, en cuyo caso es recomendable que revise los siguientes capítulos destinados al manejo de emociones, especialmente el capítulo orientado al manejo del enojo. Cualquiera que sea la naturaleza de la manifestación de la frustración, es importante escuchar atentamente el contenido de la queja. Esto le ayudará a conocer a su hijo y la forma en que tiende a enfocar los problemas, reflejada en frases como: "Siempre me pasa esto", "por qué a mí"; o puede identificar si le echa la culpa a los otros por lo que está sucediendo: "Si mi hermano no se hubiera metido, hubiera ganado", "es injusto, todo por su culpa".

3. No evite la situación, aunque esté en sus manos hacerlo. En un momento crítico, corremos el riesgo de representar todas las ideas expuestas como mitos al inicio del capítulo. En un segundo nos justificamos: "Pobrecito, ...es que de verdad no puede", "esta es la última vez que se lo compro". Este paso es probablemente el más difícil si usted es un padre o madre que sale rápidamente a salvar a su hijo. Probablemente para usted sería muy fácil en ese momento reponer el juguete perdido, o hacer la tarea por él o ella. Sería también un camino más corto, pues evitaría la situación de conflicto. No cabe duda, a corto plazo el problema podría tener una solución rápida. Sin embargo, sabemos que el momento que usted se toma para enfrentar esta situación es realmente el punto de partida para ayudarle a su hijo a enfrentarse a las dificultades.

4. Explique en forma clara y sencilla las razones por las que ha decidido no resolver el problema. Es importante que sus acciones estén acompañadas de una explicación que las valide. Puede ser que su hijo no comprenda la situación, pero no espere que lo haga en estos momentos. Para él será ilógico que si usted tiene dinero, por ejemplo, no le compre el juguete que le pide. Basta con que en este momento tenga la experiencia de tener que demorar la gratificación, es decir, entender que las cosas no serán siempre como él o ella espera, en el momento que lo desea.

5. Identificación y validación de sentimientos. Haga preguntas. Ayude a su hijo a nombrar y explicar lo que está sintiendo y a entender qué es lo que le está molestando. Puede ser de gran ayuda que modele usted la forma en que sería normal sentirse en una situación parecida: "Recuerdo que cuando era pequeña me sucedió algo similar, y sentí algo como..." Pregunte: ¿Cómo te sientes al hablar de esto?, ¿qué es lo que más te molesta?, ¿qué te haría sentirte mejor?, ¿recuerdas otras ocasiones en que te has sentido de forma similar?, ¿cómo has resuelto en otras ocasiones el problema?

6. Enfóquese en el esfuerzo más que en los resultados. Cuando usted felicita a su hijo por su esfuerzo está promoviendo la persistencia y la habilidad de aprender: "Estoy muy orgulloso(a) de ti por el esfuerzo que hiciste." Oriente su atención a las cosas que ganó en el proceso, a pesar de que las cosas no salieran como él o ella esperaba. Comparta experiencias o actividades que usted realiza en las que usted no sea necesariamente el mejor, pero que disfruta: "No soy muy bueno para jugar tenis, pero me encanta hacerlo y lo disfruto."

Es conveniente que discuta con su pareja o con las personas encargados del cuidado de su hijo(a) acerca de la importancia del manejo de la frustración en la vida de los niños. Es muy difícil enseñarle al niño un estilo de afrontar las situaciones si existen cerca personas que con sus acciones contradicen lo que pretende promover. La perseverancia en cuanto a su posición es la clave básica para el éxito en la promoción de valores.

Actividad: Lleve a cabo los pasos recomendados en el manejo de la frustración. Después de la experiencia utilice la hoja de registro núm. 1, que encontrará al final del capítulo, para autoevaluar su experiencia.

CREATIVIDAD, LA OTRA CARA DE LA MONEDA

Seguramente muchos de los obstáculos que encontramos en la vida no tienen solución, o por lo menos no de las formas específicas que a veces se nos antoja. Sin embargo, las personas que tienden a ver el lado positivo de las cosas buscarán en los momentos de crisis o en las dificultades una oportunidad para ser creativas. La creatividad como respuesta a una frustración es una forma de demostrar a nuestros hijos que no sólo no es dramático si las cosas no salen como queremos, sino que también puede ser divertido.

Ofrezca a su hijo la oportunidad de explorar la parte positiva de las situaciones, analicen en conjunto soluciones creativas ante problemas que parecieran no tener salida. Si, por ejemplo, tenían planeadas unas vacaciones en la playa, pero el automóvil se averió y no podrán ir, busquen juntos algunas actividades fuera de lo común para realizar en casa. Pueden pensar en construir un campamento en su jardín, hacer una fogata y asar malvaviscos. Incluya la visualización de las oportunidades que se tienen al alcance precisamente por haber encontrado este obstáculo en el camino. "Tal vez nunca se nos hubiera ocurrido hacer un campamento en nuestra propia casa si esto no hubiera sucedido", "aprendimos a hacer una fogata", "pudimos invitar algunos amigos".

Actividad. En tiempos de ocio, pídale a su hijo que escoja un objeto. Por ejemplo una piedra. Encuentren juntos distintos usos que se le puede dar a este mismo objeto (como pisapapeles, cuña para una pila de libros, para detener una puerta abierta, etc.). Inventar nuevas formas de usar un objeto puede ser útil y amplía nuestro panorama. Reflexione con su hijo(a) la manera en que cuando abrimos nuestra mente, en lugar de pensar que solamente hay una solución, podemos descubrir un mundo nuevo de posibilidades.

Inventen nuevas palabras compuestas, como "rompealmohadas", "besadoradesapos". Añada mucho humor a la experiencia, verá qué fácil es motivar a su hijo a ser creativo.

REGALOS PARA NUESTROS HIJOS: MARTILLOS, SERRUCHOS, CLAVOS Y DEMÁS

Al empezar este capítulo se estableció como un objetivo la intención de hacer felices a nuestros hijos. En el desarrollo de las ideas expuestas hemos planteado que las cosas no siempre son lo que parecen, y que lamentablemente, es frecuente que algunos mitos relacionados con nuestro papel como padres puedan ejercer efectos totalmente contrarios a los deseados. Como última reflexión, considere el valor de regalar a sus hijos las herramientas y no el producto final. Si la felicidad fuese un edificio, ¿qué pasaría si en lugar de regalarle el dinero para construirlo o acompañarlo paso a paso en la puesta de cada ladrillo, le regalamos la caja de herramientas? En el cuadro 1.2 se presenta una serie de valores que se pueden promover en los niños, así como breves sugerencias de cómo hacerlo.

Cuadro 1.2. Herramientas para enfrentar la vida.

Puntualidad	Introduzca los conceptos de tiempo gradualmente. Explique por ejemplo que deben estar a cierta hora en un lugar y por eso dentro de 10 min deberá guardar sus juguetes. Los avisos previos les ayudan a organizar sus actividades y a prepararse para las transiciones.
Flexibilidad	Durante un juego, puede introducir mensajes como: "A mí me gusta el rojo, pero no tengo problema con usar el azul." "Tal vez la próxima vez me toca." Sea usted mismo flexible con los resultados que espera de él o ella y aprenda a apreciar la creatividad y las ocurrencias de los niños.
Responsabilidad	Las rutinas diarias pueden ser el escenario perfecto para este principio. Desde asistir al colegio diariamente, hasta lavarse los dientes en la noche [aunque ya esté muy cansado(a) son oportunidades muy claras en las que se debe promover la responsabilidad].
Autonomía	Permita a su hijo intentar hacer las cosas que desea hacer solo, como vestirse o utilizar una llave para abrir la puerta. Considere la posibilidad de crear un momento del día en que cada miembro de la familia realice una actividad por aparte y se considere positivo realizar las cosas por uno mismo(a).
Expresión de sentimientos	Promueva en las situaciones cotidianas un vocabulario que incluya diversas formas de nombrar sentimientos. Evite interpretar por sí mismo(a) los sentimientos de su hijo(a); pregúntele cómo le hace sentir tal o cual situación.
Relación esfuerzo/ premios	Aproveche la admiración de sus hijos ante los deportistas o artistas famosos e inicie discusiones acerca de los esfuerzos que estas personas debieron realizar para alcanzar el éxito del que ahora gozan. Subraye y valide los esfuerzos de su hijo, más allá de los éxitos alcanzados.
Perseverancia	Encuentre en la vida diaria ejemplos a partir de los cuales las cosas solamente se logran si se es perseverante. Promueva actividades y juegos en los que no gane el más rápido o el más bonito, sino el que más persistencia muestra en la tarea.

Empatía	Incluya en las conversaciones con su hijo el tema de "Qué hubieras hecho tú si estuvieras en su lugar", invítelo a imaginar distintas situaciones y las posibles formas de actuar según las circunstancias. Es un ejercicio que puede desarrollar al ver una película o su serie preferida de televisión, ¿cómo te sentirías si te sucediera algo así a ti?

Nunca es muy temprano para empezar a promover valores en nuestros hijos. Cada etapa presenta oportunidades distintas en las que podemos modelar, pero también invitar a que nuestros niños actúen de acuerdo con ciertas expectativas. En ocasiones creemos que no tienen aún la edad para empezar a exigirles que sean puntuales o responsables, sin embargo cada una de las recomendaciones anteriores pueden adaptarse y aplicarse durante distintas etapas de desarrollo.

LECTURAS RECOMENDADAS

Lecturas para los padres

Barylko, J. (2007). *Cómo criar hijos más o menos felices.* Buenos Aires: Debolsillo

Barylko, J. (2007). *El miedo a los hijos.* Buenos Aires: Emecé.

Baum, H. (2004).*¡Lo quiero ahora! Cómo tratar la impaciencia, la frustración y las rabietas.* Barcelona: Editorial Oniro.

Ferreros, M. L. (2007). *Sí, mamá.* Barcelona: Editorial Planeta.

Marulanda, A. (1999). *Creciendo con nuestros hijos.* Bogotá: Cargraphics.

Nardone, G. (2003). *Modelos de familia. Conocer y resolver los problemas entre padres e hijos.* Barcelona: Herder.

Rojas, E. (2007). *El hombre light. Una vida sin valores.* Madrid: Ediciones Temas de Hoy.

Rotenberg, E. (2007). *Hijos difíciles-padres desorientados. Padres difíciles-hijos desorientados.* Buenos Aires: Lugar Editorial.

Ziglar, Z. (1986). *Cómo criar hijos con actitudes positivas en un mundo negativo.* Bogotá: Editorial Norma.

Lecturas infantiles

La experiencia de compartir una lectura con su hijo puede ser también una oportunidad para explorar la frustración y la creatividad a la hora de encontrar obstáculos. A continuación se presenta una lista de libros con temas afines.

Belinky, T. (2004). *Las apariencias engañan.* São Paulo, Brasil: Cortez.
Carle, E. (2007). *La mariquita gruñona.* Barcelona: Editorial Kókinos.
Carle, E. (2007). *Papá por favor consígueme la Luna.* Barcelona: Editorial Kókinos
Coulman, V. (2006). *Hundirse o nadar.* Buenos Aires: Unaluna.
D'Allancé, M. (2001). *No, no y no.* Barcelona: Editorial Corimbo.
Daura, F. y Rospide, M. P. (2006). *No quiero aprender a ser obediente.* Buenos Aires: Albatros.
Gemmel, M. y Sacre, M. J. (2006). *Quisiera ser como tú.* Buenos Aires: Unaluna.
Hill, S. (2007). *No quiero que se me caiga ningún diente.* Barcelona: RBA Libros.
Kot, M. (2007). *Mis rabietas.* Buenos Aires: El Gato de Hojalata.
Lairla, S. (2006). *Abel y Lobo.* Bogotá: Cangrejo Editores.
Schober, M. (2007). *¡Cómo me gustaría ser diferente!* Barcelona: Libros del Zorro Rojo.

Series de TV

Cada situación que se nos presenta puede ser utilizada como una oportunidad de aprendizaje. Las siguientes series de dibujos animados pueden resultar una entretenida herramienta para promover valores importantes en sus hijos. Considere los siguientes ejemplos.

Poko

Es una serie en la que un chico juega con su perro y su mono de peluche. Debe enfrentarse a ser creativo, porque siempre se topa con distintas dificultades. El programa se orienta al aprendizaje de estrategias simples para lidiar con las frustraciones y decepciones cotidianas de los niños. Se toman en cuenta las posibles alternativas de afrontar un problema y se subraya la importancia de identificar y expresar los sentimientos derivados de la frustración.

Pinky Dinky Doo

En esta serie los personajes principales son Pinky, su hermano y su mascota. El formato del programa inicia con alguna problemática que plantea el hermano menor de Pinky y cómo ella utiliza una historia para encontrar una solución. El planteamiento principal es literario, sin embargo se subraya la creatividad como una forma de solucionar nuestros problemas.

Hoja de registro 1

Autoevaluación en el manejo de la frustración

Utilice esta hoja para documentar la forma específica en que utilizó los pasos sugeridos en el capítulo para manejar la frustración en su hijo(a). Evalúe de 1 a 10 el éxito de la intervención de cada uno de los pasos. Por último, describa cuáles son las áreas en que considera que debe mejorar en futuras ocasiones. Puede volver a realizar una autoevaluación similar después de cierto tiempo, esto le dará una buena retroalimentación de los progresos y modificaciones que ha hecho.

1. Escuche atentamente lo que su hijo(a) tenga que decirle ☐
2. No evite la situación, aunque esté en sus manos hacerlo ☐
3. Explique en forma clara y sencilla las razones por las que ha decidido no resolver el problema ☐
4. Identificación y validación de sentimientos. Haga preguntas ☐
5. Enfóquese en el esfuerzo más que en los resultados ☐

Áreas para mejorar

____

____

____

____

2

Identificación y expresión de emociones a través de actividades divertidas

Andrea Musso

Como padres y maestros solemos estar preocupados y muy pendientes del estado emocional de nuestros hijos y estudiantes. Es común oír frases como: "Mi hijo está muy triste", "el niño es muy agresivo", y hasta elaboraciones como "se frustra tanto que explota en cólera y luego llora sin parar". Las preocupaciones van dirigidas hacia el estado emocional del niño. Cuando se hacen estas observaciones es necesario tener en cuenta varios factores, por ejemplo, el nivel de desarrollo del niño (edad), el entorno familiar y el contexto social; además de factores importantes de modelamiento de conductas, incluidas en éstas las expresiones emocionales.

Caemos entonces en que las emociones son un aspecto fundamental del desarrollo del niño y de su desempeño en la vida social. Para poder fomentar ese desarrollo en una dirección adecuada revisaremos el concepto de emoción, las emociones básicas y veremos cómo se encuentra la reacción de nuestros niños, hijos o estudiantes, en ese aspecto. Luego, se proponen nueve actividades dirigidas a fomentar la identificación y expresión de emociones en los niños, desde los cinco años hasta la adolescencia.

DEFINICIÓN DEL TÉRMINO *EMOCIÓN*

Definir *emoción* ha sido siempre un reto, dada la complejidad que se desea resumir en el concepto. Generalmente se entiende por emoción una serie de respuestas de tipo químico y nervioso que siguen cierto patrón común en todos los individuos. Las emociones tienen una función de regulación en el organismo (por ejemplo, de defensa ante amenaza externa), por lo que son parte del equipo fundamental de supervivencia del ser humano. Los circuitos que disparan la emoción pueden activarse sin la deliberación de la persona, aunque esto no implica que la emoción "descontrole" al individuo.

Además del componente nervioso y químico, el factor aprendizaje, así como el entorno social del individuo, son determinantes en la forma en que las emociones han de expresarse. La expresión de la emoción se logra a través del cuerpo, siendo éste el que actúa lo generado en el interior.

Cuando se habla de patrón en la expresión de una emoción se deben tener en cuenta la intensidad, frecuencia y duración de la expresión. Así, por ejemplo, si una persona se enoja una vez cada tiempo determinado, aunque lo haga de forma intensa, no es suficiente para decir que "está enojada", sino que ha actuado con enojo. Por el contrario, si la persona reacciona de forma agresiva muy frecuentemente, siendo su intensidad marcada (por ejemplo, lastima a otros), tal vez el enojo sea parte de su forma de ser. La intensidad hace referencia a la energía descargada en la expresión de la emoción (desde leve hasta marcada), y la duración a cuánto perdura la expresión (poco tiempo o mucho tiempo) una vez terminado el estímulo. La frecuencia indica qué número de veces sucede la reacción durante un lapso. A diferencia de la duración, indica la presencia o no de la reacción en el tiempo.

CUATRO EMOCIONES BÁSICAS

Las emociones básicas, de acuerdo con la mayoría de especialistas, son cuatro: alegría, tristeza, enojo (ira) y miedo (susto). Cada una de ellas tiene algunas características que la hacen reconocible. Veamos:

1. Alegría. Para generar esta emoción, se presenta una situación que evoca, generalmente, sensación de placer, de regocijo, sonrisas, relajación de tensión en el rostro. A veces, movimientos rítmicos del cuerpo y carcajadas. Y, como ya han experimentado, es una sensación agradable y socialmente muy aceptada. La gente alegre es popular, y los niños en especial se sienten atraídos por una sonrisa en el rostro o una actitud de bienestar, y buscan acercarse a estas personas. Los niños alegres son asociados con sensibilidad social y se consideran buenos amigos y, en varias ocasiones, inteligentes. Las niñas alegres son vistas como dulces, sensibles, de buen corazón y buenos modelos de conducta.

2. Tristeza. En otros casos, sucede que se presenta un estímulo que es percibido como amenazante por la persona, y que es incompatible con su bienestar. Por lo general implica una pérdida, muchas veces cercana, de afecto o de seguridad. No es necesariamente una pérdida de persona, ya que puede ser un objeto (por ejemplo, perder el juguete de peluche favorito) o la muerte de una mascota. La expresión va acompañada de lágrimas, sensación de abatimiento, baja de energía, pérdida del apetito y tendencia a aislarse de los demás. Socialmente no se suele alentar esta expresión con frases como: "No llores", "ya va a pasar", "todo se supera" y el poco conveniente "los hombres no lloran". La sensación personal es desagradable.

3. Enojo. En este caso, el estímulo o la situación desencadenante resulta amenazante. Se percibe agresión hacia la integridad personal y, en un intento de establecer el poderío y control sobre este estímulo de amenaza o situación amenazante, se da una respuesta que resulta, generalmente, en agresión. La conducta puede ser de agresión física (pegar, arañar), verbal (decir palabras obscenas, ofender al otro) o gestual (manos empuñadas, gestos insultantes, rostro con el ceño fruncido). La sensación inmediata es de excitación, con enrojecimiento del rostro, tensión en la cara, tensión corporal y sensación de pérdida del control. Luego de esta explosión viene una relajación y sensación de alivio. Entonces, se dice que enojarse es bueno y que permite "liberar tensiones". Socialmente la expresión de enojo es más o menos aceptable, dependiendo de factores culturales (hay grupos sociales de tendencia agresiva), de la forma en que ésta se expresa (por ejemplo, en algún contexto deportivo), según la ocasión (si es estimulada por otra agresión). Así, algunos grupos incentivan la presencia de conductas de enojo, aludiendo que permiten reafirmarse como individuo y que, a la larga, el más fuerte es el que se impone. En otras, es mal visto y produce castigo, que a su vez produce enojo, y empieza el ciclo otra vez. También el género es factor determinante en la permisividad del enojo. Así, en la mayoría de las sociedades occidentales el hombre (niño) tiene permiso de enojarse y la mujer (niña) debe ser más dócil.

También es importante entender que el enojo puede manifestarse a nivel de conducta, de forma tal que no se reconoce. Así, puede que la reacción tardía ante peticiones de alguien pueda ser un caso de agresión pasiva. Algunas personas manejan el enojo de manera que, lejos de actuar según indicadores de agresión, pueden estar tristes. El caso de la depresión ante una pérdida, por ejemplo, generalmente involucra enojo y abandono por la pérdida. Esto, aunque es enojo, se traduce en expresiones depresivas de marcada tristeza. Se dice que la depresión tiene dos caras: tristeza y enojo.

4. Miedo. El estímulo o situación que provoca esta emoción es amenazante, pero es percibido como poco probable de ser vencido, a veces omnipotente y capaz de terminar con uno. Así, no suele provocar una reacción de ataque (enojo, por ejemplo), sino de huir; y en ocasiones, la persona se paraliza. Las conductas suelen ser de "salir corriendo", quedarse estático (pegado al suelo, sin reaccionar), abrir la boca, llorar, taparse los ojos, temblar y sentirse frío. No es una sensación agradable. En los niños es común el miedo a la oscuridad, a los fantasmas, a quedarse solos en la casa, a ruidos fuertes, a los mayores (sobre todo si son de conducta enojadiza) y a algunos animales (culebras, perros, tigres). Resulta pertinente evaluar si estos miedos son de carácter evolutivo (y, por tanto, pasajeros), o no pertinentes a la edad del niño y perdurables a lo largo del tiempo. Socialmente los "niños miedosos" son poco populares, se perciben como débiles y suelen ser evitados. En algunas sociedades las mujeres tienen más permiso de sentir miedo que los hombres. Así, al niño se le dice que "sentir miedo es de mujeres", poniendo en juego su expresión, seguridad e identidad.

Ahora que ya tenemos una idea de cómo se presenta cada emoción básica, resulta importante saber si el(la) niño(a) suele tener reacciones adecuadas ante las situaciones y estímulos. Es decir, si se enoja cuando el estímulo es amenazante, se entristece cuando la situación lo amerita, ríe de felicidad y siente miedo de eventos esperables. Si tenemos en cuenta la edad, y esto implica también el desarrollo general, debemos saber que los niños, cuanto más pequeños, menos capacidad tienen de poder identificar las emociones y expresarlas de forma adecuada.

El bebé, por ejemplo, llora de frío, hambre, si se siente sucio, si le pegan, si lo dejan solo. Ríe si se ríen con él (y al principio esto es reflejo). Un niño de dos o tres años suele tener problemas para identificar cómo se siente en relación con lo que pasa y, en estos casos, es cuando ocurren las famosas rabietas o berrinches. El caso es tal que, entre no poder reaccionar a la tristeza con enojo y no saber cómo expresar la frustración (que no es una emoción básica), su conducta puede salirse de control y presentarse de manera explosiva con llanto, tensión, rigidez del cuerpo, a la vez que se fortalece y arremete contra lo que encuentre a su alrededor (incluido llegar a hacerse daño a sí mismo). Cerca de los 10 o 12 años es cuando podemos ver mejor la relación entre la situación o estímulo que está fuera y la reacción del niño. Las sensaciones internas suelen ser aún difíciles de identificar. Y, al llegar a la adolescencia, el giro emocional es diferente y complicado: hay madurez a nivel cognitivo, pero el "alboroto" hormonal y el desbalance químico asociados a la etapa complican la situación.

Cuestionario. Mi hijo y sus emociones. Ahora que ya ha leído acerca de las emociones básicas, tómese un tiempo para contestar las siguientes preguntas respecto del estado emocional de su hijo (o alumno). Luego, puede seguir leyendo, para descubrir cómo puede fomentar la estabilidad emocional de su niño, propiciando un autocontrol emocional, a largo plazo (recordemos, el desarrollo general es fundamental).

Cuestionario para los padres. A continuación encontrará una lista de afirmaciones. Señale Sí o No, según sea el caso de su hijo. Conteste un cuestionario por niño(a). Luego, al final, encontrará la interpretación del mismo.

	Mi hijo y sus emociones	*Sí*	*No*
1	Llora muy a menudo y ante casi cualquier estímulo o evento.		
2	Suele reaccionar de forma violenta ante varios estímulos o eventos.		
3	Se siente incómodo cuando alguien llora en su presencia.		
4	Siente temor cuando alguien reacciona de forma violenta ante él.		
5	Puedo predecir cómo reaccionará ante un estímulo, evento o persona.		
6	Presenta signos de ansiedad constantemente (comerse las uñas, tronarse los dedos, temblar, evitar la mirada, sudar de forma excesiva, etc.).		
7	Logro determinar cómo se siente al observar su conducta.		
8	Casi cualquier evento lo asusta.		
9	Ríe constantemente, aunque la situación no lo amerite.		
10	Es empático ("puede ponerse en el lugar de") con otros niños de su edad.		
11	Sus emociones son demasiado intensas, pero apropiadas a la situación.		
12	Sus emociones son intensas e inapropiadas a la situación.		
13	Hace "berrinches" muy seguido.		
14	Puedo decir que es sociable.		
15	Sabe cómo actuar conforme a la situación y persona.		

Interpretación. Puede considerar que el niño se beneficiará del programa para desarrollo de emociones si contesta usted de forma afirmativa (Sí) a los puntos 1, 2, 3, 4, 6, 8, 9, 12 y 13, y de forma negativa (No) a los puntos 5, 7, 10, 11, 14 y 15.

Ahora, continúe leyendo para saber cómo interactuar con él, de forma divertida y constructiva, con el fin de que su crecimiento emocional se beneficie.

PROGRAMA DE ACTIVIDADES PARA PROMOVER EL DESARROLLO EMOCIONAL DEL NIÑO

Llegamos a la parte activa. Para facilitar las actividades he aquí un listado de material que puede usar. Es importante hacer la actividad de forma conjunta (no dársela al niño para que la haga), ya que esto es parte de la enseñanza de identificación y expresión de sentimientos. Como se mencionó antes, el padre (madre y/o maestros) es el modelo, por lo que es vital la relación intrapersonal y el diálogo que se mantenga mientras se realizan los ejercicios.

Adicionalmente, cada actividad le dice qué hacer, cómo presentar la actividad al niño, a partir de qué edad es recomendable hacerla y qué propósito persigue cada una. ¡Manos a la obra!

Primera actividad: fábrica de emociones

Esta actividad es ideal para niños pequeños, a partir de cinco años. El objetivo es que el niño aprenda a identificar, nombrando, las emociones. Así, al nombrarlas, puede formar su vocabulario afectivo y, a la vez, logra percibir las claves externas de una emoción: los signos en el rostro, los gestos, el tono de voz.

Material

Cartulina, lápices de colores, globos y harina.

Instrucciones

Siéntese junto al niño y dígale que van a construir las emociones básicas (sí, ellos entienden). Puede hacerlo dibujando en la cartulina. Pídale que haga un círculo, los ojos, la nariz y, si quiere, el pelo. Considerando el nivel de desarrollo de la motricidad, en los pequeños, ayúdelo si se siente incómodo o poco capaz de seguir las instrucciones de dibujo. Por ejemplo, dígale que usarán un plato para hacer el círculo. Luego, pregúntele cómo se debería hacer la boca para que fuese alegre la carita. Ésta es muy conocida, así que la línea curva aparecerá. Fomente que el niño la nombre, "alegría". Para hacer el ejercicio completo, dígale que le gustaría ver cómo la expresan usted y él. Sonría, sin que se vea forzado el gesto. Busque que él lo haga. Luego, continúe con la tristeza, el miedo y el enojo. Recuerde, usted es el modelo, así que su expresión y vocabulario serán lo que el niño copie.

A continuación tiene un dibujo sencillo de cómo se suelen dibujar las caritas en cada emoción, en papel y en globo (fig. 2.1).

Figura 2.1

Para hacer más creativa la actividad llenen globos con harina y luego dibujen las bocas. A los niños les resulta divertido todo el proceso, lo que facilita que se encuentren inmersos en la actividad, a la vez que aprenden. Esta actividad es muy enriquecedora si la hacen los niños de forma conjunta, siempre con la guía de un adulto. Puede tenerlos a todos en la cocina y rellenar los globos. Tenga en cuenta hacerlo con niños de siete años o más, para evitar que la actividad afectiva se pierda por la excitación de la actividad de llenar globos.

Una ventaja adicional de la actividad es que puede hacerla en el contexto de un cumpleaños. Así aprovecha lo divertido de los globos y, por supuesto, la enseñanza de emociones.

Cuando trabaje la actividad con sus hijos, recuerde nuevamente que usted es el modelo que ellos seguirán. Entonces, cuando nombre la emoción, indique, además, cuándo se ha sentido usted así. Por ejemplo, "Yo me siento alegre cuando estoy con mi familia, contigo." Luego, dígale que dé él un ejemplo. En niños pequeños, la respuesta suele ser "Me siento alegre porque tengo este juguete", o "porque ya viene Navidad". En estos casos, profundice en que identifique qué aspectos de ese hecho le producen la alegría. Por ejemplo, que el juguete le encanta para usarlo durante el juego, o que la Navidad es para recibir regalos y juntarse con la familia.

Tenga en cuenta que los ejemplos suyos han de ser sinceros y acordes con la edad del niño. No comparta aspectos poco apropiados para la edad ("Me siento alegre porque cerré un negocio" es algo poco entendible para un niño de cinco a siete años). Al emplear ejemplos de la vida diaria el niño aprenderá a reconocer las emociones en su vida diaria, en su experiencia inmediata.

La actividad puede repetirse ocasionalmente, o cuando el niño lo solicite. Es buena idea acudir a ella cuando sucede un evento importante; por ejemplo, si fallece la mascota de la casa (tristeza), salen de viaje (alegría). De nuevo, las reuniones de grupos pequeños, por ejemplo con primos, son una buena oportunidad para hacer la actividad en cualquier versión, papel y globos.

SEGUNDA ACTIVIDAD: TARJETAS EMOCIONALES

Esta actividad es más apropiada para niños de siete años en adelante. Una de las razones, el poder escribir y leer, y otra, acudir a la dramatización, luego de haber pasado por la actividad anterior. El propósito, en este caso, además de identificar las emociones, es poder expresarlas. Y, a la inversa, hacer notar que, en nuestra expresión, está la clave que trasmitimos de cómo nos sentimos.

Material

Cartulina (tamaño carta), tijeras y lápices de colores.

Instrucciones

Invite al niño a hacer tarjetas diferentes, para que las use cuando quiera decir cómo se siente. Juntos corten la cartulina por la mitad (en los más pequeños se puede dejar grande, para que la manipulen mejor), teniendo cuatro pedazos. Luego, proceda como en la actividad anterior, haciendo que el niño dibuje las caras y, de ser posible (según la edad), el cuerpo completo. Luego, que escriba el nombre de la emoción en la parte de atrás (ayúdelo, si es necesario).

Para que la actividad permita expresar la emoción, jueguen a presentar la tarjeta y, sin decir palabra, actúen la emoción. Para fines de diversión, en este caso se puede dramatizar o exagerar la presentación.

Aunque no es requisito, es recomendable hacer la actividad anterior antes que ésta. Se sugiere hacerla cuando el niño lo solicite, o, como en el caso anterior, cuando se presente una buena oportunidad. Recuerde modelar con su conducta la actividad y, atendiendo a la intensidad que presente la dramatización, no permita que la misma se desborde y se pierda la asertividad en la expresión emotiva. Es decir, dramaticen dentro del contexto apropiado, con expresiones moderadas, sin gritos ni gestos excesivos. Enseñe, modelando, "autocontrol". El mensaje ha de dirigirse al hecho de que, si identifica y expresa sus emociones de forma racional, su forma de hacerlo de esta manera (racionalmente) será lo que haga en su vida diaria (véase cap. 8).

Por otra parte, explíquele al niño que, en ocasiones, no podemos expresar cómo nos sentimos pero sabemos identificar la emoción. Entonces, puede ir a buscar la tarjeta y mostrarla. Recuérdele que las hicieron juntos, así que usted sabrá a qué se refiere.

En la figura 2.2 se presentan las tarjetas.

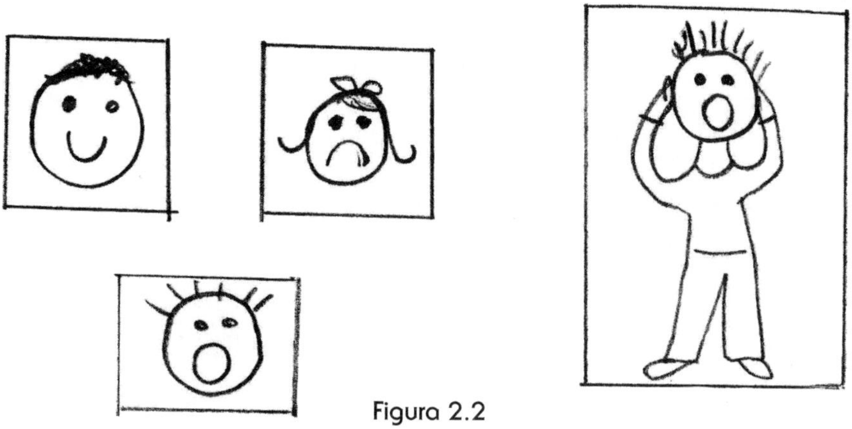

Figura 2.2

Tercera actividad: Póster emocional

Una variación de las actividades anteriores es hacer un póster. Además de proveer variedad y estimular la creatividad, puede colgarse en el cuarto y hacer uso del mismo de forma inmediata.

Material

Cartulina grande, regla, lápices de colores, revistas, tijeras y goma de pegar.

Instrucciones

La actividad consiste en dibujar sobre la cartulina las cuatro emociones. Para ello, la dividen en cuatro partes y luego dibujan cada una de las emociones. Como variación, si es un niño más grande, busquen las emociones en caras de las personas de una revista y péguenlas. Para esta actividad usted escogerá una revista apropiada para ello. El póster se cuelga en el cuarto del niño. Recuérdele que puede señalar cómo se siente, cuando no sabe cómo decirlo.

Cuando suceda, por ejemplo, que el niño está triste (usted lo ha notado), pero comienza a enojarse (es común que así suceda), indíquele que irán a buscar la cara que mejor identifique lo que siente. También es conveniente que, al levantarse, señale cómo se siente ese día. Al final del mismo, cuando se vaya a dormir, indíquele que señale nuevamente cómo se siente en ese momento. Si existe un cambio radical, es el momento de comentarlo. Y también un momento ideal para hacer la siguiente actividad.

He aquí un ejemplo de póster. Y, si el niño es mayor, agregue otras emociones (véase anexo, al final del capítulo, para emociones adicionales), como verá en el segundo póster (figs. 2.3 y 2.4).

Figura 2.3

Figura 2.4

Cuarta actividad: ¿Cómo me siento hoy?

Esta actividad, como se mencionó antes, se introduce cuando es ya momento de que el niño identifique, de forma certera, cómo se siente en diferentes ocasiones y momentos de su vida. Hágala con niños de siete años o más. La ventaja es que, una vez hecho este póster, dura hasta que esté muy dañado o decidan hacer otro. Recuerde que, a medida que el niño puede identificar y expresar más emociones (usted se ha encargado de ello por medio de las actividades anteriores), se pueden incluir estados afectivos más complejos. Por ejemplo, en niños de siete años es recomendable incluir la frustración como opción. Al enriquecer el vocabulario afectivo del niño está usted estimulando su vivencia emocional.

Material

Cartulina grande, lápices de colores, regla, plástico tipo adhesivo (*contact*) transparente, marcador grueso y lazo para amarrar.

Instrucciones

De forma similar a la anterior, construyan juntos el póster. Arriba, a modo de título, escriban: ¿Cómo me siento hoy? Cuando terminen de hacerlo, fórrenlo con el plástico. Haciendo un agujero, o con cinta adhesiva, pongan el marcador amarrado con un lazo, lo suficientemente largo para escribir en todo el póster.

Se cuelga en el cuarto o en el lugar en que suelen desayunar (comedor, cocina). Motive a su hijo a señalar, cada mañana, cómo se siente al amanecer. Y, al final del día, invítelo para que vea si su estado ha cambiado. Si sigue igual, juntos pueden actuar esa emoción. Si es diferente, procure usted expresar la de la mañana y él (ella), la de ese momento. Luego, de forma tranquila, busquen la explicación para cada emoción, y para el cambio de emoción, si la hay. Por ejemplo, algo que sucedió en el día, algo que se dijo, una sensación incómoda, etc. Aliéntelo a hablar y a usar los nombres adecuados para cada emoción.

Volvamos al punto en que usted es un modelo fundamental. Entonces, recuerde estar tranquilo al hablar con su hijo (estudiante) acerca del cambio emocional. Sus sugerencias hacia el cambio, o hacia la emoción en sí, han de ser puntuales. Evite llegar a conclusiones que refieren la emoción a algo externo al niño, o que no recoge la esencia de la misma. Por ejemplo, el niño dice que se siente triste, por lo que hay que averiguar qué lo tiene así. Una respuesta como "Estoy triste porque mi mamá no me llevó a la piñata" es mejor analizada si hace que la respuesta esté dirigida a él, no hacia la madre: "Me siento triste porque no pude estar mucho tiempo en la piñata." Y, probablemente, si el niño comprende bien la impuntualidad, puede agregar que "Me enoja que mamá no me haya podido llevar a tiempo" (fig. 2.5).

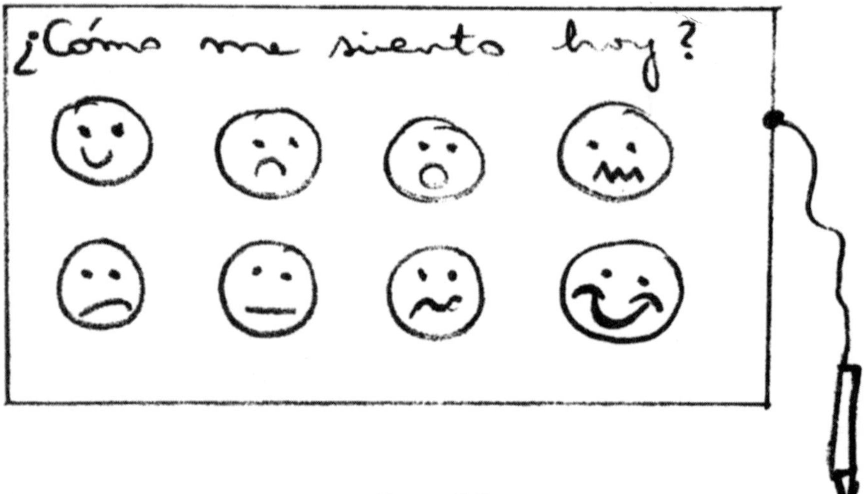

Figura 2.5

QUINTA ACTIVIDAD: DOMINÓ DE EMOCIONES

El dominó es un juego que gusta a muchos niños y adultos. Es de corta duración y cada experiencia de juego es diferente, dada la posibilidad de combinaciones. Y es con el propósito de reunir la identificación de emociones con su expresión, agregando vivencias individuales, que este juego es un actividad integradora. Puede usarse de forma seguida (fin de semana, reuniones familiares, cuando debe esperar turno en el aeropuerto). Lo pueden jugar niños de cinco años en adelante, atendiendo siempre a la capacidad de expresión que se ha venido trabajando en las actividades anteriores.

Material

Cartulina tamaño carta, lápices de colores y tijeras.

Instrucciones

La tarea comienza con elaborar tarjetas de cartulina de aproximadamente 5 × 2 pulgadas de tamaño. Luego se marca a la mitad la tarjeta con un lápiz, de color fuerte. Ahora, dibujen las caritas de cada emoción (las cuatro básicas o más, según la edad del niño), para poder jugar dominó. Cada tarjeta debe tener dos caritas, ya sean éstas iguales o diferentes. Use un dominó tradicional como referencia, sustituyendo los números por emociones. Necesitará al menos seis emociones.

Están ya listos para jugar el tradicional dominó. Si el niño tiene cinco a siete años agregue que, cada vez que se completa una jugada, se actúa la emoción que se unió. Por ejemplo, si se unió alegría con alegría, debe sonreír, puede pararse y bailar. Si el niño es mayor de siete años incluya que diga una situación que le provoca dicha emoción, previo a expresarla. Así, es reflejo de una vivencia individual (fig. 2.6).

Si hacen unas 20 tarjetas el juego resultará entretenido y podrá tener varios participantes. A continuación se presenta un ejemplo de tarjetas.

Figura 2.6

Sexta actividad: Máscaras o carnaval de emociones

Esta actividad es apropiada para niños mayores de nueve años, aunque con supervisión certera de un adulto se puede realizar a partir de los cinco. Exige coordinación, orden y capacidad de manejo de materiales más elaborados. Es buena idea hacerla en momentos prolongados de convivencia. Por ejemplo, un fin de semana en la playa, o en época de lluvia. Recuerde que debe tener el material a la mano y disponer de tiempo para que la máscara quede elaborada y se seque.

Con las máscaras se busca que el niño pueda tener acceso a identificar y representar emociones, a la vez que puede experimentar sentirlas al ponerse cada máscara. Debe hacerle notar que, al ponerse una máscara, puede estar presentando una cara que no representa su sentir en ese momento. Entonces, cabe que le explique la relación entre ser congruente en expresión y emoción que se tiene. Vale el ejemplo de decirle: "Cuando tienes esta cara, la emoción debe estar así en ti." Al quitarse la máscara, la cara debe ser la misma expresada en la máscara. De no ser así, es importante recalcarle que, en ocasiones, nos sentimos impedidos de expresar lo que realmente sentimos. Entonces, optamos por guardar la emoción original y presentar otra, que suele ser más aceptada o que nos beneficia más. Por ejemplo, la tristeza puede estar oculta en una máscara de enojo. Y, si quitamos la máscara, podemos ver la esencia del sentimiento. Como buen modelo que es, le recuerda que al ser asertivo, se identifica la emoción y se expresa tal como es. Y, aunque a veces pueda resultar beneficioso en ese momento ocultar la emoción real, tarde o temprano aflora la original. El secreto es expresar la emoción en el momento adecuado, con la gente adecuada, de manera adecuada, siendo sincero y no ofensivo.

Material

Papel periódico, agua, goma de pegar, pinturas de colores, pinceles (o dedos), tijeras, una aguja o alfiler, crema y un globo de tamaño regular.

Instrucciones

¡Ahora es el momento de la diversión! Hagan una mezcla de agua, goma y papel periódico (cortado), o papel maché. Unte crema en la cara del niño y, poco a poco, vaya cubriendo el rostro con la mezcla. No cubra los orificios de la nariz, la boca y los ojos. Toque periódicamente para ver que esté seca y se desprenda del rostro con facilidad. Dígale al niño que no hable ni gesticule mientras tiene puesta la máscara, ya que esto la resquebrajará. Luego de retirarla de la cara, se pinta como las caritas de la primera actividad. Hagan una máscara para cada emoción básica, poco a poco, para no estropear la piel del niño. Las diferentes emociones se logran haciendo el corte necesario en la boca, con el fin de que ésta indique la expresión deseada (véase anexo al final del capítulo).

Si el niño es pequeño o tiene temor de ser cubierto con la mezcla, infle el globo, sin tensarlo demasiado. Cúbranlo con la mezcla, dejando espacio en la parte posterior. Cuando seque la mezcla, pinche el globo y verá que la máscara está formada. Con unas tijeras ayude al niño a recortar cuidadosamente los orificios de los ojos y la boca.

Para expresar la emoción, cada quien se pone la máscara y la actúa. La ventaja de esta actividad es que se puede jugar así: una persona es el estímulo que provoca una emoción. La otra busca la máscara que corresponde a la emoción pertinente y la actúa. Se logra entonces un ejercicio completo, ya que se representa la emoción de forma tal que es la que corresponde al estímulo. Tenga en cuenta la posibilidad de la incongruencia antes mencionada, ya que, en caso de surgir, es un buen momento de hacer la aclaración indicada (fig. 2.7).

Figura 2.7

SÉPTIMA ACTIVIDAD: SENTIR, PENSAR, HACER

Revisemos la importancia de los tres verbos mencionados: sentir, pensar y hacer. La emoción es una sensación interior (química), que responde a una estimulación (interior o exterior), cuya forma de expresión es conductual (verbal, gestual y acción). Entonces, siendo una respuesta que viene del interior, tenemos una percepción cognitiva respecto de un estímulo (pensar), identificamos la emoción que genera (sentir) y actuamos o expresamos este sentir de alguna forma conductual (hacer).

Si tenemos en cuenta esta secuencia, podemos entender la complejidad que representa interpretar y analizar a nivel emocional. Entonces, la actividad que busque que el niño pueda hacer el ejercicio completo, es decir, identificar qué piensa, qué siente y qué actúa, requiere cierto nivel de desarrollo cognitivo. Con todo y la mención de que existen casos de desarrollo que escapan al promedio, esta actividad se sugiere para niños mayores de cinco años. Debe tener en cuenta que los niños pequeños no poseen aún un vocabulario amplio, por lo que sus respuestas pueden ser escuetas y requerirán que usted ayude a elaborarlas.

Material

Cualquiera del construido para las actividades anteriores.

Instrucciones

Cada uno debe sacar una tarjeta o escoger una emoción del póster, o ponerse una máscara. Luego, debe decir cómo se siente, qué piensa cuando se siente así y cómo actúa. Se busca entender que hay una relación entre lo que se piensa, lo que se siente y lo que se actúa. Así, se puede ver si hay concordancia entre las tres actividades. Por ejemplo, "Me siento alegre porque pienso que esta fiesta es divertida y actúo de forma sonriente, moviéndome entre la gente, cantando y bailando." O "Me siento enojado porque pienso que no debieron quitarme ese juguete y actúo pegándole a mi hermanito."

Aquí es importante que el adulto a cargo sepa distinguir si la expresión es la esperada o no. Si no lo es, hay que actuar de inmediato, señalando que hay una mejor forma de reaccionar, o de actuar, o de sentir. Por ejemplo, "Me siento triste porque pienso que mis papás no me quieren porque le ponen atención al bebé, me enojo y pego en el colegio." Entonces, se indica que está diciendo (conducta verbal, palabra) que se siente triste porque piensa que no lo quieren y por ello le pega a otros. Con el fin de que la conducta generada no sea motivo de problemas (el colegio, tarde o temprano, le llamará la atención, perderá amigos, etc.), se sugiere otra modalidad de acción. Por ejemplo, que piense que no le pueden poner todo el tiempo atención porque están ocupados con el bebé, pero que están seguros de que él sabe que lo quieren, así que puede actuar llorando o estando cerca de los padres y del bebé. Haga que verbalice la nueva propuesta, para que se vuelva un aspecto conductual verbal, y una forma de expresar lo que piensa.

Es bueno dar el ejemplo expresando la tristeza que los padres tienen de sentir que no pueden atender a todos al mismo tiempo, pero que también se sienten felices (alegres) de saber que cada hijo puede comprender la situación. Recuerde, usted es el mejor modelo emocional del niño.

Puede sonar larga y complicada la explicación, pero no se desanime. Los pequeños necesitan palabras concretas y precisas, con pocas explicaciones. Los niños de 10 años suelen responder bien ante esta elaboración (tienen mayor vocabulario y pueden realizar algunas abstracciones). Y recuerde que, si el problema que se le presenta es demasiado amplio, o la expresión y la emoción no se acoplan, en varias ocasiones, al contexto y al estímulo, es mejor buscar ayuda profesional.

Octava actividad: Caja de emociones

Esta actividad es recomendable para niños de nueve a 10 años o más. A los adolescentes, cuando es utilizada la actividad en clínica, les resulta atractiva y agradable. El propósito es darle al niño la oportunidad de expresarse, aun cuando no quiera hacerlo público o compartirlo en ese momento. Así, mientras la información se mantenga "encerrada", el niño gana confianza para exponerse, cuando ya se siente apto para hacerlo. No obstante, la meta final es darle la confianza necesaria para que comparta lo que en su caja deposita.

Material

Una caja de zapatos, material variado para decorarla (revistas, papeles de colores), crayones de colores, lana de colores, brillantina, tijeras y goma de pegar.

Instrucciones

Esta actividad permite que el niño trabaje solo. Se le provee el material para que, usando su creatividad, decore la caja. Es importante decirle al niño(a) que se sienta en libertad de arreglarla de tal forma que sienta que la caja es suya, que es especial. Explíquele que, así como se puede tener un diario para anotaciones personales, en este caso hará una caja. Es aconsejable que esta actividad la haga cuando usted note, por ejemplo, que el niño es expresivo a nivel emocional, es algo retraído o tímido, o, como ya hemos dicho en otra ocasión, llueve mucho en esa época y es una forma productiva de ocupar el tiempo en casa.

Una vez terminada la caja, dígale que la tenga cerca de él /ella, para que pueda poner, de forma escrita, lo que quiera. Incentívelo a que, si en determinado momento se siente triste, escriba lo que piensa, siente y hace al respecto (recuerde la séptima actividad), y lo guarde en la caja. Garantícele la privacidad: no abra la caja sin el consentimiento de él/ella, y de preferencia sólo en su presencia.

Periódicamente pregúntele si ha puesto papelitos en la caja e invítelo a que la abran y conversen de lo que ahí está escrito. Una buena idea es compartir un helado, o un vaso de leche, mientras se habla. Con lo que ha leído hasta ahora es seguro que usted sabrá manejar lo escrito de la mejor manera posible. Y, si es necesario buscar ayuda especializada, esta caja es una especie de "bitácora emocional".

Variación

Por razones de crianza social, a los varones no les agrada tanto la tarea como a las niñas. Entonces, una variación sugerida es hacer lo mismo, pero usando un sobre de tamaño regular.

A continuación se ilustra dos ejemplos (figs. 2.8 y 2.9).

Figura 2.8

Figura 2.9

Novena actividad: Nuestro lenguaje expresivo

Ya hemos hablado acerca de la importancia de ser modelo para los niños. Entonces, nuestra forma de actuar, sea o no verbal, es la que el niño aprende, en mayor o menor grado (hay otros factores que influyen en el aprendizaje, como los biológicos, sociales, etc.). El vocabulario, que es la herramienta de comunicación interpersonal (social) por excelencia, es parte de este modelado.

Material

Usted, el niño y las palabras.

Instrucciones

Cuando esté con el niño, exprese sus sentimientos. Por ejemplo, no cuente sólo que la película que vio estaba "bonita e interesante". Sea expresivo emocionalmente. Diga algo como: "La película me hizo sentir alegre, me reí y recordé algunas cosas que me hacían sentir igual que el personaje." O: "En esta película lloré... pude sentir cómo se sentía el personaje y entendí las razones que tenía para estar triste." Evite utilizar palabras como bien o mal. Sentirse bien o mal no es un estado emocional. Lejos de identificar o expresar una emoción, parecieran indicar un juicio de valoración, ya sea individual o social. Para enriquecer el vocabulario del niño, además de evitar estas palabras, es recomendable no aceptarlas como respuesta, cuando las emplea el niño. Note que, a lo largo del capítulo hemos recalcado la importancia de nombrar las emociones. Entonces, ya sabe que, si en esta actividad no fluyen palabras que nombren emociones, puede acudir a actividades anteriores.

Lo importante, tanto en esta actividad como en las anteriores, es que su actitud sea de seguridad y que usted pueda sentirse emocionalmente adecuado al momento de hacer el ejercicio. Acabamos de descubrir la esencia de todas las actividades: la conexión emocional padres-hijos (o maestros-alumnos). Recuerde que los adultos importantes en la vida de un niño son los que impactan y los que son imitados. La mejor forma de lograr que los niños identifiquen y expresen adecuadamente las emociones es haciéndolo uno mismo. Así que apréstese a realizar las actividades, que al divertirse y ser abierto con sus hijos (o estudiantes) logrará su propósito.

En conclusión, como padres o maestros, debemos estar al tanto de nuestra importancia como modelos de los niños (hijos o alumnos). Como parte del desarrollo integral del niño, éste va adquiriendo conductas y actitudes que imita de las personas importantes que lo rodean. A nivel emocional, la labor del modelo es fundamental. Ahora que ya aprendió cómo identificar y expresar emociones, queda en sus manos ponerse a la obra y, por medio de actividades recreativas, expresar el afecto que siente hacia sus hijos o alumnos, de forma tal que se sentirá orgulloso de los resultados: un niño emocionalmente asertivo, seguro y con buenas habilidades sociales (empatía). ¡Felicitaciones!, se acaba de recibir usted de modelo emocional.

ANEXO: LISTADO DE SENTIMIENTOS

Agotado
Rabioso
Asustado
Confundido
Extático
Culpable
Sospechoso
Enojado
Histérico
Frustrado
Triste

Confiado
Avergonzado
Feliz
Malicioso
Asqueado
Asustado
Apenado
Rabioso
Cauteloso
Cómodo
Deprimido

Agobiado
Esperanzado
Solitario
Enamorado
Celoso
Aburrido
Sorprendido
Ansioso
Pasmado
Tímido

LECTURAS RECOMENDADAS

Aguilar, E. (1997). *Domina la autoestima*. México: Árbol Editorial.

Aguilar, G. (2002). *Problemas de la conducta y emociones en el niño normal*. México: Trillas.

The Feelings Flashcards. CTA. Compilation Copyright, Dreyfuss. Karen China <www.timepromotions.com>.

Faber, A. y Mazlish, E. (2004). *How to talk so kids will listen and listen so kids will talk*. USA: Harper Collins Publishers.

Shapiro, L. (2001). *La inteligencia emocional en los niños*. España: Punto de Lectura, 2001.

Sher, B. (1998). *Self-esteem games*. USA: Wiley.

3

Autoestima: cómo ayudar al niño a sentirse seguro

GUIDO AGUILAR Y HADE DÁVILA

INTRODUCCIÓN

El niño con una autoestima alta tiene asegurada una parte del éxito en la vida. Es seguro de sí mismo, consciente de sus aptitudes y limitaciones, se aprecia a sí mismo, se sabe único y, en general, se siente querido, respetado y valioso. Estas características le dan la oportunidad de desarrollarse adecuadamente en el área social, académica, deportiva y familiar, pues al confiar en sí mismo, tiene la posibilidad de aprovechar sus habilidades y capacidades. Por ello, fomentar en el niño su seguridad emocional, su sentido de valía y, en general, su autoestima se convierte en algo vital para su crecimiento psicológico y social: un regalo para toda la vida.

El presente capítulo está diseñado para mejorar la autoestima y el sentido de seguridad personal de los niños con una autoestima baja, pero puede resultar útil también para quienes desean fomentar una autoestima adecuada en niños con un desenvolvimiento y desarrollo emocional normales. En la primera parte el lector podrá encontrar conceptos generales y descriptivos para entender lo que es la autoestima y sus áreas; en la segunda se proporcionan criterios y cuestionarios para la evaluación de las principales áreas de la autoestima de los niños. Si determina que su nivel es bajo en algún área, en este mismo capítulo encontrará, en la tercera parte, una serie de programas, recomendaciones y claves para mejorarla. Y al final, en la cuarta parte, damos una guía para padres y maestros, la cual puede utilizarse para fomentar la autoestima de cualquier niño.

CONCEPTOS GENERALES

Importancia de la autoestima

Si un niño se siente querido y respetado por sus padres, maestros y amigos, aprenderá a quererse y a respetarse a sí mismo. Así, desarrollará una autoestima adecuada, se sentirá seguro y tendrá la posibilidad de desempeñarse adecuadamente en el colegio, en sus relaciones con los compañeros, así como con los miembros de su familia y la comunidad.

Problemas de una autoestima baja

Un niño con una autoestima baja no se aprecia lo suficiente a sí mismo, por lo que suele sentirse inseguro y poco valioso. Esto puede ocasionar innumerables problemas psicológicos y de salud, tanto física como emocional. Un niño sin una buena opinión de sí mismo puede desarrollarse, por ejemplo, como una persona tímida, insegura, dependiente, deprimida, desconfiada, agresiva, temerosa, complaciente, inhibida y poco comunicativa. Así, se pierde de muchas de las oportunidades de crecimiento que la vida proporciona al no compartir sus sentimientos, ideas y puntos de vista con los demás. Por otra parte, puede aferrarse rígidamente a sus puntos de vista, sin darse la oportunidad de abrirse a las opiniones de los demás, ni aprender de la experiencia. Se aferra a ideas y conceptos en busca de seguridad personal, pero a su vez, esto le impide acercarse a los demás y llegar a ser un miembro importante de su comunidad, familia o grupo de compañeros.

Otros niños, al buscar con ansia el afecto, el aprecio y la aprobación de sus compañeros, padres o maestros, se vuelven "sofocantes", serviles o extremadamente complacientes. Y al no demostrar mayor respeto por sí mismos, generan rechazo o una pobre aceptación por parte de los demás. Esto se convierte en un círculo vicioso, pues con frecuencia el niño que se siente rechazado perpetúa o aumenta este patrón de respuesta, lo cual puede llegar, incluso, a ser denigrante y a empobrecer aún más el concepto que tiene de sí mismo.

A veces, algunos niños se aprovechan de esta situación y buscan a los niños inseguros para conseguir algo de ellos (como ayuda académica o económica), pero los rechazan cuando no cumplen con sus expectativas o deseos. Y aun cuando un niño sepa que lo están utilizando, prefiere someterse a los mandatos y juegos de los demás, con tal de lograr cierta aceptación y sentir que tiene algunos amigos. Por otra parte, algunos niños que se sienten inseguros e inadecuados consigo mismos se aíslan física y/o emocionalmente de las personas que le rodean, o se comportan violentos y agresivos con ellas, incluso con compañeros de clase, maestros y la familia. Además, los niños inseguros tienden a faltar más al colegio, a deprimirse y a experimentar problemas de ansiedad. Con el tiempo, todo esto afecta también su sistema inmunológico, por lo que en última instancia se enferman más y con mayor frecuencia que los niños seguros de sí mismos. Por todo lo anterior, es importante cuidar la autoestima del niño. Sin embargo, antes de evaluarla y revisar programas para estimularla, debemos definirla.

¿Qué es la autoestima?

A pesar de que los términos *autoconcepto* y *autoestima* con frecuencia se utilizan como sinónimos, debemos tener en cuenta que el autoconcepto se refiere a la descripción que un individuo hace de sí mismo, mientras que la autoestima se relaciona más con una evaluación que la persona hace de ese autoconcepto. Por tanto, la autoestima en un niño está constituida por una evaluación subjetiva de la información objetiva que él utiliza para describirse.

Por ejemplo, un niño puede ser un buen deportista y tener dificultades en matemáticas, por lo que sus calificaciones son buenas en deporte, pero apenas aceptables en matemáticas. Este tipo de información es objetiva y conforma el concepto que el niño tiene de sí mismo (su autoconcepto). Sin embargo, la manera como se sienta ese niño en relación con sus calificaciones de esas materias es algo distinto: es una evaluación subjetiva que se denomina autoestima. Así, si para el niño es más importante ser un buen deportista que un buen alumno en matemáticas, su autoestima será adecuada. En cambio, si el tener un buen rendimiento en matemáticas es más o, al menos tan importante como ser un buen deportista, la evaluación que haga de sí mismo puede ser inapropiada y puede concebirse como tonto, haragán, descuidado o mal agradecido, lo cual reflejará una autoestima pobre en el área académica (no así en el área deportiva).

La autoestima también puede conceptualizarse como la relación que existe entre el *yo ideal* y el *yo real*. El yo real es un concepto que incluye las cualidades, características y habilidades que el niño percibe como reales de sí mismo, mientras que el yo ideal es la imagen interna que tiene el niño acerca de cómo le gustaría ser. Si el yo real se encuentra muy lejos del yo ideal, el niño sentirá que le falta mucho para lograr ser lo que quisiera ser, lo cual generará sentimientos de inadecuación y una autoestima baja.

Por ejemplo, aun cuando una niña sea buena deportista ante sus compañeras, si ella no ha obtenido el grado de excelencia que se ha propuesto para sí misma y cree poder alcanzar, no se sentirá satisfecha con su desempeño y habilidad deportiva actuales. Si sus expectativas son realistas, en el sentido de que las puede alcanzar, el equilibrio entre el yo real y el yo ideal podrá lograrse, al sentir que tiene buenas posibilidades de lograr lo que desea. Pero si tiene la esperanza de ser seleccionada nacional de gimnasia para las Olimpiadas y sus expectativas no son reales por tener algunas limitaciones verdaderas (como estatura baja, sobrepeso, piernas cortas, condiciones físicas o nutricionales inadecuadas, falta de recursos y poco tiempo para el entrenamiento), entonces no habrá un balance entre sus expectativas ni posibilidades reales de lograrlas, lo cual le generará problemas de autoestima.

Áreas de autoestima

La autoestima de un niño se basa en el desempeño y el grado de satisfacción que experimenta en todo aquello que para él es importante. Por esto es fundamental considerar la autoestima desde varias áreas: social, académica, de imagen corporal, familiar y global.

El **área social** se refiere al valor que un niño se da a sí mismo en relación con su grupo de amigos. Es decir, el niño valora qué tan importante se siente para los demás, qué tan tomado en cuenta se percibe, si sus opiniones valen, y si los otros niños lo buscan, lo llaman, lo invitan y lo tienen en cuenta. Todo niño necesita sentirse importante para su grupo de compañeros, ya sean vecinos, primos o compañeros de clases o de colegio. Algunos serán importantes ante los demás por ser los más fuertes, los mejores deportistas, estudiantes brillantes, simpáticos, graciosos, molestones, altos o muy queridos por sus compañeros. Lo importante para ellos es ser alguien para los demás y sobresalir en algo. Por supuesto, lo ideal es que un niño sea aceptado y querido por los demás por méritos propios, por lo que es, de manera que no necesite recurrir a artificios (como mentir, exagerar, tener que llevar juguetes o preferir no expresar sus puntos de vista y ceder ante la voluntad de los demás) para sentirse valioso dentro del grupo.

Pero la **autoestima social** no se refiere sólo al grado de aceptación que el niño siente por parte de sus amistades, sino también al grado en que se siente orgulloso de los amigos que tiene. Así, si la niña tiene un grupo de compañeras que la aceptan, pero ella no valora suficientemente a ese grupo, posiblemente no le sirva como un grupo que sustente su autoestima social.

La **autoestima académica** implica la evaluación que un niño hace de sí mismo como estudiante. Lo importante es que el niño se sienta cómodo y satisfecho con su rendimiento académico, ante sí mismo y ante el grupo. Como padres y maestros, debemos cuidar el tipo de mensajes que damos y las expectativas que tenemos de los niños. Recordemos que el área académica tiene su importancia, pero representa sólo un aspecto de la vida. Con frecuencia, padres y maestros la sobrevaloran y pretenden hacer de ella el centro de la vida del niño. Por ejempo, a menudo los padres (y los maestros) piensan que lo básico es que el niño invierta la mayor parte de su tiempo estudiando, que sea un alumno ejemplar y que saque calificaciones altas. En consecuencia, con frecuencia los padres y los maestros –y aun los otros niños– suelen valorar a un niño sólo en virtud de sus calificaciones y su rendimiento académico, y no por quien realmente es.

Desde luego, el niño tiene que estudiar y aprender, pero sólo lo suficiente. Lo más importante es que viva su niñez intensamente, que cuente con las oportunidades para jugar y disfrutar de la compañía de sus padres y sus hermanos, que tenga tiempo para dedicarse al deporte y al arte (música, pintura u otra), así como a desarrollar y cultivar amistades. Esto le da la posibilidad de explorarse a sí mismo y de conocer su mundo, además de que le proporciona la oportunidad para un desarrollo integral de sus facultades y capacidades. Pero un niño a quien se obliga a estudiar la tarde entera, que no tiene tiempo para actividades que fomenten su crecimiento personal, y que recibe el mensaje que sólo vale en la medida en que saque altas calificaciones, será un niño con un riesgo de desarrollar problemas de autoestima. Así aunque tenga buenas calificaciones, si un niño piensa y siente que debería tener mejores notas, no tendrá una buena autoestima académica.

El área académica requiere una consideración especial, pues en ella entran en juego no sólo valores sino también antivalores. Por ejemplo, si un niño tiene fama de mal alumno y siempre le va mal en matemáticas u otra materia específica, los compañeros pueden burlarse de él y hacerlo sentir que su falta de estudio o de habilidad es una verdadera incapacidad, por lo que puede sentirse menos ante los demás en esa área. Si una maestra desvaloriza al niño y se burla de él por su bajo rendimiento académico, no sólo se sentirá que vale menos, sino que afectará aún más su desempeño en los estudios y su aceptación por el colegio. Este niño tendrá una autoestima académica baja.

Los antivalores del estudio pueden ejemplificarse con los términos que los niños utilizan para burlarse de aquellos que son dedicados al estudio y buenos alumnos. La utilización de términos como *geniecito*, *nerdo* y otros reflejan los problemas que suelen tener algunos niños con una autoestima académica alta, en quienes su buen desempeño interfiere en el área social, pues los compañeros se burlan de ellos, de su capacidad y dedicación al estudio. Así, pueden tener una autoestima académica alta, a costa de una autoestima social baja. De alguna manera, esto implica la idea de que los niños aceptan que es conveniente ser buen estudiante, pero sólo hasta cierto punto, después del cual ya es censurado. O en todo caso, puede aceptarse a un buen estudiante sólo si en el área social, de juego y de broma, deja de lado su comportamiento disciplinado y pasa a ser "uno más del grupo".

El **área familiar** es una de las más esenciales en la vida de un niño, puesto que idealmente, es dentro del contexto familiar donde el niño aprende a crecer, a conocerse y a aceptarse a sí mismo, cimentando las bases de los valores, ideales y principios sobre los cuales edificará más adelante su propia vida. Si bien es cierto que los niños pasan la mayor parte del tiempo en el colegio, la relación que mantienen con sus familiares tiene una importancia emocional especialmente fuerte. Es en el seno familiar donde un niño aprende a sentirse querido, aceptado o rechazado, confiado o desconfiado, dependiente o independiente, seguro o inseguro de sí mismo y del mundo que le rodea, y a considerarse a sí mismo como un ser humano valioso e importante. Por tanto, los primeros años de vida son fundamentales para el desarrollo de su personalidad.

Antes de entrar al colegio, un niño ya habrá desarrollado un concepto de sí mismo, como un niño inteligente o tonto, bueno o malo, travieso o tranquilo, cuidadoso o torpe. Además habrá aprendido a relacionarse con otras personas, a utilizar ciertas estrategias para lograr sus cometidos, a desempeñarse de acuerdo con las expectativas que de él se tienen, a conocer el tipo de relaciones que generan en los demás sus diferentes modalidades de comportamiento, y a establecer cuáles son las consecuencias de lo que hace en general. Todo esto lo aprende un niño dentro de su hogar, de manera que si está acostumbrado a que sus padres y/o hermanos le presten atención únicamente cuando se comporta mal (pegando a otros, no obedeciendo, etc.), es muy probable que este niño se comporte dentro del aula escolar tal y como lo hace en el hogar.

Entonces, resulta comprensible que el niño no entienda por qué su madre siempre le da lo que exige si hace berrinche, mientras que en el colegio lo castigan por esa misma conducta. Lo más problemático es que los padres, al enfrentarse con las quejas por parte del colegio, se molestan con el niño. Esto tiene como resultado una gran confusión para el niño, pues no entiende por qué lo que antes en casa estaba bien, ahora en el colegio está mal; todo lo cual afecta su seguridad y autoestima. Por esta razón, y por muchas otras, es importante que los padres y los maestros se planteen con claridad cómo desean que crezcan sus hijos y sus alumnos, respectivamente, y que, al educarlos, estén conscientes de que en el futuro los niños se enfrentarán solos al mundo y lo que aprendieron en casa es lo que van a poner en práctica fuera de ella.

El área familiar incluye los sentimientos que un niño tiene acerca de sí mismo como miembro de su familia. Un niño con una autoestima familiar adecuada es un niño que se siente querido y respetado como persona por parte de sus padres y sus hermanos, que puede expresar abiertamente sus pensamientos y sentimientos, seguro al estar con su familia, que disfruta de realizar actividades con ellos y que se considera un miembro importante y significativo para los demás en la familia, sintiendose orgulloso de pertenecer a ella.

Debemos tener presente que en el hogar hay que estimular la autoestima en el niño, pero debemos hacerlo de manera realista, sin engañarlo. Algunos padres de niños con problemas de percepción, de comprensión o de aprendizaje, con la intención de "compensar" el déficit, les hacen creer, por ejemplo, que son muy inteligentes. Sin embargo, cuando el niño entra al colegio, se ve confrontado con sus propias limitaciones y su autoestima baja en forma brusca, la cual puede ser difícil de recuperar. Y no sólo se afecta la autoestima del niño, sino además la confianza que tenía en sus padres, al sentirse engañado en un aspecto fundamental de su vida.

El **área de imagen corporal** incluye los sentimientos de un niño en relación con su apariencia física y sus habilidades. Algunos niños suelen ser el foco de atención y muchas veces de burla, por parte de sus compañeros y/o sus maestros cuando se encuentran en situaciones en las cuales su desempeño depende casi exclusivamente de sus destrezas físicas. Por ejemplo, un niño con un buen rendimiento académico, que se siente cómodo dentro de su familia y orgulloso de ser un miembro de ella, pero que tiene un sobrepeso notorio, quizá tendrá dificultades para efectuar las actividades deportivas que le exige el colegio. Sin embargo, el niño no tiene mucha elección en este sentido y deberá hacer un intento. Dado su sobrepeso, es probable que sus movimientos sean inadecuados, poco finos, tal vez hasta torpes, y los demás niños los consideren como graciosos y se burlen de él. O bien, puede ser discriminado como miembro del equipo de futbol, de natación o de carreras. Esto afecta la autoestima de imagen corporal del niño, a la vez que perjudica su autoestima social. El carecer de habilidades manuales, por ejemplo, puede reflejarse en trabajos de costura, carpintería o caligrafía deficientes. Estas situaciones pueden afectar la autoestima en algunos niños, pero no necesariamente en todos.

Si un niño se considera "feo" respecto de sus compañeros, puede tener, como consecuencia, una autoestima de imagen corporal baja. Por esta razón el niño puede sentirse inferior a los demás y tratar desesperadamente de compensar el defecto que ve en sí mismo a través de otros medios, como comportarse agresivamente o permitir que los demás lo traten mal; o ayudar a otros en sus tareas escolares (si es buen estudiante), en general sin entablar relaciones de amistad sino tratando de comprar una aceptación, aun sabiendo que es manipulado.

Un niño con una autoestima de imagen corporal alta es aquel que se siente a gusto con la forma en la cual los otros lo ven, que está contento de ser como es (físicamente), que tiene las habilidades básicas necesarias para realizar las actividades deportivas del colegio, por lo menos tan bien como la mayoría de sus compañeros, y que tiene una estatura y peso con los que se siente cómodo.

El **área de autoestima global** se refiere a la apreciación total o global que hace un niño de sí mismo. Un niño con una autoestima global alta se siente contento de ser quien es, de ser como es y de tener las fortalezas que tiene, y acepta sanamente sus debilidades y limitaciones.

También puede conceptualizarse la autoestima global como un área que incluye todas las demás áreas mencionadas, de manera que, aunque un niño tenga una autoestima más alta en algún área que en otra, pero que en general se encuentra cómodo consigo mismo y se desempeña de manera adecuada dentro de su medio, puede considerarse un niño con una autoestima adecuada.

Origen de los problemas de autoestima

Los problemas en la autoestima pueden tener su origen en diversas causas. Si estamos interesados en elevar la autoestima de un niño, debemos determinar hasta donde sea posible, de dónde proviene el problema así como en qué área y en qué forma se manifiesta.

Devaluación del niño

Con frecuencia, los niños reciben mensajes negativos acerca de sí mismos por parte de las personas más significativas en su vida. No valorar ni dar crédito a un niño por sus esfuerzos, habilidades, cualidades y buen comportamiento constituyen formas de devaluación. Otra forma común de devaluar a un niño es a través de apodos y/o la imposición de etiquetas que conllevan un juicio de valor negativo. Si el niño escucha constantemente que es un niño "tonto" o "malo", empezará a creerlo y se comportará de acuerdo con estas expectativas negativas. Al decirle a un niño que es un "inútil", "tonto", "torpe" o "irresponsable", se daña su autoestima y no se le ayuda para nada. Y apodos familiares como "el gordo", "la flaca", "la nena", etc., pueden influir también negativamente.

Cuando un niño se comporta de manera inapropiada y los padres o los maestros deben reprenderlo, tienen dos alternativas: la primera consiste en llamarle la atención por su conducta inapropiada, es decir, por lo que *hizo* mal, y la segunda es atacarlo por lo que es. La diferencia no es sólo teórica o conceptual, pues el mensaje que damos al niño va implícito. En el primer caso, que lo que hizo estuvo mal y que es preferible –y posible– cambiarlo, y en el segundo, que es un niño malo, que la maldad está dentro de él y que lo que hizo no es sino un reflejo fiel de lo malo que es; lo que una persona es no se puede cambiar. Llamar la atención por lo que hizo le da la oportunidad de cambiar y, por lo mismo, de mantener en equilibrio la autoestima y la seguridad. En cambio, criticar lo que el niño es equivale a bajar su autoestima, sin mayor posibilidad de cambio. Por tanto, al reprender a un niño, si usted quiere fortalecer la autoestima del niño y a la vez educarlo, déle un mensaje que diga: "Me extraña que tú, siendo un buen niño, hayas hecho esto. Estoy molesto por ello y espero que no lo vuelvas a hacer." Eso fortalece la autoestima y desaprueba, a la vez, lo que hizo mal.

En ocasiones, lo que ocurre es que un niño comete un error o se comporta en forma indeseable en una situación y un momento determinados, y otras personas empiezan a generalizar esta equivocación a otras áreas de la vida del niño que nada tienen que ver con la situación original. Este sería el caso de un niño que deja de hacer sus tareas durante una o dos semanas consecutivas por cualquier razón (desvelo, tensiones familiares, tristeza porque se murió su perrito, etc.) y la maestra hace comentarios como: "Tú nunca haces la tarea" o "ya sé que no voy a recibir la tarea de Juanito hoy". Este tipo de afirmaciones hacen sentir mal al niño y, a la vez, despiertan en él la idea de que no va a poder cambiar la situación, aunque quiera hacerlo.

Cuando las personas importantes en la vida de un niño destacan más sus fracasos que sus logros, lo devalúan. Algunos padres y maestros lo hacen con buenas intenciones, creyendo que al señalarle sus errores van a motivarlo a superarse. Sin embargo, esto sucederá únicamente si, además de fijarse en sus errores tienen el cuidado de resaltar y reconocer más sus esfuerzos y logros que sus deficiencias y fracasos. Si no hacen esto, sólo formarán a un perdedor, inseguro de sí mismo, con una autoestima baja. Enfocar ante todo las debilidades de un niño es arriesgado, pues con facilidad hace que el niño pierda el deseo de cambiar, creyendo que no puede o que tiene que esforzarse demasiado para lograrlo. Esta situación, fuera de permitirle mejorar, disminuye su autoestima y su motivación de logro.

El simple hecho de no mostrar interés en las actividades y la vida de un niño afecta enormemente su autoestima. Cuando no se le escucha con atención, cuando no se comparten con él momentos valiosos, cuando no se asiste a los eventos importantes de su vida (por ejemplo, durante su actuación en la velada del colegio o en la entrega de calificaciones), cuando "nunca" hay tiempo para conversar con él y cuando "siempre" hay algo más importante que hacer que jugar o platicar con él, se está devaluando al niño.

Con base en estas consideraciones, puede decirse que la devaluación a través de palabras, pensamientos, omisiones y/o acciones por parte de la familia, los maestros y/o los compañeros afecta y enriquece o empobrece la autoestima de un niño.

Falta de habilidad

El problema de autoestima en algunos niños se debe a que carecen de las habilidades necesarias para desempeñarse bien en una o más áreas. Por ejemplo, si un niño tiene dificultades para comunicarse con sus compañeros, expresar sus opiniones, defender sus derechos y saber cómo y cuándo tomar la iniciativa o participar en una conversación o actividad con otros, probablemente tendrá una autoestima social pobre. Otro niño puede presentar una falta de habilidad específica en una materia, como en lectura o atletismo, lo que puede ocasionar una autoestima baja en las áreas académica y de imagen corporal. Este es el caso de los niños que han establecido expectativas razonables para sí mismos, pero que fracasan por falta de habilidades específicas.

Problemas e impedimentos físicos reales

No es raro que los padres, los maestros y los conocidos de un niño con problemas físicos reales, como problemas de audición, cojera, dislexia o discalculia, conviertan este aspecto en el foco primordial de atención e interacción entre ellos y el niño. Esto, añadido a la limitación real del niño, crea en él una sensación de inferioridad, inadecuación y rechazo. Al mismo tiempo, puede hasta llegar a sentirse culpable por "poner" a sus padres en esa situación (incluso tal vez por el aspecto económico). El niño puede llegar a sentirse avergonzado de ser quien es, lo que tiene como resultado una falta de aceptación de sí mismo y una autoestima global baja. Además, con frecuencia, los otros niños se comportan cruelmente con los que tienen algún impedimento o problema físico obvio y, lejos de comprenderlo, lo aprovechan para burlarse de él. Así, le llaman "el ciego", "el cojo", "el mudo", "el tartamudo", "el enano", etc., resaltando los defectos o problemas del niño, lo cual afecta su autoestima.

Medio demandante (expectativas muy altas)

Las expectativas que las personas tienen de los niños influyen sobre su autoestima. Lo que los niños esperan y exigen de sí mismos proviene de varias fuentes (por ejemplo, de diferentes personas) y cambia según su edad.

Los niños y los adolescentes con autoestima baja a menudo adoptan expectativas sumamente altas y a veces inalcanzables, lo que les obliga a hacer esfuerzos constantes para alcanzar metas muy altas y difíciles de lograr, por lo cual experimentan más fracasos que éxitos. Al mismo tiempo, suele presentarse una discrepancia entre el yo real y el yo ideal, porque estos niños tienen en general expectativas demasiado exigentes. Esto hace que el yo real se encuentre demasiado lejos del yo ideal, lo que baja la motivación del niño para alcanzar sus metas, a la vez que deteriora la imagen que tiene de sí mismo.

Debemos tener cuidado con los mensajes que damos al niño. Por ejemplo, cuando se le dice: "Tú siempre eres muy amable", "ya sé que siempre puedo contar contigo para ayudarme a recoger los exámenes al final de la clase" o bien, "ya sabemos que tú eres muy buena gente porque siempre nos prestas tus juegos de Nintendo", y otros comentarios de esta naturaleza, el niño recibe el mensaje de que, para ser aceptado por otros, debe cumplir con lo que se espera de él. Esta es una tarea difícil y comprometedora para el niño, quien, al darse cuenta de que no siempre puede comportarse "amable", "complaciente" y "bondadoso", teme que vayan a rechazarlo, por lo que se siente mal consigo mismo y su autoestima corre el riesgo de bajar.

Los padres o los maestros que tienen un niño que destaca en una actividad, tienden a exigirle mucho en ella. Así, por ejemplo, se esperaría que los niños muy creativos, o hábiles para jugar al futbol o al tenis, para el baile o para tocar el piano, tuvieran una autoestima alta. Sin embargo, no es extraño que los padres y/o los instructores de un niño dejen de darle crédito por el esfuerzo que hace y sólo lo premien o lo feliciten si llega al nivel de rendimiento que ellos han establecido. Por otra parte, no por ser un niño creativo, un buen deportista, un buen bailarín o un buen pianista, su autoestima va a ser necesariamente adecuada en todas las áreas (la académica, por ejemplo) y se corre el riesgo de convertir al niño en una curiosidad, un "monito" de exhibición.

Por ejemplo, un niño entra a un campeonato de tenis y obtiene el primer lugar en dos ocasiones consecutivas. Al finalizar su último partido, sus padres se acercan a él, lo felicitan y de regreso a casa lo invitan a comer su platillo favorito en un restaurante para celebrar su triunfo. Una semana más tarde, el niño vuelve a jugar y obtiene un tercer lugar. Si en esta ocasión la actitud de los padres cambia, no sólo no invitándolo a cenar, sino además mandándole mensajes indirectos como: "Tú tienes la capacidad para ganar, y si no lo lograste, es porque no te esforzaste lo suficiente" o "no vales mucho porque no sacaste el primer lugar", esto puede poner al niño en un verdadero aprieto al hacer que se sienta culpable por no haber satisfecho las expectativas de sus padres y, a la vez, sentir que la única manera de complacerlos y de ser verdaderamente aceptado por ellos es obteniendo siempre el primer lugar. Por lógica, el niño fracasará en algún momento, y cuando esto ocurra, puede sentir que no vale nada, por lo que baja su autoestima y los intentos por no fracasar pueden entonces involucrar expectativas que generan ansiedad en el niño.

Otra forma en que el medio puede ser demandante con un niño se observa cuando los padres cambian, de un momento a otro, la importancia que le dan a un área específica. Si el rendimiento escolar nunca fue importante para los padres, hasta que llegó a vivir con ellos la abuelita intelectual que exige al niño ser un estudiante ejemplar, éste puede sentirse confundido y su autoestima académica puede bajar, por dejar de sentirse cómodo consigo mismo en esta área. Esta situación obliga al niño a cambiar su vida y al no desempeñarse en el nivel que le exigen, se siente inadecuado, lo cual afecta negativamente su autoestima.

Cuando los padres o los maestros de un niño le trasmiten el mensaje: "Pudo haberlo hecho mejor", "esperan algo mejor de él" o "estuvo bien, pero...", deben ser cuidadosos de manera que el niño no sienta que no importa cuánto se esfuerce o cuán bien realice una tarea, sus padres y/o maestros nunca van a estar satisfechos. El peligro de esta situación consiste en que no sólo puede afectarse la imagen y estima que el niño tiene de sí mismo, sino que al mismo tiempo puede hacer que deje de esforzarse, puesto que con eso no logra el éxito, ni consecuencias positivas para él.

Sobreprotección

La sobreprotección es un problema de los padres (usualmente de la madre) que termina por afectar al niño. Se refiere a un patrón de crianza en el que se cuida y se protege a un niño de tal manera que no se le da la oportunidad de enfrentarse a las tareas y situaciones "normales" para su edad y sexo.

La sobreprotección afecta la autoestima de un niño en dos formas. En primer lugar, un niño que siempre tiene a un adulto siguiéndolo, presionándolo y cuidándolo para que "no se caiga de la escalera", "esté completamente limpio", "haga sus deberes a cabalidad todos los días de su vida" o "esté verdaderamente donde ha dicho que va a estar", es un niño que va a crecer con la idea de que el mundo en general es un lugar poco seguro y confiable. En segundo lugar, al estar protegido y cuidado por otros todo el tiempo, el niño recibe el mensaje de no ser capaz de cuidarse y manejarse por sus propios medios, por lo que crece como una persona dependiente, insegura y desconfiada de sus propios cuidados de sí misma. Tal vez sienta que la razón por la cual lo sobreprotegen es porque verdaderamente no puede enfrentar la vida por sí solo, o porque los peligros son tan grandes que realmente necesita ayuda.

La sobreprotección impide que un niño adquiera las habilidades y destrezas que la mayoría de los niños de su edad ya han adquirido, de manera que él puede percibirse como "atrasado" con respecto a sus demás compañeros, lo cual afecta su autoestima. Por ejemplo, un niño a quien siempre van a dejar y a recoger a sus clases de piano o tenis, al colegio o a las fiestas de cumpleaños, aprenderá con dificultad a orientarse y reconocer las direcciones, a movilizarse en autobuses urbanos y, en general, a ser autosuficiente e independiente.

Aprender a dirigir nuestra conducta y nuestra vida en general es una parte fundamental del desarrollo de un ser humano. Un niño que puede dirigir su comportamiento se sentirá competente y quizá será aceptado por los demás. Por tanto, la sobreprotección obstaculiza el desarrollo de las habilidades de autocontrol de un niño y, en consecuencia, deteriora su autoestima.

Incompatibilidad de valores

Un niño aprende ciertas normas y valores de su familia y ésta, a su vez, de un grupo social. Los valores que un niño aprende son de especial importancia, puesto que en función de ellos el niño se va a valorar. Así, un niño que siente que está haciendo lo que debe hacer y lo que se espera de él, probablemente tenga una autoestima alta. Sin embargo, algunos valores familiares y del niño pueden ser más o menos incompatibles con los de su medio.

Existen valores tradicionales, como el respeto, el honor, la dignidad, el cumplimiento de la palabra, la caballerosidad, la amistad y la lealtad, que, aunque en sí son deseables y "honorables", han perdido parte de su valor en la sociedad contemporánea. Algunos padres y algunas instituciones educativas, de influencia tradicional, continúan resaltándolos y enseñándolos. Sin embargo, los hijos de tales padres o los alumnos de estas instituciones representan una minoría dentro de la sociedad y, con frecuencia, al salir de su medio familiar o educativo, enfrentan problemas de inadaptación que ponen en una situación de extrema fragilidad los valores que cimentan su vida. Esto representa un momento de serio riesgo para la autoestima de un niño, por lo que conviene detectarlo a tiempo para aclararle la situación y prepararlo, o reorientarlo.

Por ejemplo, un niño puede valorar la honestidad, de manera que no copia en un examen, pero se da cuenta de que por no hacerlo obtiene calificaciones más bajas que algunos de sus compañeros que no estudian y copian en dicho examen. Entonces, de poco le servirá que el padre le diga que hizo lo correcto si los compañeros se burlan de él. Algo similar sucede con un niño que jamás falta a su palabra de honor y se percata de que los demás no lo valoran, ni cumplen cuando prometen algo; o cuando un niño es leal a sus compañeros y recibe un castigo por no delatarlos, mientras que ellos no dudan en acusarlo –incluso injustamente– con tal de no ser castigados. También es el caso del niño que, en honor a la verdad, es sincero con los demás, aunque eso le valga la reprobación y hasta el rechazo de los otros niños.

El niño que no dice malas palabras, que deja de utilizar las palabras de moda y utiliza correctamente y con propiedad el lenguaje, que es un caballero con las damas y que defiende causas nobles y valora el honor, la verdad y la dignidad, ha llegado a ser un "anticuado" para sus compañeros, un niño raro, un Quijote idealista de quien se burlan, un desadaptado. Sus valores chocan con los de una cultura basada en una competencia desleal y en una valoración de los logros, por encima de los medios empleados para alcanzarlos. Estos niños tendrán que cuidarse de manera especial, pues el riesgo de problemas de autoestima en ellos es alto, ya que sus valores no se ajustan a los de los demás niños, quienes los ridiculizan con facilidad. No obstante, suelen ser niños muy queridos y apreciados por los padres (y especialmente por la madre) de sus compañeros, pero no tanto por los compañeros.

Las sociedades y culturas con valores tradicionales pueden encontrarse entre los grupos religiosos practicantes. Los niños en general son poco respetuosos de las prácticas y tradiciones religiosas de los otros niños, en especial cuando éstos pertenecen a grupos minoritarios, y se burlan con frecuencia de ellos, de sus normas, costumbres y valores, lo cual puede afectar su autoestima.

Este problema de incompatibilidad de valores suele presentarse también cuando se cambia a un niño de un ambiente cultural a otro, como en un traslado familiar a un país extranjero, cuando un niño del medio rural asiste al colegio de la ciudad, o cuando un niño de un pueblo o una ciudad pequeña se cambia a una gran ciudad. El riesgo que estos niños corren de sentirse inseguros y afectar su autoestima es alto al encontrar que su sistema de valores no es total o parcialmente compatible con el de la ciudad o país donde ahora se encuentran.

Estilo de pensamiento inadecuado

La autoestima de un niño se ve afectada no sólo por lo que hace, sino también por lo que piensa que hace. Los niños con autoestima baja muestran a menudo una forma peculiar de interpretar el mundo externo; a veces no ven la realidad tal cual es, sino que la distorsionan de alguna manera. Los niños con autoestima baja suelen actuar de alguna de las siguientes maneras:

1. Sacan conclusiones sin tener suficientes datos objetivos para hacerlo. Por ejemplo, un niño que concluye que su madre no lo quiere porque una vez ella llegó con 15 minutos de retraso a recogerlo a una fiesta de cumpleaños (a esto se llama **inferencia arbitraria**).

2. Enfocan con exageración un detalle negativo de su persona. Por ejemplo, un niño que tiene una separación notoria entre sus dientes, pero que es incapaz de reconocer otras cualidades físicas de sí mismo, a pesar de que objetivamente es un niño bien parecido (esto se denomina **abstracción selectiva**).

3. Sacan conclusiones con base en un solo incidente. Por ejemplo, un niño que decide salirse del equipo de basquetbol porque durante el último juego falló en tres intentos para encestar cuando se le presentó la oportunidad de hacerlo. Entonces, basado en este error, el niño decide que es un mal jugador de basquetbol, por lo cual se sale del equipo (es un ejemplo de **sobregeneralización**).

4. Sobreestiman los sucesos negativos (**magnificación**) y subestiman los eventos positivos (**minimización**). Por ejemplo, un niño que, al salir de vacaciones con su familia, destaca sobre todo lo que salió mal durante el viaje o lo que no lograron hacer por falta de tiempo o dinero, y que deja de considerar o le resta importancia a las aventuras que tuvieron, los lugares que conocieron y las actividades que realizaron y que realmente disfrutó.

5. Tienden a asumir una responsabilidad personal por eventos negativos. Por ejemplo, un niño con autoestima baja que reprueba un examen en el colegio, tenderá a sentirse responsable de ello, diciendo: "Soy un tonto", "no estudié" o "soy un haragán de primera", mientras que si aprueba el examen con una buena calificación, lo atribuirá a factores externos a él y fuera de su control, diciendo: "Aprobé este examen por pura suerte", "en realidad venía fácil" o "la maestra se portó buena gente conmigo". Puede verse, entonces, que los niños con autoestima baja interpretan sus éxitos y fracasos en una forma muy peculiar: se culpan a sí mismos por sus fracasos y le dan crédito a los eventos externos por sus éxitos. Dado este patrón de pensamiento, es de esperarse que estos niños se sientan incómodos consigo mismos la mayor parte del tiempo, ya que no se dan la oportunidad de sentirse orgullosos de sus logros en la vida (esto se conoce como **negativismo** y **personalización**).

6. Piensan con poca flexibilidad y mucha rigidez. Si las cosas no son exactamente como "debieran" ser, según ellos, tienen gran dificultad en considerar soluciones alternativas. Un ejemplo de un niño con esta forma de interpretar los eventos (conocido como **pensamiento dicótomo**) sería el siguiente. Los padres de un niño le dieron permiso para invitar a un amigo a dormir en su casa el siguiente fin de semana, pero después le hacen saber que se les había olvidado que toda la familia estaba invitada a pasar el fin de semana en la playa. Ellos le explican la situación y le dicen que no habría problema en invitar a su amiguito el próximo fin de semana. A pesar de esto, el niño reacciona con mucha cólera, gritando y diciéndole a sus padres que ya no quiere saber nada de nada, que no le interesa nada y que nunca más va a volver a invitar a su amigo a la casa (lo cual muestra una incapacidad para comprender y, por consiguiente, para aceptar la decisión).

Evaluación de la autoestima

Muchos padres se preguntarán cómo saber si su hijo tiene un problema de autoestima. Para empezar, conviene revisar cuáles son las características de los niños con una autoestima general alta y las de quienes la tienen baja. Un niño con autoestima alta es un niño que posee una visión "saludable" de sí mismo. Está consciente de sus limitaciones y defectos, pero no es excesivamente crítico consigo mismo y tiene confianza en su persona y en el mundo que lo rodea, a la vez que trabaja para mejorar en sus áreas débiles, aunque se "perdona" si comete un error en el camino.

Un niño con autoestima baja es un niño que encuentra poco en sí mismo que le brinde orgullo o satisfacción y que en general no le gusta ser quien es. Algunos niños con autoestima baja aparentan tener una actitud positiva pero artificial hacia sí mismos, como una forma desesperada de convencer a los demás que se siente contento de su persona. Este sería el caso de un niño que siempre está hablando acerca de sí mismo, alabando sus cualidades y siendo, aunque de manera inadecuada, el centro de atención. Otros niños con autoestima baja, por el contrario, son retraídos y temen el contacto con otras personas, por lo que evitan de esta manera sentirse rechazados.

El hecho de convivir con un niño dentro del hogar o en el colegio brinda la oportunidad de observarlo en diferentes contextos y determinar, con base en ello, si su autoestima es alta o baja. No debemos olvidar que la autoestima se basa en la imagen que el niño tiene de sí mismo en relación con los aspectos más importantes de su vida. Por razones de desarrollo, las áreas en las cuales se basa la autoestima varían de acuerdo con la edad. Por ello, debemos considerar lo siguiente:

a) La autoestima de los niños en edad preescolar (cero a tres años) se basa en la aprobación social de sus conocidos (de sus padres, hermanos y otras personas importantes para él) y de su habilidad física y cognoscitiva.

b) La autoestima de los niños en edad escolar (tres a 12 años) se basa fundamentalmente en su calidad de ejecución atlética, sus logros académicos, su apariencia física y la aceptación que recibe por parte de sus compañeros de colegio y de su familia.
c) La autoestima de los preadolescentes y los adolescentes (12 a 18 años) se basa en gran medida en la aceptación social que reciben, en qué tan adaptados, cómodos y competentes se sienten dentro de su familia, con sus compañeros, con sus amistades y, si están trabajando, con sus compañeros de trabajo. Su autoestima no se basa tanto en áreas específicas sino en su desempeño general.

Además, debe considerarse que existen diferencias entre los niños de diversas edades en cuanto a la forma de expresar sus inquietudes y emociones. Por ejemplo, la mayoría de los niños pequeños expresan sus problemas emocionales a través de conductas concretas (por ejemplo, agresivas, haciendo berrinches, mojando la ropa, u otras formas de actuación) y se limitan por lo general a situaciones específicas. Por otra parte, los adolescentes tienden a tornar hacia "dentro" sus problemas emocionales, reflejándolos a través de "altibajos" en su estado de ánimo, sensibilidad extrema, irritabilidad o retraimiento.

Una vez que se haya evaluado la autoestima general del niño y se detecte que es baja, será necesario identificar las áreas afectadas y posteriormente sus causas, para solucionarlas de manera apropiada.

Es importante determinar si el problema de autoestima se presenta en un área específica (o en una combinación de dos o más áreas) o en relación con la autoestima global del niño. Esto puede realizarse observando el comportamiento del niño en diferentes contextos. La autoestima social, por ejemplo, puede evaluarse observando al niño en diferentes situaciones sociales o preguntando a personas que conviven con él en actividades ajenas al colegio y hogar, como en sus clases de jazz, natación, el curso de verano o el tenis. Por otro lado, siéntase libre de preguntar al niño quiénes son sus amigos, cómo se lleva con ellos y, en general, cómo se siente. Pregunte también, de vez en cuando, a sus hermanos y sus maestros cómo ven las relaciones del niño con los demás en las actividades que comparten.

Con todo, conviene que el padre o el maestro se forme una opinión propia acerca de la autoestima del niño, por medio de su propia observación. Si un niño dice que es el más popular de su clase y que todos lo admiran y quieren, pero no recibe llamadas telefónicas de nadie y rara vez es invitado a las fiestas de cumpleaños a las que la mayoría de otros niños asisten, probablemente no esté diciendo la verdad. En este caso, esta incongruencia refleja lo que el niño quisiera que sucediera (pero niega la realidad a través de la fantasía) y no lo que en realidad está pasando. Cuando un niño dice que todos los de su clase son amigos, sospeche: puede ser que realmente no tenga amigos.

Una vez que se haya determinado en qué área o áreas hay una autoestima baja, puede empezarse a evaluar el origen del problema. Siguiendo con el mismo caso, si los demás se dan cuenta de que, en efecto, el niño tiene una autoestima social baja pero una autoestima alta en todas las demás áreas y que el problema se debe a que no cuenta con las habilidades necesarias para relacionarse en forma adecuada con sus compañeros, entonces puede concluirse que el niño tiene una autoestima baja en el área social por un déficit en habilidades sociales.

Determinar la naturaleza y las características del problema, así como sus causas, constituye el primer paso para ayudar a un niño con una autoestima baja. Con el fin de facilitar esta tarea, a continuación se presenta el Cuestionario de evaluación general de la autoestima de un niño para ayudarle a evaluar la autoestima del niño en cada una de las áreas señaladas.

Una parte importante consiste no sólo en determinar las áreas afectadas, sino además las causas del problema. Éstas, como se señaló, deben buscarse tanto en la interacción del niño con sus padres, maestros, familiares y amigos, como en la opinión y el concepto que tiene el niño de sí mismo. Para facilitar este proceso se diseñaron el Cuestionario para padres o maestros (pág. 71) y Cuestionario sobre las características de un niño (pág. 75).

Cuestionario de evaluación general de la autoestima de un niño (piense muy bien antes de responder las afirmaciones que se presentan a continuación. Incluso antes de responder el cuestionario conviene hablar al respecto con las personas importantes para el niño, para tener más de un punto de vista. Marque con sinceridad en la casilla cuya respuesta refleje mejor su conocimiento del niño).

Afirmación	*Nada* (0)	*Poco* (1)	*Mucho* (2)
1. El niño tiende a hablar bien de sí mismo.			
2. Se siente aceptado.			
3. Se siente bien con sus logros escolares.			
4. Es bueno para uno o varios deportes.			
5. Se siente querido y aceptado por su familia.			
6. Se perdona fácilmente a sí mismo cuando se equivoca.			
7. Se siente importante entre sus compañeros de colegio.			
8. Se siente auténticamente orgulloso de sí mismo.			

9. Se siente cómodo con sus calificaciones escolares.			
10. Se siente bien con su cuerpo y su cara.			
11. Tiene alguna habilidad especial.			
12. Se siente un miembro importante de su familia.			
13. Se siente libre para expresar sus opiniones y puntos de vista.			
14. Gusta de su aspecto físico.			

Clave de puntuación: Cada casilla marcada con *Nada* se puntúa como 0, *Poco* con 1 y *Mucho* con 2.

Las preguntas 1, 6, 8 y 13 miden la **autoestima global**; las preguntas 2 y 7, la **autoestima social**; las preguntas 3 y 9, la **autoestima académica**; las preguntas 4 y 11, la **autoestima de habilidades** (incluso la deportiva); las preguntas 10 y 14, la autoestima de imagen corporal; las preguntas 5 y 12, la **autoestima familiar**. Sume la puntuación correspondiente a cada una y anótela en el siguiente cuadro.

Cuadro de resumen de evaluación	
Autoestima:	
Global =	_____ puntos
Social =	_____ puntos
Académica =	_____ puntos
Habilidades =	_____ puntos
Imagen corporal =	_____ puntos
Familiar =	_____ puntos

Clave de evaluación e interpretación. Si el niño tiene entre seis y ocho puntos en el área global, su autoestima en ésta es excelente. Entre cuatro y cinco, es moderada. Y si está por debajo de cuatro, es deficiente. En todas las demás áreas, la puntuación de cuatro es excelente, dos es moderada y menor de dos es indicador de una autoestima deficiente en esa área. Cuanto más áreas tenga un niño con puntuaciones correspondientes a una autoestima baja y moderada, más serio será su problema.

Cuestionario para padres o maestros. A continuación encontrará una serie de afirmaciones con las que se identifican posibles influencias para la autoestima de un niño. Éstas suelen basarse en pautas de crianza que caracterizan la forma de interacción entre padres e hijos, o entre maestros y alumnos. En muchas ocasiones, las actitudes, conductas y palabras de los padres o los maestros generan de manera inadvertida un problema de autoestima en el niño. Éste puede ser su caso, por lo cual le pedimos hacer un examen cuidadoso de conciencia y responder sinceramente a tales afirmaciones. Si detecta que usted puede estar influyendo en forma negativa sobre la autoestima del niño, no se sienta culpable, pues nadie nos enseña estos aspectos y no tenemos por qué saberlos. Por el contrario, alégrese de identificarlos, ya que así podrá cambiarlos, ayudar al niño y, además, mejorar la relación entre ambos.

Marque para cada afirmación la casilla que mejor refleje su comportamiento con el niño. Sea sincero consigo mismo.

I. Valoración *vs.* devaluación del niño

Afirmación	*Nada* (0)	*Poco* (1)	*Mucho* (2)
1. Al regañar o llamar la atención al niño, usted resalta lo que él hace, y no lo que es.			
2. Lo llama por su nombre (y no le pone apodos desvalorizantes, como "el negro", "el huevo", "el enano", "el mono", etc.).			
3. Evita generalizar algunas características para referirse al niño. Por ejemplo, no usa términos como *nunca, siempre, jamás, toda la vida*, etcétera.			
4. Presta más atención a lo que el niño hace bien que a lo que hace mal.			
5. Se involucra e interesa por eventos, situaciones o problemas que para el niño son importantes.			

II. Desarrollo *vs.* falta de habilidades en el niño

Afirmación	*Nada* (0)	*Poco* (1)	*Mucho* (2)
6. Escucha con interés genuino cuando el niño le habla de temas interesantes o importantes para él.			
7. Cuando el niño intenta expresarse, usted se muestra paciente y le facilita la comunicación.			
8. Trabaja activamente por ayudar al niño a superar sus deficiencias, como falta de habilidades sociales, de coordinación psicomotriz, de pronunciación, etcétera.			

III. Problemas físicos reales

Afirmación	*Nada* (0)	*Poco* (1)	*Mucho* (2)
9. Aun cuando el niño tiene una deficiencia real, usted le señala repetidamente que puede superarla y que tiene otras cualidades y habilidades.			
10. Se ha preocupado de preparar al niño ante posibles ofensas y malos tratos por parte de sus compañeros.			
11. Evita que el niño se sienta culpable por lo que se gasta en sus médicos, medicamentos y clases especiales.			
12. Hace todo lo posible porque el niño no se sienta una molestia ni una carga para usted y la familia.			

IV. Medio realista y apoyador *vs.* exigente y demandante

Afirmación	*Nada* (0)	*Poco* (1)	*Mucho* (2)
13. Sus metas y expectativas para el niño son realistas.			
14. Está seguro de que las metas y expectativas que tiene para el niño no le quedan muy altas, no requiere un esfuerzo exagerado y le son posibles.			
15. Es flexible con el niño y toma en cuenta sus opiniones respecto de sus actividades.			
16. Demuestra su cariño y afecto al niño, aun si no llena las expectativas que usted tiene de él.			
17. Recalca más lo que el niño logró y pudo hacer, que lo que dejó de hacer y podría haber hecho.			

V. Cuidado *vs*. sobreprotección

Afirmación	*Nada* (0)	*Poco* (1)	*Mucho* (2)
18. Deja al niño hacer sus cosas básicamente solo.			
19. Sabe que el niño es bastante dedicado, cuidadoso y responsable.			
20. Evita estar "detrás" del niño, pues sabe que él puede arreglárselas por sí solo.			
21. El niño sabe que en caso de emergencia o necesidad, cuenta con usted.			
22. Deja básicamente que el niño resuelva sus problemas por sí mismo.			

VI. Incompatibilidad de valores

Afirmación	*Nada* (0)	*Poco* (1)	*Mucho* (2)
23. Enseñó a su hijo el respeto, el honor, la dignidad, la amistad, la lealtad y la tradición como valores importantes, pero no centrales ni discutibles.			
24. El niño ha permanecido en un mismo medio cultural (colegio, ciudad, estado y/o país).			
25. Su familia pertenece a un grupo religioso, étnico y/o político mayoritario sin mayores conflictos con otros grupos.			

VII. Estilo de pensamiento inadecuado

Afirmación	*Nada* (0)	*Poco* (1)	*Mucho* (2)
26. *Inferencia arbitraria*. Usted saca conclusiones generales, sin tener suficiente información objetiva.			
27. *Abstracción selectiva*. Exagera al prestar demasiada atención a los detalles negativos, y resta importancia a lo positivo de sí mismo.			
28. *Sobregeneralización*. Saca conclusiones generales, a partir de un solo incidente.			
29. *Magnificación y minimización*. Da demasiada importancia a los eventos negativos, y subestima la importancia de los positivos.			

30. *Inferencia arbitraria*. Tiende a atribuir sus éxitos a la "suerte", mientras que asume la responsabilidad personal por sus fracasos.			
31. *Pensamiento dicótomo*. Concibe las cosas como "buenas" o "malas", sin darles la posibilidad de ser relativas o parciales.			

Evaluación e interpretación. Sume la puntuación de cada factor (valoración, desarrollo de habilidades, problemas físicos reales, etc.), para las afirmaciones 1 a 25. Cuanto mayor sea su puntuación, más estará fomentando usted una autoestima adecuada en su hijo o en sus alumnos. Preste atención especial a aquellos factores en que su puntuación sea baja (es decir, igual o menor a 50% de la posibilidad total de la puntuación en tales factores), pues eso indica que debe cambiar algunas de sus conductas o actitudes hacia el niño, con el fin de mejorar su autoestima, así como su relación con su hijo o alumno.

Analice con cuidado las afirmaciones en las cuales su respuesta fue *Nada* o *Poco*, dado que requieren mejoría por parte suya.

Las preguntas 26 a 31, sobre estilo de pensamiento inadecuado, se califican a la inversa, de manera que en ellas, cuanto más alta sea su puntuación, más pensamiento inadecuado tendrá usted, lo cual tal vez esté sirviendo como modelo al niño. Cambiar esta modalidad de pensamiento será beneficioso no sólo para la autoestima del niño, sino para la suya y la de toda la familia.

Cuestionario sobre las características de un niño. Con las siguientes afirmaciones se reconocen el autoconcepto que un niño tiene y la evaluación que hace de sí mismo. Consulte con maestros, padres y otras personas cercanas al niño para lograr una evaluación realista del niño. Marque, para cada afirmación, la casilla que considere que mejor refleja el comportamiento o sentir de su hijo o alumno.

I. Valoración *vs*. devaluación

Afirmación	*Nada* (0)	*Poco* (1)	*Mucho* (2)
1. El niño cree que es tonto, torpe, inútil o haragán.			
2. Tiene apodos desvalorizantes o degradantes, como "el negro", "el huevo", "el enano", "el mono", "la rana", "el nene", etcétera.			
3. Usa generalizaciones al referirse a sí mismo. Por ejemplo, usa términos como nunca, siempre, jamás, toda la vida, etcétera.			
4. Presta más atención a lo que hace mal que a lo que hace bien.			
5. Se queja porque en casa o el colegio no se siente importante ni tomado en cuenta.			

II. Desarrollo *vs.* falta de habilidades

Afirmación	*Nada* (0)	*Poco* (1)	*Mucho* (2)
6. Se queja de que no lo escuchan.			
7. Tiene dificultades para expresarse y decir lo que piensa o siente.			
8. Tiene alguna deficiencia o habilidad poco desarrollada, como falta de habilidades sociales, de coordinación psicomotriz, pronunciación, etcétera.			
9. Tiene una deficiencia o un impedimento real, como sordera, cojera, problemas de habla, tics, dislexia, una boca o nariz grandes o feas, etcétera.			
10. Recibe burlas de sus compañeros, sus hermanos u otras personas, por sus defectos y deficiencias.			
11. Ha manifestado su preocupación por lo que la familia gasta en sus médicos, medicamentos y clases especiales, o bien se siente una carga económica.			
12. Se queja por sus defectos o deficiencias.			

III. Medio realista y apoyado *vs.* exigente y demandante

Afirmación	*Nada* (0)	*Poco* (1)	*Mucho* (2)
13. Siente que se espera mucho de él.			
14. Tiene expectativas demasiado altas de sí mismo.			
15. Es muy exigente y demandante consigo mismo.			
16. Siente que para ser querido, aceptado y aprobado debe cumplir con las expectativas que los demás tienen acerca de él.			
17. Tiene la impresión de que, haga lo que haga, nunca será suficiente para complacer a los padres, los maestros o a su entrenador.			

IV. Independencia *vs.* dependencia (sobreprotección)

Afirmación	*Nada* (0)	*Poco* (1)	*Mucho* (2)
18. Se queja de que no le dejan hacer sus cosas solo.			
19. Siente que si usted (o alguien más) no le ayuda o está con él, sus trabajos no van a salirle bien.			
20. Siente que algo malo puede sucederle si no está con usted (o con alguien más),			
21. Se siente inseguro y temeroso si está lejos de usted.			
22. Evita afrontar y resolver sus conflictos por sí mismo.			

V. Compatibilidad o incompatibilidad de valores

Afirmación	*Nada* (0)	*Poco* (1)	*Mucho* (2)
23. Para el niño, el respeto, el honor, la dignidad, la amistad, la lealtad y la tradición son valores importantes, centrales e indiscutibles.			
24. El niño ha cambiado de medio cultural (colegio, ciudad, estado o país).			
25. Su familia pertenece a un grupo religioso étnico o político minoritario.			

VI. Estilo de pensamiento inadecuado

Afirmación	*Nada* (0)	*Poco* (1)	*Mucho* (2)
26. *Inferencia arbitraria.* El niño saca conclusiones generales, sin tener suficiente información objetiva.			
27. *Abstracción selectiva.* Exagera al prestar demasiada atención a los detalles negativos, y resta importancia a lo positivo de sí mismo.			
28. *Sobregeneralización.* Saca conclusiones generales, a partir de un solo incidente.			
29. *Magnificación y minimización.* Da demasiada importancia a los eventos negativos, y subestima la importancia de los positivos.			

VI. Estilo de pensamiento inadecuado (*Continuación.*)

Afirmación	*Nada* (0)	*Poco* (1)	*Mucho* (2)
30. *Negativismo y personalización.* Tiende a atribuir sus éxitos a la "suerte", mientras que asume la responsabilidad personal por sus fracasos.			
31. *Pensamiento dicótomo.* Piensa que las cosas son "buenas" o "malas", y no les da la posibilidad de ser relativas o parciales.			

Evaluación e interpretación. Sume la puntuación de cada factor (valoración, desarrollo de habilidades, problemas físicos reales, etc.), Cuanto mayor sea su puntuación, menor será la autoestima del niño. Preste atención especial a aquellos factores en que su puntuación sea alta (es decir, igual o mayor a 50 % de la posibilidad total de la puntuación en tales factores), pues eso indica que dichos factores están influyendo sobre la baja autoestima del niño, por lo que es necesario intervenir sobre ellos.

Analice con cuidado las afirmaciones en las cuales la respuesta fue *Mucho*, ya que requieren atención especial.

SUPERACIÓN DE LOS PROBLEMAS DE AUTOESTIMA

Después de haber analizado las respuestas de los cuestionarios anteriores, contaremos con la información necesaria para determinar si un niño tiene o no problemas de autoestima y cuáles áreas parecen estar afectadas así como para detectar algunos factores influyentes en su inicio y/o mantenimiento. Usted querrá saber ahora cómo ayudar al niño a sentirse más seguro de sí mismo. En realidad, mucho pueden hacer los padres para ayudar a mejorar la autoestima de sus hijos con el solo hecho de amarlos, respetarlos y aceptarlos como seres humanos únicos. A continuación se proveen algunas pautas importantes para ayudar a los niños a desarrollar una autoestima sana y positiva.

Recomendaciones generales

1. Identifique las áreas problema. Resulta mucho más efectivo trabajar la autoestima por áreas que de una manera inespecífica y general. Más adelante ofrecemos ideas acerca de cómo trabajar cada área.

2. Identifique las causas del problema. Analice, con base en los cuadros de evaluación, cuál es el origen del problema y lleve a cabo, a partir del mismo, los cambios necesarios. Por ejemplo, si detecta que usted ha estado dando mensajes de devaluación al niño, deje de darlos y empiece a darle mensajes positivos, pero realistas, es decir, mensajes que el niño pueda creer y aceptar como veraces. Recuerde que los niños, como toda persona, necesitan éxitos en su vida, de manera que no se limite a superar las deficiencias. Involúcrelo en actividades en las que, según sus habilidades, pueda tener éxito.

3. Yo ideal *vs.* yo real. Observe la diferencia entre el yo ideal (lo que el niño quisiera ser) y el yo real (lo que es capaz de hacer, lo que en efecto está haciendo). Si identifica inconsistencias entre ambos, puede ayudar a cambiar el yo ideal del niño por uno más realista. De esta manera, tendrá más oportunidades de ser lo que quiere ser, plantearse metas que pueda alcanzar y lograr así más éxito en su vida. Esto puede también servirle como base para ayudar a un niño con una imagen pobre y distorsionada de sí mismo a verse en forma más positiva.

Un tratamiento eficaz debe considerar estas tres recomendaciones. La forma de trabajar cada problema dependerá en gran medida de las necesidades individuales del niño y de las causas que originaron y mantienen el problema. Sin embargo, un ingrediente fundamental en todo tratamiento es el cariño con que usted trate al niño. Esto significa que aun cuando se sigan literalmente los programas aquí propuestos, no tendrán mayor efecto si carecen del componente afectivo.

A continuación presentamos algunas guías para el tratamiento de la baja autoestima en el niño, dependiendo del origen del problema.

Programas y clases para mejorar la autoestima del niño

Autoestima baja por devaluación del niño

Un niño se siente devaluado cuando recibe más crítica que elogio y reconocimiento. Esto sucede con frecuencia, pues los padres o maestros, sin darse cuenta y con la intención de ayudarle a ser mejor y superarse, suelen ignorar lo que el niño hace bien y resaltan lo que hace mal. Lo que el niño devaluado necesita es, por tanto, mayor reconocimiento por méritos reales, aunque sean pequeños.

Todo niño tiene sus propias habilidades y gracias. Es importante que los padres las identifiquen y le den reconocimiento por ellas de manera constante. A veces los niños tienen habilidades que los padres no valoran, y carecen de aquellas que éstos quisieran que tuvieran. Lo que no saben es que resulta más fácil desarrollar las habilidades que quieren para sus hijos si empiezan por aceptarlos como personas únicas y estimulan aquello que hacen bien, pues esto aumenta su autoestima. Esto les brinda la seguridad y la tranquilidad necesarias para ensayar nuevas habilidades y formas de comportamiento y llegar, por medio de ellas, a adquirirlas.

Si un niño se ha estado sintiendo devaluado, es preferible que usted deje temporalmente de fijarse en los fracasos del niño: céntrese más en lo que su hijo o alumno hace bien y logra, que en lo que no hace bien. Recuerde que en tales casos no basta con que alguien lo alabe un par de veces para que se sienta ya bien y seguro. No se trata de halagos arbitrarios, sino de reconocimiento realista y consistente. Toma tiempo, pero si el mensaje positivo de reconocimiento a sus logros es constante, el niño se dará cuenta gradualmente de que es valioso y apreciado y, por consiguiente, de que puede sentirse satisfecho consigo mismo. Recuerde que el niño se siente valorado cuando se le da crédito no sólo por sus logros, sino también por sus esfuerzos y su comportamiento. No es suficiente que los padres reconozcan para sí mismos los esfuerzos del niño, es necesario comunicárselo en forma personal trasmitiéndole el mensaje de que se sienten orgullosos de él. Es importante que usted reconozca cualquier rasgo o conducta de su hijo que a usted le agrade (creatividad, comprensión hacia los demás, capacidad de compartir, esfuerzo, realizar una tarea, alcanzar una meta, etc.) y se lo haga saber.

Pedirle que enfatice, reconozca y alabe las cualidades, los esfuerzos, los logros y los éxitos de su hijo más que sus defectos, errores y fracasos, no quiere decir que ignore totalmente las fallas del niño, pues esto tampoco le ayuda a mejorar. Lo importante, ante los fracasos del niño, es la actitud que se asuma, que puede ser culpabilizante o de apoyo. Para lograr una actitud de apoyo y constructiva ante los fracasos del niño, comparta con él sus fracasos, brindándole su apoyo emocional y reconociendo sus esfuerzos por tratar de alcanzar una meta. Pregúntele cómo se siente por lo ocurrido, qué piensa al respecto y qué soluciones posibles identifica para resolver el problema, si se puede, y si no, qué puede hacer para evitar que le vuelva a ocurrir lo mismo. Escúchelo con atención y después busque algunas soluciones alternativas que el niño aún no haya considerado y enséñele a darse crédito por sus esfuerzos e intenciones y a aceptar sus fracasos sin deprimirse ni culpabilizarse. Ayúdele a aceptar con gusto el éxito cuando éste se alcanza, aunque sean pequeños logros.

Muchos padres y maestros saben lo que se siente cuando un niño llega corriendo para enseñar el dibujo que acaba de hacer, en un momento en que no se le puede atender. En tales casos, un comentario general positivo es mucho mejor que no decirle nada al niño e ignorarlo, pero aunque no disponga del tiempo necesario para decirle: "¡Ah! Qué bien hiciste las manitas" o "me encanta el color que le pusiste al sombrero de esta señora", sí puede decirle algo como: "En este momento estoy muy ocupado, pero tu dibujo está muy bonito, ¡te felicito! En cuanto me desocupe volvemos a verlo."

Si no quiere devaluar a un niño, no se dirija ni se refiera a él utilizando apodos o insultos. En otras palabras, no ataque el ser del niño, sino más bien critique de manera constructiva el *hacer* del niño. Decirle "inútil" o "tonto" cuando el niño se equivoca es un grave error, puesto que esto ataca a toda la persona del niño y no le permite mejorar. Resulta más saludable hacerle ver que cometió un error e incluso que se está molesto con él diciendo algo como: "Estoy muy molesto contigo por la forma en que te comportaste con María. ¡No me gusta que no quieras compartir tus cosas con tu hermana!" Este tipo de regaño permite al niño ver, claramente y sin ofenderlo, qué estuvo mal y por qué.

Trate de no generalizar la conducta de su hijo cuando él se equivoque. Si se comportó de manera irresponsable porque se le olvidó entregar una nota importantísima a la maestra, hágale saber su descontento con su comportamiento en esa situación específica. Sin embargo, el hecho de que el niño tuvo este descuido no significa que siempre y en todas las situaciones se comporte como un niño irresponsable. Por tanto, evite la utilización de términos absolutos, como *nunca, siempre, nada* o *todo*, cuando se refiera a la conducta del niño.

Por último, muestre interés en las actividades y vida de su hijo, escúchelo con atención, comparta con él lo más que pueda, asista a los eventos importantes de su vida y hágale sentir que el estar con él es valioso y bello para usted. En otras palabras, la forma de no devaluar a su hijo es amándolo y aceptándolo como ser humano en todas sus dimensiones, incluyendo sus defectos y cualidades.

Autoestima baja por falta de habilidad

Si el problema de autoestima de un niño se debe a una carencia en las habilidades necesarias para desempeñarse bien en alguna de las áreas de su vida, es recomendable pensar en un tratamiento específico para ello.

Área social

No podemos presentar en este texto cada una de las técnicas que existen para ayudar a un niño que carece de habilidades sociales, pero hay algunas habilidades y normas sociales sencillas que le permitirán al niño contar con una base para un buen desempeño social. Los padres o los maestros pueden servir como ejemplo para los niños en lo que quieran que aprendan. Conviene ejercitar un "juego de roles", es decir, desempeñar diversos papeles y personajes para enfrentarse a situaciones tanto simuladas como reales, a través de un juego, donde algunas veces el padre o el maestro asume el papel del niño y éste el de cualquier persona con quien tenga que tratar.

En el proceso, la interacción se debe hacer lo más realista posible, y después de la ejecución, debemos hablar con el niño acerca de su conducta, sus sentimientos, sus dificultades y los logros que experimentó durante el ensayo. Al trabajar en el área social, explique al niño qué le quiere enseñar y por qué. Dígale, por ejemplo: "Tienes pocos amigos en el colegio y te voy a ayudar a que tengas más", "vamos a aprender algunas habilidades que te pueden ayudar, así que vamos a practicar cómo contar chistes, historias, platicar, etc., para que puedas relacionarte mejor con tus compañeros". Algunas de las habilidades que necesita aprender son sonreír y saludar, preguntar, escuchar, contar historias, agradecer, aceptar sugerencias, platicar, compartir, saber perder y contar chistes.

Sonreír y saludar. Para mantener una autoestima alta, es importante que un niño sienta la aprobación de los demás. En este sentido, si sabe saludar con la amabilidad y cortesía propias de su edad y es un niño que sabe sonreír a los demás cuando la situación lo amerita, tiene altas probabilidades de ser bien acogido, aceptado y aprobado. Si un niño casi no acostumbra saludar y sonreír, los padres y los maestros pueden practicar, en forma de juego, estas habilidades; por ejemplo, que uno de los padres sea el niño y que los demás sean los invitados. El padre puede comportarse como un niño tímido, retraído y callado, que no sonríe y que apenas contesta el saludo de los demás, y enseguida como un niño seguro de sí mismo, juguetón, capaz de saludar con una sonrisa y una frase como: "¡Hola!, ¿cómo estás?", además de departir con los demás.

Luego, pueden discutir la actividad para que el niño tenga la oportunidad de darse cuenta cómo otras personas perciben y reaccionan ante la forma de ser de los demás, y para que logre determinar cómo quiere ser él. Corríjale con cariño explicándole lo que no hace bien, déle sugerencias acerca de qué hacer en su lugar y a continuación vuelvan a practicarlo, hasta que le vaya saliendo bien. No olvide reconocer los progresos del niño con palabras de aprobación y entusiasmo, ya que el reconocimiento de sus ejecuciones cada vez mejores le ayudará a desarrollar de manera apropiada tales habilidades.

Por otra parte, con ciertos niños conviene discutir dónde y cuándo es recomendable reír, sonreír, soltar la risa, etc., pues les falta no sólo la habilidad sino además información al respecto.

Preguntar. Es importante aprender a hacer preguntas interesantes, tanto para iniciar como para mantener una conversación. Aquí, también, los padres o los maestros pueden ayudar enormemente si sirven como modelos para el niño. La familia o la clase entera puede reunirse para hacer un juego y practicar diferentes maneras en que una persona pueda participar en un juego o una conversación. Además, pueden discutirse con el niño diferentes maneras de iniciar una conversación por medio de preguntas interesantes para él y para sus amigos.

En este sentido, conviene aclarar primero la diferencia entre los diferentes tipos de preguntas. Explique que las **preguntas "cerradas"** son las que conducen a respuestas concretas específicas, por lo que cierran o bloquean la comunicación, como preguntar: "¿Cómo te llamas?", "¿dónde estudias?" o "¿dónde vives?" Después de haber aprendido a identificar y formular preguntas cerradas, enseñe al niño las **preguntas "abiertas"**. Éstas son las que no pueden contestarse fácilmente de manera directa y concreta, sino que, por el contrario, requieren una aclaración o explicación. Por ejemplo: "Según sé, tu familia proviene de Italia. ¿Cómo es que llegaron a este país?", o bien, "¿qué te gusta hacer en tu tiempo libre?"

Se dice que un buen platicador es aquella persona que sabe formular preguntas interesantes y que, además de escuchar con atención las respuestas, dirige la conversación para aprender de su interlocutor lo que a él mismo le interesa. Practiquen el abrir la comunicación, enseñando al niño a identificar en una plática qué preguntas puede formular para abrir una conversación, según sus intereses. Recuerde que no basta hacer el ejercicio una sola vez. Como todo ejercicio, y como en el desarrollo de toda habilidad, se requieren tiempo y trabajo continuado. En algunas semanas de trabajo notará la mejoría.

Escuchar. Es importante que los niños aprendan a escuchar con atención, manteniendo contacto visual con sus interlocutores. Usted puede pedir a un niño que le cuente algo y que esté atento a cómo se siente mientras lo escucha con diferentes actitudes. Primero, mientras el niño le esté hablando, voltee a ver para diferentes lados, sin mirarlo a los ojos y moviéndose constantemente de un lugar a otro. Luego, mírelo de manera directa pero suave a los ojos, o vea el movimiento de sus labios al hablar, concéntrese en lo que él está contando y escuche con atención.

Posteriormente, platique acerca de la diferencia que se siente cuando lo escuchan con atención y hay contacto visual, y cuando no lo hacen. De esta manera, el niño se dará cuenta cuán importante es saber escuchar y atender a los demás en forma adecuada. Una vez que lo sepa, practiquen. Háblele y enséñele a mirar a su interlocutor, viéndolo más a la boca que a los ojos para no hacer de su mirada algo duro o amenazante. Pídale cada cierto tiempo que le haga un resumen de lo hablado, para asegurarse de que no se trata de una mera apariencia. Recuerde hacerlo en un ambiente de juego y de hablarle de temas interesantes para mantener alta la motivación del niño en los ejercicios.

Contar historias. Enseñe al niño cómo contar una historia de manera tal que resulte amena e interesante para quienes le escuchan, y muéstrele cómo pueden variar el énfasis y el tono que se da a las palabras para provocar diferentes emociones y sensaciones en quien le escucha, como felicidad, miedo, tristeza, asombro, suspenso, etc., y así hacer más interesante lo que contamos. Practiquen un habla monótona, formal y aburrida y compárenla luego con el mismo relato, pero haciéndolo muy ameno. Además, enseñe al niño a utilizar el cuerpo, las manos y la expresión de los ojos y la boca al comunicarse verbalmente. Platiquen constantemente frente a un espejo, de manera que el niño pueda verse al hablar, y estudiar así su propia expresión.

Algunos niños tienden a contestar con monosílabos, con un "bien", "sí" o "no". Explique al niño que para una persona "bien" puede significar algo diferente que para otras, que el contestar con una sola palabra limita una conversación y no permite que ésta se pueda desarrollar, y que no se trata de platicar sin parar, sino de tener suficiente soltura y repertorio como para poder comunicarse con otros con libertad y poder ser ameno.

Si un niño habla con una intensidad de voz muy baja, jueguen a gritar, a platicar en voz alta, de un extremo de la casa a otro, y pregúntele, en son de broma: "¿Qué dijiste?, no te escuché", cuando hable quedo. Esto, con un tinte de juego, puede ser suficiente para solucionar el problema.

Agradecer. Es importante que un niño aprenda a decir "gracias" y "por favor" cuando la situación lo amerite. Esto lo hace socialmente agradable y aumenta la probabilidad de que sea socialmente aceptado, siempre y cuando no lo haga de una manera demasiado formal. Pedir un favor y agradecer en diversas situaciones de juego puede ayudar bastante a desarrollar este hábito, si además se le inducen el "gracias" y el "por favor" en la vida diaria. Esto se puede hacer sencillamente diciéndole un "por..." cuando él solicite algo sin haberlo pedido de esa manera, o bien diciéndole un "gracias" cuando él no lo dijo. No dude en hablar con el niño acerca de la importancia de hacerlo, pero sin que se vuelva una cantaleta de todos los días.

Aceptar sugerencias. Enseñe a un niño a disfrutar de los beneficios que le trae el saber ofrecer y aceptar sugerencias de otras personas. Platique con él acerca de que, con frecuencia, otras personas tienen ideas que nos son útiles y que no se nos habían ocurrido, y que, otras veces, a nosotros se nos ocurren cosas que no se les habían ocurrido a los demás y que pueden resultarles útiles. Hágale ver a su hijo o a su alumno que aprender a compartir nuestras ideas con los demás sin sentirnos amenazados o poderosos es una cualidad muy grande que permite enriquecer nuestra vida y la de los demás.

Platicar. Recuerde que el solo hecho de hablar al respecto no es suficiente para que el niño lo aprenda y, menos aún, para que lo ponga en práctica. Tomen un tema y aporten sugerencias entre los dos. Luego, déle sugerencias al niño en diferentes aspectos de su vida y, por último, pídale sugerencias sobre algunos temas o aspectos de la suya. Ayúdele a buscar e identificar sugerencias, así como a determinar los momentos más apropiados para hacerlo. Enséñele también que al dar una sugerencia la otra persona tiene la libertad de aceptarla o rechazarla, y que el no aceptarla no tiene por qué ser motivo de disgusto. Asimismo, ayúdele a evaluar las sugerencias que los demás le dan, pues no porque alguien sugiera algo, debe llevarlo a cabo.

Compartir y saber perder. Enseñe a un niño a compartir con otros, no sólo sus pertenencias sino también sus cualidades y sus puntos fuertes. Por ejemplo, si un niño es un excelente nadador y va a participar en un campeonato internacional en su propio país, bien valdría la pena que invitara a su mejor amiguito a compartir esta experiencia con él. Los niños aprenden a compartir en el contexto de juego. Pero recuerde que a un niño le es mucho más fácil compartir con un adulto que con otro niño, más aún si es de su misma edad. Así que para enseñarle a compartir será preferible que inviten a jugar a otros niños o a los hermanos y hagan juegos o actividades que impliquen compartir, como armar un rompecabezas en grupo, en el cual nadie debe hablar y cada jugador por turno tiene que encontrar una pieza para el jugador que está a su lado. Por supuesto, los juegos dependerán de la edad y los intereses del niño.

Al jugar, ayude al niño a aprender a perder. Sobre todo, es importante que los niños aprendan el aspecto lúdico del juego, más que el competitivo. Y lo que aprendan dependerá más que nada de la actitud que al respecto tengan los padres y los maestros del niño. Enséñele que perder no importa, que es más importante jugar y divertirse, y que el hecho de perder o ganar no altera en nada su valor ante los demás, ya que es querido e importante tanto si pierde como si gana.

Cuando a un niño le cuesta aceptar que pierde, tiende a molestarse cuando no gana o a tratar de ganar a toda costa, incluso haciendo trampa. Puede trabajarlo con juegos como damas inglesas o damas chinas, que implican destreza, habilidad, estrategia, y son, a la vez, cortos. Empiece por dejarle ganar, pero vaya haciendo gradualmente más difícil el que gane. Luego, empate de vez en cuando y, posteriormente, gánele una que otra vez. No se burle de él ni lo descalifique por haber perdido, sino todo lo contrario, alabe su buen juego y su habilidad. No le permita hacer trampa para ganar. Si se molesta, réstele importancia y cambie su atención a otra cosa. Desde luego, permita que el balance de juegos ganados esté siempre a favor del niño. Así, el niño aprenderá a mantener alta su autoestima, sin que el perder lo amenace.

Contar chistes y hacer bromas. Aprender a contar chistes y anécdotas graciosas es una habilidad que se aprende con la práctica y suelta mucho la habilidad verbal del niño. Pídale al niño que recolecte chistes de entre sus amigos y/o de libros o revistas. Hagan juntos una pequeña lista de los chistes escogidos y trabajen en aprender a contarlos con fluidez y gracia. Esto requerirá hacer los gestos correspondientes, énfasis e inflexiones en la tonalidad de la voz, y crear la expectativa. Practique cada chiste varias veces, ensayen. Cuando ya cuente adecuadamente algunos, compártanlos con personas de confianza, para evaluar cómo le sale. Anímelo a contar chistes cuando la ocasión lo amerite (cuando otros empiezan a contarlos, o para romper el hielo en una reunión, o cuando el tema se preste a ello).

Es importante también enseñarle en qué ocasiones no debe contarse chistes, como en una situación formal, en momentos delicados o con personas de poca confianza. Y resulta relevante también enseñarle que los chistes tienen impactos variables en diferentes personas y situaciones.

Las bromas pueden hacer al niño simpático, siempre y cuando no ofenda ni moleste a nadie. Las bromas son ideales en momentos informales, ocasiones de ocio y relajamiento. Cuando haga bromas pesadas, inadecuadas, o a costa de ofender a alguien, hay que corregirle y aprovechar la oportunidad para enseñarle (sin humillarlo) que el respeto es esencial para una broma verdadera y sana.

Bromear con el niño desarrolla en él sentido del humor, tolerancia a la frustración y la posibilidad de aprender a hacer bromas. Y contarle chistes representa un buen modelo de cómo hacerlos. Toma tiempo, pero se aprende y el esfuerzo vale la pena.

Área académica

Los niños cuya autoestima baja se debe a una falta de habilidad en el área académica requieren atención especial. Si los padres y/o los maestros han encontrado que, en efecto, un niño no tiene las bases, ni los conocimientos ni las habilidades necesarias para rendir bien en una o más materias, es importante determinar no solamente el origen sino también la seriedad del problema. En esta labor podrían ayudarle, dependiendo del caso, los maestros, un neurólogo, un psicólogo o bien un psiquiatra infantil.

Si se trata sólo de reforzar algún área en particular, los padres y especialmente los maestros pueden ser de gran ayuda. Por ejemplo, si un niño tiene cierta dificultad en lectura y escritura, sus padres pueden trabajar una hora diaria con él. Esto podría realizarse trabajando 15 minutos consecutivos y descansando cinco minutos para no sobrecargarlo. Mientras el niño trabaja, reconozca con alabanzas su esfuerzo y sus respuestas acertadas, diciendo algo como: "¡Muy bien!, te felicito", "¡qué bien lo estás haciendo!" o, "estoy orgulloso de ti". Al final de la hora de trabajo, vale la pena darle un dulce, un helado o algo parecido, para hacerle ver que se está contento por su esfuerzo y para motivarlo a seguir trabajando. El simple hecho de tomarse el tiempo para sentarse con el niño y ayudarlo hará que él sienta que sus padres tienen interés en él. El compartir en forma productiva un problema con su hijo aumenta su autoestima.

Si, por otro lado, el niño parece tener problemas más serios o crónicos en una materia, conviene recurrir a una persona capacitada para trabajar este tipo de problemas. Si el maestro se toma el tiempo necesario para ofrecerle ayuda especial, unos minutos después de clases o durante el recreo, el alumno se sentirá especialmente importante para el maestro, lo que ya de por sí puede tener un efecto favorable sobre su autoestima. Si no dispone de tiempo para esto, será preferible que se dé una clase especial o particular al niño, para ayudarle a superar sus deficiencias académicas. La duración e intensidad del tratamiento dependerán de las necesidades y los recursos de cada niño y de sus padres. Sin embargo, es recomendable que los padres participen de manera activa en este proceso, manteniéndose al tanto de lo que el niño está haciendo, asegurándose de que asista consistentemente a sus clases y evitando "desligarse" del problema, pasándoselo a otro.

En algunos casos, todos los datos indican que el niño se encuentra en un ambiente académico que exige más de lo que él es capaz de hacer. Esta conclusión debe estar respaldada por evaluaciones profesionales y no en percepciones subjetivas de los padres y/o los maestros. Si con base en la información disponible se establece que el niño se beneficiaría de un cambio de colegio, conviene hacerlo, y si se hace el cambio, resulta importante brindarle apoyo y comprensión. El cambio de colegio invariablemente representa para el niño un cambio en su estructura de vida: cambio de horarios, maestros, compañeros, locales, etc. En esta situación, resulta fundamental que se platique con el niño sobre el problema, las ventajas de cambiarse de colegio, las posibles situaciones con que se va a enfrentar, los sentimientos que está experimentando en relación con el problema, sus temores, dudas, etcétera.

Tal vez el mensaje más sano que usted puede enviarle al niño que se encuentra en esta situación es que lo acepta tal cual es, que el aspecto académico no es lo más importante en la vida, que él tiene muchas cualidades de las que usted se siente ogulloso y que no se siente "decepcionado" de él por esto. Todo esto contribuirá a que, a la larga, la autoestima académica del niño mejore.

Área de imagen corporal

Si el problema de la autoestima de un niño se debe a que carece de las habilidades necesarias para sentirse satisfecho consigo mismo a nivel físico, con su cuerpo o su utilización, se le puede ayudar de manera directa o indirecta. Por ejemplo, un niño que tiene mala imagen de sí mismo por coordinación física deficiente debido a su sobrepeso, que se siente avergonzado en educación física porque se burlan de él y que no sabe qué hacer porque además está perdiendo la clase, es un niño que necesita mayor supervisión por parte de los padres en cuanto a sus hábitos alimentarios, iniciar una dieta apropiada, además de hacer ejercicio de manera consistente y eficaz. Algo similar, aunque en otro sentido, puede ser necesario si el niño está más delgado de lo que corresponde según su talla, sexo y edad. Los padres y los maestros pueden hacer mucho por elevar el nivel de autoestima en esta área.

En ocasiones, un niño habla mal de su aspecto físico, sin razones aparentemente válidas. Por ejemplo, cuando una niña con lindas facciones, pelo rubio largo, sedoso y de ojos claros, dice que se parece a una escoba desteñida. Si al analizar el caso encuentra que una de sus compañeras de clase, que en realidad desearía parecerse a ella, le dice así, el solo hecho de identificar la fuente del problema puede ayudar, pero no es suficiente para resolverlo. Y la influencia de la compañera puede ser tal que, aunque usted le señale que se lo dicen por envidia y que ella es en realidad una niña guapa, no se lo va a creer. En esos casos, puede ayudar el encontrar modelos en revistas que se parezcan a ella, y analizarlas y compararlas con la niña ante un espejo.

Autoestima baja por problemas o impedimentos físicos reales

Para proteger la autoestima de un niño con impedimentos físicos, los maestros, los compañeros de colegio, los padres, los hermanos y los demás familiares deben cuidar que el problema del niño no se convierta en el foco primordial de atención. Trasmítale el mensaje de que el problema es importante para la familia (o sus compañeros) porque lo quieren, pero de ninguna manera de que es lo más importante de su persona. Asegúrese de destacar y reforzar todos los aspectos positivos del niño que no se relacionen con su impedimento físico. Pueden ser habilidades concretas o cualidades de su personalidad. De esta manera, el niño aprenderá a interactuar y a relacionarse con el mundo por medio de sus habilidades y aspectos positivos, en lugar de centrarse en sus impedimentos.

Resulta fundamental ayudar al niño a no sentirse culpable de tener el problema que padece. No haga del problema el centro de su vida, pero tampoco un tabú, un tema del cual no se habla ni en casa ni en la escuela. Platique con él acerca de la gran cantidad de personas que por una u otra razón están en la misma situación, y que tener un impedimento físico de ningún modo se relaciona con algo que el niño o sus familiares hayan hecho o dejado de hacer (al menos en los casos en que esto sea cierto). Aceptar a un niño con un impedimento físico, tal cual es, con sus habilidades y limitaciones, es la mejor manera de ayudarlo a que se acepte a sí mismo como un ser humano digno y valioso.

Autoestima baja por un medio exigente (expectativas altas)

Al referirse a su hijo cuide de no emplear los términos *siempre*, *nunca*, etc., aunque señale algún aspecto positivo de él. Así, evitará que el niño reciba el mensaje de que, para ser aceptado, *siempre* debe comportarse de determinada manera, lo cual resulta prácticamente imposible. Es preferible hacerle saber al niño qué es lo que a usted le agrada de él. Por ejemplo, si el niño ayuda a un compañero o un hermano a levantarse después de haberse caído, se sentirá bien si se le dice: "Me gustó la forma en la que ayudaste a María, eso fue muy lindo." Sin embargo, si le dice algo como: "Siempre puedo contar contigo para que ayudes a los demás", o bien, "Definitivamente tú eres el amable de la familia", el niño sentirá que se espera que él *siempre* sea amable y ayude a los demás, o de lo contrario dejará de ser apreciado. Esto crea una expectativa imposible de cumplir y puede producirle una sensación de inadecuación.

Si un niño tiene una habilidad especial y rinde bien en esa área, recuerde premiarlo y felicitarlo por sus esfuerzos y no sólo por tener el primer lugar o llegar a la meta que usted o él ha establecido. En términos generales, lo más adecuado es que exista un balance entre lo que el niño espera de sí mismo, lo que los padres y los maestros esperan de él y lo que él es capaz de hacer. Es comprensible que los padres y los maestros deseen que sus hijos o alumnos destaquen o sobresalgan en algo, pero no deben por ello ignorar o pasar por alto los sentimientos, las aspiraciones, los intereses y las capacidades reales del niño.

Si se da cuenta que ha estado exigiendo mucho a un niño, no establezca un cambio brusco, pues esto puede desadaptarlo. Por el contrario, disminuya de manera gradual su nivel de exigencias. Se debe exigir a los niños según sus capacidades y potenciales, pero sin pretender explotarlas al máximo. Recuerde que los niños necesitan tiempo para vivir como niños, lo cual implica tener tiempo libre para explorar el mundo y jugar. No sobrecargue al niño con las tareas escolares ni con las extracurriculares. Algunos padres inscriben a sus hijos en clases de gimnasia, tenis, pintura, natación, karate y música, además de los *boys scouts* o las muchachas guía.

Evite hacer de su hijo o alumno el compensador del éxito que usted no tuvo. Algunos padres pretenden hacer de sus hijos campeones de natación, sólo porque ellos lo intentaron y no lo lograron, o porque no tuvieron la oportunidad. Respete la individualidad de su hijo. Motívelo a ciertas actividades y escúchelo, pero no pretenda hacer de él una imagen preconcebida del hijo o alumno perfecto que usted quisiera que fuera y que no es, porque, entonces, él intentará desesperadamente serlo por complacerlo a usted, con tal de mantener en alto su autoestima.

No se obsesione con los estudios de un niño. No necesita ser perfecto, ni ser el mejor de la clase. Es suficiente que aprenda bien. Recuerde que lo más importante es que aprenda a vivir y a estimarse a sí mismo, pues eso le facilitará todos los demás aspectos de su vida. Que sea feliz, que se encuentre a sí mismo, permítale que ponga su mayor esfuerzo en lo que él mismo considere importante, siempre bajo supervisión adulta.

Autoestima baja por sobreprotección

Sobreproteger a un niño significa cuidarlo más de lo necesario, a un punto en el cual el niño no aprende a cuidar de sí mismo, pues siempre lo han hecho por él. Esto origina problemas de autoestima, ya que el niño no se siente capaz de valerse por sí mismo. Por ello, lo único que puede ayudar a un niño con baja autoestima por sobreprotección es precisamente dejar de sobreprotegerlo. Es natural que los padres piensen con frecuencia que son los responsables de sus hijos y que deben "vigilarlos" para que no corran ningún riesgo. Por suerte, existe un punto medio entre ser un padre sobreprotector y un padre irresponsable o descuidado. Para educar en forma equilibrada en este sentido:

1. Establezca límites claros, consistentes y apropiados para la edad del niño. Por ejemplo, si observa que su hijo está pasando demasiado tiempo viendo televisión y quisiera corregir esto, puede llegar a un acuerdo con el niño en cuanto a la cantidad de tiempo que usted y él consideren apropiado. Explíquele las razones por las cuales usted no está de acuerdo con esto y permítale expresar sus ideas respecto de lo que a él se le ocurre que puede hacer en lugar de ver televisión.
2. Razone con el niño en el momento de llamarle la atención. Por ejemplo, si cometió un error, olvidó su libro o no hizo la tarea,

explíquele las razones de su descontento. Si pide algo que usted no está de acuerdo en darle, explíqueselo en vez de decirle algo como: "No, porque aquí el que manda soy yo, y ¡se acabó!"

En la etapa en que un niño está descubriendo ese maravilloso don del caminar, cuide de no destruir su ilusión mostrándose excesivamente preocupado porque se puede caer. Bríndele la oportunidad de explorar su mundo, incluso la experimentación de los golpes y las caídas, pues solamente así el niño podrá aprender por experiencia propia a tener los cuidados necesarios. Sólo intentando y fracasando una y otra vez, el niño se verá obligado a ejercitar sus músculos y a aprender a controlar y perfeccionar sus movimientos. La sobreprotección genera dependencia, lo cual impide que el niño aprenda a resolver los problemas de la vida diaria. Esto afecta negativamente su autoestima, ya que el niño aprende que no confían en él, por lo cual se concibe a sí mismo como poco capaz, lo cual aumenta su inseguridad. Por ello, es importante hacer saber al niño que él es capaz de controlar su comportamiento, lo cual contribuye a que pueda mejorar su habilidad para generar, escoger e implementar sus propias soluciones.

Si se determinó que el problema de autoestima de un niño fue originado por sobreprotección y se quiere dejar de hacerlo, se debe hacerlo gradualmente, pues si de pronto se quitan toda la atención y cuidados a un hijo, él puede experimentar varias dificultades al no saber cómo enfrentarse a la vida:

- Puede fracasar más de lo esperado, lo cual puede afectar su autoestima al comprobar que no puede por sí solo.
- Puede deteriorar aún más su autoestima al pensar que de pronto sus padres o maestros dejaron de quererlo y no se preocupan más por él.
- Es posible que los padres o los maestros, aun queriendo, no puedan dejar al niño solo ante el mundo.

De manera que hágalo en forma gradual. Analice en qué lo protege más de la cuenta y, si no tiene una idea clara, pregúntele a quienes conocen su relación con el niño. Analice qué libertades le da, qué tanto le permite tomar sus propias decisiones, qué, de lo que hacen solos sus compañeros de edad similar, no hace por sí solo (deberes, ir al supermercado de compras o a la casa de un compañero en bicicleta, quedarse solo en casa una tarde, dormir solo, etc.). Y empiece por darle cada vez mayores responsabilidades y libertades, de modo que, casi sin percatarse del proceso, se dé cuenta un día que puede y de que está haciendo sus cosas por sí mismo. Cuando fracase en algo, no corra a ayudarle. Déle la oportunidad de volver a probar, a ensayar. Si no puede solo, ayúdele lo estrictamente necesario, de manera que sienta su apoyo, pero que sus logros sean por esfuerzo personal.

Problemas de autoestima por incompatibilidad de valores

Cuando el problema de autoestima de un niño se debe a que en casa se le han inculcado valores que no corresponden a los de la mayoría de su medio sociocultural, los padres o los maestros tienen pocas alternativas. Una consiste en flexibilizar los valores que le enseñaron, y otra, opuesta, en fortalecerlos mientras se protege al niño.

Flexibilización de los valores familiares. La primera modalidad para superar la autoestima baja en estos casos es flexibilizar los valores familiares e iniciar un plan para que el niño no tenga mayores choques con las demás personas y no se sienta así, raro, segregado o devaluado. Éste puede ser el caso cuando se han resaltado la caballerosidad, el honor, la amistad, etc., y en el colegio se burlan de su lenguaje "perfecto", correcto y sin modismos, y de su rectitud, educación y cortesía, o bien cuando, por conveniencia, la familia decide ampliar su posición religiosa o política, fundamentalmente a través de la aceptación de posiciones y conceptos diferentes de los propios.

Si se opta por la flexibilización de los valores originales, los padres tienen que platicar entre ellos y ponerse de acuerdo, para hablar luego con el niño acerca de las situaciones en que ha tenido problemas y encontrar formas más adaptativas, de acuerdo con las demandas del medio. Por ejemplo, pueden autorizarle usar el vocabulario y los modismos del grupo, bromear sobre éstos e, incluso, introducirlos moderadamente en casa. Pueden también tomar a broma pequeñas faltas al honor y a la caballerosidad por parte del niño y sus amigos, concibiéndolas como travesuras. O bien, pueden estudiar las posiciones dogmáticas, políticas, filosóficas o religiosas de la mayoría, para comprenderlas mejor y aprender a aceptarlas y encontrar puntos en común con la posición familiar.

Si es el maestro quien quiere modificar algunos de estos valores del niño, primero debe consultarlo con los padres y las autoridades del colegio y explicarles, antes de hacerlo, las razones para el cambio que propone y la forma de realizarlo. Así evitará faltar a su ética profesional y cometer una imprudencia.

Fortalecimiento de los valores y protección del niño. Si la familia decide preservar sus valores originales y decide no flexibilizarlos, entonces los padres deben educar al niño en los valores que quieren que tenga y mantenga. En este sentido, su educación tendrá que ser profunda y minuciosa de manera que el niño pueda entenderla a cabalidad. No espere a que el niño la adquiera en forma fortuita o que la "absorba" de la familia. Más que esto, fórmelo activamente. Inscríbalo a clases de su religión o pensamiento político. Además, fomente la amistad del niño con otros niños de su edad que tengan los mismos valores que pretende preservar. Platiquen con frecuencia en casa acerca de la importancia de sus valores. Y, de manera muy especial, sea usted mismo un fiel ejemplo de esos valores de modo que predique con el ejemplo.

Por otra parte, para proteger al niño de posibles ofensas, devaluaciones y agresiones por parte de los niños con valores distintos y mayoritarios, enséñele en forma objetiva y realista el punto de vista de los demás, de manera que entienda la naturaleza de las desavenencias. Asimismo, enséñele a discutir, argumentar y defender sus puntos de vista, con asertividad, de modo que no entre en polémicas innecesarias, que respete a los demás y se haga respetar. Por último, ayúdele a ser exitoso, según sus capacidades y habilidades, en áreas que pueden fortalecer su autoestima y el aprecio de los demás niños. Por ejemplo, ayúdelo a ser un buen deportista o pintor, o una persona locuaz, simpática, con fácil sentido del humor, que puede mantener una buena relación con los demás.

Si el problema se da por estar en una cultura extraña que el niño desconoce, provéale de información, conocimiento y experiencia sobre esa cultura, para que deje de serle desconocida y pueda disponer del conocimiento necesario para interactuar con ella de manera efectiva.

Si después de haber analizado con cuidado el problema no ha encontrado una posición que le satisfaga, busque la colaboración de los maestros del niño y de un psicólogo o psiquiatra, quienes pueden ayudarle a encontrar otras opciones.

Problemas de autoestima por estilo de pensamiento inadecuado

Como se revisó anteriormente, la autoestima se basa en la congruencia entre el yo real y el yo ideal. Si la autoestima baja de un niño se debe a la forma en que él concibe su mundo y a sí mismo, el tratamiento debe incluir los aspectos siguientes.

Los padres y los maestros de un niño pueden enseñarle que para sacar una conclusión deben tenerse suficientes datos objetivos y válidos. Por ejemplo, si un niño concluye que perdió el año porque reprobó una de ocho materias, es importante hacerle ver que este no es un dato suficiente para llegar a esta conclusión. Por otro lado, debemos trasmitir al niño nuestras opiniones sobre todos los aspectos positivos de su persona, tanto físicos como de personalidad. Si un niño no es muy bueno para las matemáticas pero posee talento musical, trate de fomentar y explotar al máximo este potencial. Esto ayudará a que el niño se vea a sí mismo en su totalidad y no con base en un aspecto débil o negativo de su persona.

Además, enseñe al niño a darse crédito por sus éxitos y minimizar la responsabilidad o culpabilidad por sus fracasos. Si observa que él tiende a atribuir sus éxitos a causas externas (a la suerte o a que el maestro se portó buena gente) y sus fracasos a causas internas (a que es un tonto, incapaz, haragán), platique con él y hágale ver que, en efecto, a veces fracasamos porque cometemos un error o no nos esforzamos lo suficiente y que en ocasiones tenemos éxito en algo porque nos dieron una "ayudadita", pero que esto es la excepción, no la regla. En general, alcanzamos nuestras metas porque tenemos la capacidad para hacerlo y porque nos esforzamos. Y por lo común, fracasamos en algo cuando no contamos con lo necesario (incluso experiencia) o porque cometemos un error, lo que es natural en el ser humano.

Recuerde que con los niños, por lo general, no basta con hablar. Para que comprendan se necesita hacer algo más. Si quiere ayudar al niño a tener un estilo de pensamiento más positivo y tendente al éxito, que favorezca una autoestima alta, puede aprovechar los recursos del juego. Los juegos de damas y de computadora u otros similares pueden servir para enseñarle cómo una buena estrategia y habilidad (suya o de su hijo) generalmente conducen a ganar el juego, y cómo una mala ejecución puede derivar en la pérdida de ese juego. Aproveche las oportunidades que allí se presentan para enseñar al niño a no generalizar. Si perdió en un juego, eso no significa que siempre va a perder, que nunca gana ni que, en consecuencia, sea un tonto y un incapaz. Por otra parte, los juegos de azar y estrategia, como los juegos de mesa con dados, pueden servir para enseñar al niño de qué manera el azar tiene cierta importancia, aunque no lo es todo.

Elabore con el niño un listado de sus éxitos y sus fracasos, y ayúdele a analizar con objetividad su participación y responsabilidad en ellos. Incluso, encuentren juntos una manera para que el niño asuma una participación personal más activa en la solución de sus problemas y fracasos.

En conclusión, alabe al niño cuando se esfuerce y compréndalo cuando fracase. Analicen juntos las razones de sus fracasos, pero también, y en forma muy especial, la de sus éxitos. Ayúdelo a sacar conclusiones razonables, lógicas y objetivas, evaluando los hechos. Y cuando note que el pensamiento del niño es en ese sentido adecuado, su influencia e insistencia en ello puede empezar a disminuir, pues el niño habrá aprendido una nueva estrategia de pensamiento que va a favorecer su autoestima.

GUÍA PARA UNA AUTOESTIMA "IDEAL"

La capacidad y oportunidad que tiene un niño para aceptarse a sí mismo, y al mismo tiempo comprender y relacionarse positivamente con otras personas, comienza en el momento de la concepción. Un niño que es esperado por sus padres con cariño y entusiasmo, vendrá al mundo sintiéndose querido, protegido y aceptado, por lo que concluye que es un ser que vale mucho. Desde el momento en que nace, el niño puede percibir, a través de sus precarios sentidos, que en general sus padres lo aceptan o lo rechazan. Si se satisfacen sus necesidades básicas de alimento, cuidado y calor, sentirá que puede confiar en los demás. Por el contrario, un niño cuyas necesidades no se satisfacen se desarrollará como una persona insegura del mundo y de sí misma.

Ser un "buen" padre no es una tarea fácil. Es más, ¿cómo definiríamos a un "buen" padre? Aunque no existen "recetas" exactas para lograr esta tarea, sí existen aspectos en los que usted tiene una participación activa y directa y que contribuyen de manera significativa con el crecimiento de sus hijos como personas emocionalmente sanas, con un concepto alto y positivo de sí mismos.

El mensaje primordial que un hijo debe recibir de parte de sus padres es que lo aman y lo respetan como individuo, junto con sus cualidades y defectos. Usted puede mantener alta la autoestima de un niño si conserva el mensaje de cariño y respeto cuando se dirija a él, ya sea para alabarlo o para llamarle la atención. Así, el niño entenderá que pueden estar molestos por algo que él hizo, pero no por eso van a estar en peligro su estima y su seguridad.

Uno de los aspectos más importantes en el proceso de educación de un niño es la diferencia entre el ser y el hacer. Hablamos del **ser** cuando nos referimos a la esencia de una persona, a todos los aspectos internos que conforman su personalidad, a todas las potencialidades que le son inherentes y a todas aquellas cualidades y características que hacen a una persona única y diferente de todas las demás. Hablamos del **hacer** cuando nos referimos a la conducta de una persona, a lo que hace. En otras palabras, el hacer se refiere al comportamiento externo y observable.

Por un momento, piense en todas aquellas cosas que hacen que usted se enoje, se disguste o se encolerice con un niño. Probablemente se dará cuenta que lo que a usted le molesta es lo que él *hace* y no lo que él *es*. Por desgracia, estamos mal acostumbrados a clasificar la conducta y a generalizar más de la cuenta. Así, si un niño no estudia mucho (conducta), se le pone una etiqueta general que lo clasifica y se dice que es un haragán. Si quiere formar una autoestima alta en un niño, evite utilizar términos que afecten en forma negativa su "ser" (como tonto, inútil, haragán, estúpido, malo, imbécil, etc.) y critique de manera constructiva su conducta y sus actitudes, que es lo que, en última instancia, desea modificar.

Los niños necesitan guía y orientación para aprender a desenvolverse adecuadamente dentro de su ambiente. Los padres y los maestros son los responsables de realizar esta labor, por lo que comprender la diferencia entre el ser y el hacer constituye un elemento fundamental dentro del proceso de educación. Cuando un niño se comporte mal, explíquele qué es lo que no está bien de lo que está haciendo. Esta regla puede aplicarse en cualquier situación, desde alejar al niño de la estufa mientras se le explican los peligros que se corren al estar cerca de ella, hasta llamarle la atención seriamente cuando lastima a un compañero de clase. Déle opciones acerca de lo que puede hacer en futuras ocasiones cuando se encuentre en una situación similar. Por ejemplo, puede aprender a contar hasta 10 para darse un tiempo a que le pase la cólera, puede pedir lo que desea de otra manera que no sea agresiva ni violenta, puede hablar con sus padres o sus maestros para que ellos sean quienes solucionen el problema de otra manera, etcétera.

Cuando critique el comportamiento de un niño, hágalo en la forma más específica que pueda. Por ejemplo, si después de habérselo prohibido, lo encuentra comiéndose el helado del postre antes de haber almorzado, puede llamarle la atención diciendo algo como: "Estoy muy molesta contigo por lo que estás haciendo. Sabes muy bien que no tenías permiso de hacerlo. Quiero que guardes el helado ahora mismo y no vas a comerlo por lo que hiciste." Se puede decir esto con un tono de voz firme y seguro, sin gritarle ni ofenderlo.

Cuando proponga metas para un niño, tome en cuenta los intereses y las capacidades que él tiene, y no sólo lo que es importante o deseable para usted. Por otra parte, aunque se sienta ogulloso por las habilidades especiales de su hijo o alumno, cuide de no trasmitirle la idea de que, para que usted lo acepte, tiene que alcanzar siempre un nivel de rendimiento excelente, como al felicitarlo sólo cuando obtiene el primer lugar y no cuando logra un tercer lugar. Evite que las habilidades del niño se conviertan en el foco exclusivo de orgullo, atención y comunicación entre usted y el niño.

Platique con él acerca de sus logros pasados. Esto permite que el niño mantenga recuerdos positivos de sí mismo que puede haber olvidado. Pero evite darle el mensaje de que se espera que sea siempre así. Por ejemplo, si su hijo le ayudaba a cuidar a su esposo cuando estaba enfermo, podrá decirle algo como: "Una vez, cuando papá estaba enfermo, le trajiste una deliciosa manzana para que se la comiera en la cama. ¡Tenías tan sólo cuatro años, imagínate! Fue un gesto muy lindo."

Tanto los niños como los adultos necesitamos escuchar de vez en cuando las palabras: "¡Te quiero!" No tema expresarle verbalmente el cariño que siente. Si lo hace, no sólo se sentirá contento, cómodo y cerca de él, sino que además contribuirá al desarrollo de una autoestima sana.

Todos necesitamos recibir afecto físico, pero esto es especialmente cierto en los niños. Por lo general, los padres dejan de abrazar y besar a sus hijos una vez que éstos superan la edad preescolar (lo cual suele ser más marcado en los hombres que en las mujeres). En realidad, el afecto físico es un elemento de comunicación no verbal que conviene mantener, pues le da seguridad al niño. Usted puede acariciarle o darle un masaje suave en la espalda mientras ven televisión juntos, acariciarle el pelo, tomarle de la mano, acariciarle con suavidad la mejilla o el hombro, o saludarlo con un abrazo y un beso. Cuando los padres son afectuosos entre sí, le proporcionan al niño un modelo que le permitirá desarrollarse como un adulto cariñoso, que no le teme a sus sentimientos y que sabe expresarlos libremente.

Para un niño resulta esencial que se le escuche con atención y que se tome en cuenta lo que para él es importante, incluyendo sus actividades, sentimientos e ideas. De esta manera, se sentirá respetado, abierto a desarrollar relaciones interpersonales y seguro de sí mismo; el saber que usted tiene un interés genuino en él le hará sentir importante. Tómese el tiempo para compartir con un niño sus pensamientos, opiniones, puntos de vista y sentimientos acerca de diversos aspectos de la vida. Esto aumentará y mejorará la comunicación entre ambos y, a la vez, hará que él se sienta orgulloso de sí mismo porque hay alguien trascendental en su vida que comparte todo esto con él.

Otra forma en que se puede contribuir positivamente al concepto que un niño tiene de sí mismo es brindándole tiempo de mucha calidad. Para esto, recomendamos que:

a) Juegue y vaya a diversos lugares con cada uno de sus hijos en forma individual.
b) Realice actividades con toda la familia.
c) Asista a eventos importantes de su hijo, como a una obra de teatro, una premiación, una competencia o un concierto.

Hágale saber que lo hace porque quiere hacerlo y porque está orgulloso de ser su padre.

Por otro lado, proporcione a su hijo las oportunidades que necesita para desarrollar su creatividad e intelecto, motívelo y permítale desarrollar al máximo sus habilidades y talentos. Comunique a su hijo o alumno lo que le gusta y aprecia de él. Por ejemplo, puede hacer sentir muy bien al niño diciéndole algo como: "Me encantan tus ojos." "Admiro la actitud responsable que tienes hacia tus deberes." "Te agradezco que no pongas la música a todo volumen los sábados por la mañana cuando puedo levantarme tarde." "Me encanta escucharte cuando tocas la guitarra", o, "creo que el entusiasmo y la dedicación que demuestras en el deporte son excelentes".

Por último, un niño necesita saber que tiene la libertad de expresarse, con la seguridad de que lo escucharán con atención y de que tomarán en cuenta sus ideas y sentimientos. Todo esto contribuirá a su sensación general de bienestar. Este respeto y esta confianza deben brindarse a un niño dentro de ciertos límites claros y concretos. Su hijo necesita saber qué espera usted de él, y qué es para usted aceptable o no, correcto o incorrecto. De esta manera, su hijo se sentirá libre de expresarse, a la vez que aprenderá a comportarse en forma adecuada.

Con base en las consideraciones anteriores, podemos concluir que uno de los elementos básicos que necesita una persona para desenvolverse en forma adecuada en el nivel personal y social es una autoestima alta. Y esto se aprende, fundamentalmente, de niño. Aunque existen muchos factores que se relacionan con la autoestima, los padres y los maestros del niño son los primeros formadores más importantes del concepto que el niño va a desarrollar acerca de sí mismo y del que dependerá su sentido de seguridad personal.

Para finalizar se proporciona a continuación un listado de recomendaciones que un padre o un maestro puede poner en práctica si quiere fomentar en un niño una autoestima alta y un sentido de seguridad personal.

RECOMENDACIONES PARA FOMENTAR UNA AUTOESTIMA ALTA EN EL NIÑO

1. Platique y juegue con el niño, no sólo permanezca a su lado.
2. Manténgase atento a sus intereses y compártalos con él.
3. Esté atento a sus problemas y necesidades. Conviértase en su amigo, apoyo y guía.
4. Enséñele valores claros, congruentes, prácticos y realistas, que se constituyan en una guía clara para su vida.
5. Ayúdele a conocerse de manera realista, sin sobrevalorarse, ni criticarse más de lo sano.
6. Sea consistente en sus premios, reconocimientos y castigos. Así, evitará confundir al niño y su mundo será congruente y claro.
7. Corríjalo verbalmente. Respételo, en general, y evite pegarle.
8. Al llamarle la atención, critique el *hacer*, y no el *ser*.
9. Déle libertad, aunque poniéndole límites claros pero flexibles.
10. Permítale expresar sus ideas, deseos, sentimientos y emociones.
11. Ayúdelo a ser un alumno suficientemente bueno.
12. Ayúdelo a ser bastante bueno en algún deporte.

13. Ayúdelo a desarrollar alguna habilidad especial en algún área (cultural, artística, intelectual, etc.).
14. Ayúdelo a desarrollar habilidades sociales adecuadas que le permitan tener y ser un buen amigo, ameno, interesante y auténtico.
15. Ayúdelo a mantenerse actualizado en sus áreas de interés.
16. Sea cariñoso con él, y permítale que él lo sea con usted.
17. Esté pendiente de sus éxitos y de sus fracasos. Reconozca sus éxitos y ayúdele a superar sus fracasos.
18. No pretenda que se comporte como un pequeño adulto. Permítale ser un niño libre que, con base en limitaciones realistas, pueda explorar y conocer su mundo.
19. Evite la utilización de absolutos y mandatos al referirse a él.
20. Escúchelo cuando le habla y tome en cuenta sus opiniones.

Siguiendo estos lineamientos, un niño crecerá emocionalmente sano, seguro de sí mismo y con una autoestima alta. Esto es lo más valioso que un niño puede adquirir, pues constituye la base de seguridad sobre la cual podrá cimentar el éxito en su vida. Se atreverá a probar en la vida, podrá tolerar la frustración y el fracaso; aceptará el éxito y tendrá, así, varios de los elementos importantes para ser feliz.

LECTURAS RECOMENDADAS

Bernar, R. L., Wells M. & Peterson, S. R. (1989). *Self Esteem: Paradoxes and Innovation in Clinical Theory and Practice.* Washington, D. C.

Boix i Casas, C. (2007). *Educar para ser feliz: Una propuesta de educación emocional.* Madrid: Ediciones CEAC

Branden, N. (1998). *Eleve su autoestima.* Buenos Aires: Paidós.

Hartley-Brewer, E. (2006). *Eres genial tal como eres. 100 consejos para que tu hija desarrolle su autoestima.* Barcelona: Editorial Debolsillo, Random House Mondadori.

Lindenfield, G. (1996). *Autoestima.* Madrid: Plaza & Janés.

Lindenfield, G. (1998). *Cómo desarrollar la autoestima en niños y adolescentes: Potencia la personalidad y el bienestar emocional de tu hijo ayudándole a confiar en sí mismo.* Madrid: Neo Person Ediciones.

McKay, M. y Fanning, P. (1995). *Autoestima.* Barcelona: Martínez Roca.

Seligman, M. E. P., Reivich, K., Jaycox, L. y Gillham, J. (2005). *Niños optimistas.* Barcelona: Debolsillo, Random House Mondadori.

4

El enojo en el niño

LUCÍA CAZALI LEAL Y CECILIA DE LEÓN

INTRODUCCIÓN

El manejo del enojo en niños puede ser una de las experiencias más confusas, desgastantes y angustiantes tanto para padres como para maestros. Uno de los aspectos más inquietantes del enojo en los niños es el sentimiento de enojo que despierta en el adulto responsable del niño, algunas veces los adultos reaccionan a las provocaciones en forma muy similar a los niños que ellos mismos están tratando de ayudar.

A muy pocos de nosotros nos enseñaron cómo respetar todos nuestros sentimientos y canalizarlos a través de medios constructivos, por eso nos encontramos perdidos cuando nuestros hijos o alumnos presentan fuertes emociones negativas. Al manejar el enojo en los niños debemos guiarnos por el principio de que: *Todos los sentimientos son adecuados, lo que cuenta es lo que hacemos con ellos.*

Algunas **conductas agresivas** son, por lo general, la forma en que los niños manifiestan su enojo. Si hacemos una visita al campo de juego de un jardín de niños, podemos observar algunas diferencias en la forma y frecuencia de la conducta agresiva. Los niños que están en preprimaria no sólo son los que más agresión manifiestan sino también son los que más tienden a pelearse por juguetes y por sus pertenencias; en otras palabras, su agresión es más *instrumental*. En contraste, los niños mayores (seis a siete años) manifiestan una agresión más hostil y orientada hacia la persona, tal como lo es la crítica, el ridículo, poner apodos o la desaprobación verbal. El cambio de la agresión instrumental hacia la agresión hostil puede deberse en parte a la capacidad que los niños mayores tienen de inferir las posibles intenciones o motivos de sus atacantes. Cuando los niños reconocen que alguien tiene intención de hacerles daño, tienden más a tomar represalias a través de una agresión directa sobre el agresor y no una agresión indirecta sobre las pertenencias del atacante.

La forma en que la agresión se presenta también cambia a través del desarrollo del niño. Mientras que los niños de cuatro a cinco años se basan en ataques de agresión física, los niños más grandes, por el incremento en sus estilos de comunicación y lenguaje, suelen agredir más verbal que físicamente. Estos cambios de desarrollo en el estilo de expresar la agresión no sólo se deben al incremento de los estilos verbales del niño, sino también al cambio de las reglas y las expectativas impuestas por el adulto alrededor del niño. La gran mayoría de padres y maestros son menos tolerantes de la agresión física del niño cuando éste es más grande, suelen ser más tolerantes y a veces hasta ignoran "una guerra de palabras o insultos" entre niños.

Enojo y agresión no son sinónimos: el **enojo** puede definirse como "un estado emocional temporal causado por frustración", mientras que la **agresión** es comúnmente "un intento de dañar a una persona o destruir alguna propiedad". Ni la agresión ni el enojo son conductas anormales y son vistas en niños emocionalmente sanos, así como también en aquellos con problemas de conducta.

Este capítulo tiene como propósito orientar a los padres de familia acerca de cómo manejar el enojo en un niño sin problemas serios de conducta. En ningún momento se pretende que sea un sustituto de un enfoque terapéutico más profundo. Como se dijo anteriormente, algunas de las conductas de enojo en el niño están relacionadas con problemas dentro de la familia y/o modelamientos de conductas agresivas. Para casos serios de conducta disruptiva se recomienda la consulta con un profesional que pueda hacer una intervención sistemática e integradora de los diferentes aspectos involucrados.

ALGUNAS CIRCUNSTANCIAS QUE PUEDEN ENOJAR AL NIÑO

Entender las fuentes y los propósitos del enojo en el niño nos puede ayudar a responder a éste más efectivamente, pero ésta puede ser en sí una tarea compleja. Los niños que han sido traumatizados o victimizados, comúnmente reaccionan con enojo excesivo, así como los niños cuyas familias se encuentran o han experimentado un divorcio.

Otras causas comunes del enojo excesivo en niños ocurren cuando el enojo es usado como defensa en contra de sentimientos dolorosos, como el fracaso, la pobre autoestima o la ansiedad. En estos casos el enojo puede servir al niño con el propósito de protegerlo del juicio de los demás, manteniéndolo a distancia. Adicionalmente, el enojo en los niños ha sido comúnmente asociado con sentimientos de dependencia o tristeza y depresión; lo que un adulto experimenta como depresión puede ser expresado por el niño como enojo. En niños muy pequeños los berrinches pueden ser el resultado de sobreestimulación o fatiga.

Una guía útil para distinguir cuándo una expresión de enojo es saludable y cuándo ésta se vuelve problemática puede ser la siguiente: en niños adaptados adecuadamente las actitudes negativas son expresadas menos frecuentemente, con menos intensidad, y más enfocadas y dirigidas. En niños con algún tipo de problema, por el contrario, las actitudes negativas se manifiestan en forma intensa y frecuente y con menos dirección. Cuando los sentimientos son expresados indirectamente y en forma difusa, hay muy poco alivio o satisfacción y los sentimientos dolorosos continúan creciendo dentro de la persona.

Hasta cierto punto, el enojo en la familia suele ser una respuesta aprendida. Esto puede incluir enojo y agresividad hacia los hijos, berrinches, conducta ruda y desafiante, etc. Se cree que los niños obtienen la atención de sus padres u otros adultos significativos en su vida a través de este tipo de manifestación de enojo. Una manera de saber si el niño está utilizando el enojo para llamar la atención del adulto es ver si el niño sigue al adulto a todos lados cuando se le está ignorando. Si es así, el niño ha aprendido que si grita cada vez más recio o patea cada vez más fuerte, con la presencia del adulto, alguien se va a dar por vencido y complacerá sus demandas.

Aunque algunos padres enseñan deliberadamente a sus hijos conductas agresivas para que el niño aprenda a "defenderse a sí mismo" o para que "sea un hombre", la gran mayoría no se visualizan a ellos mismos como modelos de conductas agresivas. Las tácticas de control utilizadas comúnmente por los padres suelen contribuir a la agresión en el niño: los padres que utilizan el castigo físico, especialmente en forma inconsistente y errática, tienden a tener niños hostiles y agresivos.

Es interesante que nos detengamos un momento a revisar las diferencias entre las familias de niños agresivos y no agresivos. El ambiente de estos tipos de familias es diferente, no sólo los padres de los niños más agresivos los castigan más frecuentemente, sino que además lo hacen aun cuando el niño se comporta de manera adecuada. El castigo tiene un impacto diferente sobre el niño agresivo y el no agresivo. Este estilo de disciplina tiene el efecto esperado de suprimir la conducta inadecuada en el niño no agresivo. Por el contrario, el castigo no reprime la conducta indeseada en el niño agresivo, más bien este tipo de disciplina de los padres sirve para reforzar la conducta agresiva del niño. Por otro lado, los niños no son víctimas pasivas en el proceso de socialización, ya que ellos participan activamente al provocar con ciertas conductas reacciones punitivas por parte de los padres. El modelo más acertado de disciplina es el bidireccional, en el cual se reconoce que tanto el padre como el niño se influyen uno al otro, y que ambos contribuyen al desarrollo de patrones de conducta agresiva.

La violencia en los medios de comunicación masiva incrementan las reacciones agresivas en los niños, especialmente en los niños pequeños a quienes les es difícil distinguir entre la fantasía y la realidad de los programas presentados en la televisión. Los niños que ven violencia en algún programa tienden a volverse más insensibles ante la violencia de la vida real.

En muchos casos, los niños utilizan el enojo y la agresividad como la expresión de un sentimiento propio de incapacidad para satisfacer sus propias necesidades. Los niños enojados, por lo común tienen dificultad en identificar y comunicar sentimientos diferentes. Tienden a expresar sus sentimientos en forma inapropiada y es así como el enojo y la agresividad se manifiestan como una respuesta poderosa ante un sentimiento de invalidez; pero esta respuesta resulta en un sentimiento de mayor limitación y de privación. A estos niños se les puede enseñar que está bien solicitar lo necesario para satisfacer sus necesidades; que ellos pueden influir en su ambiente; que tienen derechos que necesitan ser defendidos, y que ellos no son receptores pasivos de lo que el mundo les está ofreciendo. Se les puede enseñar también que hacer requerimientos en forma adecuada y el expresar sus verdaderos sentimientos les ayudará a sentirse seguros y confiados. Cuando las personas se sienten capaces de reconocer sus propias necesidades, tienden a sentirse más dispuestas para reconocer y atender las necesidades de los demás.

Los padres pueden ayudar a disminuir el efecto de programas agresivos de la televisión o cualquier otro medio de comunicación, al interpretarle y evaluarle al niño en una forma más adecuada los programas que éste ve. Los miembros de la familia generalmente hablan entre ellos mientras ven la televisión, los adultos pueden utilizar esta conversación para modificar las reacciones de los niños, al comentar la relación entre ciertas acciones y consecuencias de los programas violentos. También es conveniente que los adultos hagan juicios de desaprobación al ver escenas de agresión con los niños, ya que se ha comprobado que cuando el padre dice algo como "Eso es horrible, pareciera que realmente le está haciendo daño...", el niño tiende a tener menos conductas agresivas.

ASPECTOS QUE DEBEN CONSIDERARSE AL EVALUAR AL NIÑO ENOJADO

A continuación se sugiere una forma de registro de observaciones conductuales del niño que ayudará al padre a reconocer las conductas de enojo y agresión que están causando problemas en este momento:

Nombre del niño: ______________________________

Observador: ______________________________

Fecha: ______________________________

Fecha/hora	Evento precedente	Duración	Intensidad*	Qué se hizo

* Evalúe la intensidad en una escala de 1 a 5.
1 = El niño muestra algo de autocontrol.
5 = El niño no se logra autocontrolar.

Al mismo tiempo que se realiza el registro de conductas problema, se sugiere que los adultos responsables del niño, en conjunto, respondan las preguntas presentadas más adelante. Ambos ejercicios le ayudarán, entre otros, en los siguientes aspectos: conocer los antecedentes de la conducta agresiva; identificar conductas problema; reconocer la influencia de los métodos de disciplina; conocer el efecto del ambiente externo y aplicar en forma más adecuada las técnicas que se sugieren más adelante en este capítulo.

1. ¿Cuáles son la frecuencia, duración e historia de las conductas de enojo?

2. ¿Cómo han sido manejadas estas conductas en casa y en el colegio?
3. ¿Qué técnicas han sido utilizadas en el pasado?
4. ¿Está siendo el enojo premiado o mantenido no intencionalmente por la gente o por el medio ambiente del niño?
5. ¿Qué necesidades y/o emociones se expresan a través de la conducta de enojo?
6. ¿Hasta qué punto ha sido la conducta aprendida?
7. ¿Qué beneficio está obteniendo el niño con su enojo?
8. ¿Qué está logrando al enojarse?
9. ¿Está el enojo del niño siendo afectado por un ambiente caótico o desorganizado?
10. ¿Qué eventos está atravesando el niño?

CÓMO MANEJAR EL ENOJO EN EL NIÑO

Para el manejo del enojo en el niño debe aplicarse un enfoque que abarque diferentes puntos de vista: aspectos afectivos, conductuales, de desarrollo, educacionales y sociales. Algunas técnicas son las siguientes.

Entrenamiento asertivo

Los niños con frecuencia están enojados o actúan agresivamente porque no son capaces de conseguir lo que desean, por lo que a estos niños se les puede enseñar que:

- Defenderse no significa vengarse de alguien.
- Defenderse no significa actuar autoritariamente o en forma engreída.
- Defenderse no significa decir o hacer lo que quiera cuando quiera.
- Defenderse significa ser honesto consigo mismo.
- Defenderse significa hablar en favor de sí mismo cuando esto sea lo apropiado (a veces no lo es).
- Defenderse significa que siempre hay alguien en favor de él: ¡él mismo!

Cuando se le expone al niño lo que se puede o no se puede hacer, en estos términos tan simples, el niño puede fácilmente entender los beneficios de ser asertivo. Pero en los casos de los niños agresivos o enojados que actúan de forma inapropiada, han aprendido indirectamente que debido a que su conducta causa reacciones negativas en sus padres, profesores y amigos, ellos no tienen el derecho de expresarse.

Las siguientes son algunas de las técnicas asertivas que pueden ayudar a un niño enojado:

Nombrar sentimientos y necesidades. Los niños tienen que aprender que no sólo está bien **experimentar** cualquier sentimiento que se tenga, sino que también **expresarlo** es muy importante. Estos niños necesitan saber que los sentimientos no son buenos o malos, simplemente son y que uno puede interpretarlos de maneras distintas.

Aprendiendo respuestas alternativas. Los niños pueden aprender la diferencia entre ser pasivo, agresivo y asertivo. Por ejemplo, el niño empieza a patear al padre. Una respuesta **pasiva** es ignorarlo. Una respuesta **agresiva** es corregirlo con castigo físico, pegándole. Una respuesta **asertiva** es decirle: "A mí no me gusta cuando me pateas. No quiero que lo vuelvas hacer" y sostenerle la pierna.

Hacer cumplidos. Expresarse positivamente en relación con otras personas puede fomentar estilos sociales adecuados. A los niños se les puede mostrar que ellos no tienen que esperar a que alguien haga algo por ellos para poder dar un cumplido. Por ejemplo, si el niño de al lado ha hecho un lindo dibujo, el niño puede decirle algo como "Eso realmente te quedó muy bien."

Recibir cumplidos. Los niños tienen que aprender a decir "gracias" sin aprehensión. Cuando dicen cosas como: "No es para tanto lo que hice" o "Este dibujo no me quedó tan bien", la gente ya no le ofrecerá cumplidos para no entrar en desacuerdo con él y enojarlo.

Rehusarse. Los niños necesitan aprender que, en relación con sus compañeros y amigos, ellos tienen el derecho a no querer hacer lo que otros quieren que ellos hagan y que negarse a acceder son opciones que tiene.

Metas claras. Que el niño se haga las siguientes preguntas: *qué, cuándo, en dónde* y *con quién*. El propósito de esta técnica es que el niño describa la situación exacta en donde el problema ocurre u ocurrirá, contestando esas preguntas. Romper metas grandes en más pequeñas, por ejemplo "hacer amigos" o "ser mejor en los deportes", en conductas más específicas, como lograr un gol en el partido de futbol o invitar a un amigo a la casa.

Juego de roles. Empiece por preguntarle al niño lo que necesita decir a otra persona para poder conseguir la meta que quiere. Si el niño necesita ayuda, el padre o terapeuta debe brindársela si la solicita. Cuando el niño esté de acuerdo en lo que quiere decir, el siguiente paso es actuar la situación. El entrenador o padre puede tomar el rol de la otra persona, tratando de hacer la práctica lo más parecido posible a la realidad. Esto permite al niño ensayar nuevas formas de presentar sus emociones y/o peticiones. Luego, el niño deberá tomar el rol de la otra persona y el terapeuta actuar como el niño, esto le permitirá a éste sentir lo que la otra persona siente ante él, según la forma como expresa sus emociones o pide algo.

Es importante encontrar qué es lo que siente el niño cuando está enojado. Se puede preguntar: ¿Qué pasó?, ¿qué salió mal?, ¿qué es lo que estás sintiendo? Algunos niños podrán expresarlo muy claramente, mientras otros necesitarán ayuda para poder nombrar y expresar sus sentimientos.

No sólo hay que decirle al niño lo que **no** tiene que hacer, sino lo que tiene que hacer: "No le pegues a tu hermano cuando estés enojado. Dime qué es lo que pasó, o dile a él que te regrese tus juguetes."

En seguida se listan algunas sugerencias:

Comentar sobre la buena conducta del niño. Decir algo como "Me gustó cómo manejaste la situación cuando tu hermano te quitó tu libro" es un ejemplo de cómo un padre observador puede encontrar muchos buenos ejemplos de la conducta de sus hijos. "Me encantó que bajaste a cenar sin que te tuviéramos que llamar"; "gracias por colgar tu ropa, aunque ibas de prisa a jugar"; "fuiste muy paciente cuando estaba en el teléfono"; "me gustó cómo compartiste tus galletas con tu hermana"; "gracias por decir la verdad de lo que realmente pasó.

Ignorar la conducta inapropiada que se pueda tolerar. Si se está hablando por teléfono y el niño comienza a demandar atención con gritos a tal punto que la mamá cuelga el teléfono para que el niño deje de gritar, lo que se logra es reforzar (fortalecer) la conducta de gritar, ya que la siguiente vez el niño gritará más para asegurarse de que la mamá responda y se acostumbrará a llamar su atención a gritos. Si se ignora la conducta no deseada (los gritos) al terminar, si el niño no está gritando, se le puede dar atención diciendo: "Gracias por esperar cuando estaba en el teléfono. Ya terminé, ¿qué quieres?" Hay que decir **no** cuando se necesita, pues los límites deben ser establecidos, explicados y reforzados consistentemente. No conviene decir **no** a todo lo que el niño diga o pida, pues se acostumbrará a no pedir sino a actuar por su cuenta para lograr sus objetivos.

Proveer actividad física. Los niños necesitan actividad física para liberar energía y calmarse. Hay que mantener en mente que esto se permite, siempre y cuando no se ponga en riesgo la seguridad de nadie. Permítale al niño pegarle a su almohada en el cuarto cuando esté enojado, pero no pegarle al refrigerador en la cocina. Abrazar también ayuda al niño a hacer las emociones fuertes más manejables. No se abraza para que el enojo desaparezca, sino para hacerle saber al niño que se le quiere y que se entiende por qué está enojado.

Poner atención en las actividades de los niños. Dar al niño atención y demostrar su orgullo por él cuando la oportunidad se presenta, generalmente ayuda a que las emociones negativas, en el momento en que se den, sean más fáciles de manejar. Los fracasos y frustraciones pueden significar menos si los padres aman a sus hijos y están orgullosos de ellos. Hay que enseñarles a los niños a ver sus fortalezas y debilidades. Enseñarles que pueden alcanzar sus metas y que los fracasos vendrán, pero que hay que encontrarles soluciones y superarlos.

Usar el buen humor. Hacer reír al niño en medio de un berrinche ofrece una oportunidad para suavizar la situación. Es importante distinguir entre humor, sarcasmo, molestia y ridiculización. No use el humor para ridiculizar, sino para hacer un chiste en el momento, para aliviar la gravedad de la situación, no para aumentarla.

Intervención física. A veces el niño no puede controlar su berrinche una vez que empieza. Remover al niño físicamente de la escena o intervenir no es un castigo, es una forma de ayudar al niño a que la conducta no se alargue y a retomar control sobre ella. La persona que intervenga debe ser un adulto controlado. Por ejemplo, si están de compras y el niño desea un juguete, la mamá explica sus razones por las cuales no se lo comprará y después el niño comienza su berrinche con gritos y patadas diciendo que lo quiere. La mamá puede abrazar al niño por atrás fuertemente, sin lastimarlo. Al principio es de esperar que el niño patalee fuertemente, pero luego de algunos minutos el berrinche cesará. Otro medio que se puede utilizar también es el tiempo fuera, que consiste en privar al niño de todo tipo de reforzador que podía recibir en su contexto, aislándolo durante un tiempo breve cuando ha realizado una conducta que deseamos eliminar. Esta técnica ha de ser explicada previamente al niño. Por ejemplo, si están en la clase y un niño que está enojado le arrebata su cuaderno a otro niño sin razón, se puede llevar al niño al pasillo y dejarlo ahí, quieto. Se le dice que su comportamiento no ha estado bien, y que lo vamos a dejar fuera para que piense en lo que ha hecho. Cuando esté listo y tranquilo, puede regresar a la clase.

Sea un buen modelo. Los niños aprenden más del ejemplo de sus padres, que de lo que ellos les dicen. Sea consciente de la influencia de sus acciones sobre su hijo o alumno. Si usted maldice cuando está enojado, no se sorprenda que su niño haga lo mismo. Si insulta, grita y tira objetos, el niño aprenderá a hacer lo mismo. Y de la misma manera, si usted cuenta con estrategias de autocontrol, como retirarse un momento en lo que se le pasa el enojo, respira profundamente varias veces intentando controlarse, o cuenta hasta 10 hasta que el enojo se le pase, su hijo aprenderá a imitar este buen ejemplo.

Pelea justa

Esta es una técnica que reconoce la necesidad de las personas de discutir y confrontarse una con la otra, pero enseña a hacerlo en una forma constructiva.

Hay una gran variedad de **reglas** para *pelear justamente* que pueden enseñarse a los niños enojados, entre ellas las siguientes:

No cometer faltas. Las faltas son estrategias utilizadas durante una discusión que pueden causar que el conflicto escale en intensidad, por ejemplo, pegar, empujar, morder, culpar, poner apodos, amenazar, no escuchar, vengarse, buscar excusas, no asumir la responsabilidad.

Las faltas provocan que las personas se pongan a la defensiva. Enseñe al niño a que las faltas no funcionan. Por ejemplo, Juan se peleó con su hermano Toño por el control remoto de la televisión, Juan quería ver su programa pero según la programación de la casa, era el turno de Toño para ver su programa, por lo que definitivamente no le quiso dar el control. Juan se tiró sobre Toño y empezó a pegarle, sin escuchar lo que éste le quería decir. Toño, al ver que su hermano no quería oírlo lo empezó a golpear y patear también. Cuando la madre intervino en el problema y los separó, tanto Juan como Toño empezaron a dar excusas y se culparon uno al otro. Juan utilizó estrategias para obtener lo que quería, las cuales únicamente lo llevaron a que su hermano respondiera agresivamente y se pusiera a la defensiva y que también hiciera más difícil llegar a un acuerdo. Es recomendable sugerirle al niño adoptar una actitud de "ganar-ganar", la cual incluye el deseo de comprometerse a resolver el problema, sacrificando algo.

Cuando el niño está realmente enojado, déle tiempo y opciones para calmarse. Aliente al niño a encontrar formas más aceptables de calmarse, por ejemplo: que salga a caminar, que salga a jugar con la mascota de la casa, que grite con una almohada en la cara, o que llame a un amigo.

Enseñe al niño a escoger un lugar y tiempo apropiados para discutir temas difíciles. Es importante ser sensible hacia los sentimientos de las otras personas. Por ejemplo, no es conveniente que un niño informe a su madre de alguna nota de mala conducta que le fue enviada del colegio en cuanto ésta entra cansada de trabajar. A los niños se les puede enseñar a preguntar: "¿Es este un buen momento para hablar?"

El niño puede utilizar un lenguaje cuidadoso como parte de su estilo de comunicación, aun cuando se sienta muy enojado. El lenguaje cuidadoso es un lenguaje no amenazante y le deja saber a las otras personas que se les respeta. He aquí algunas sugerencias para utilizar este tipo de lenguaje:

- Use el nombre de la persona.
- Diga cómo se siente.
- Identifique el problema.
- Diga qué es lo que quiere que se haga.
- Aprenda a decir "lo siento" cuando sea apropiado.

Pelear justamente funciona porque mantiene abierta la comunicación, ataca el problema, no a la persona, ayuda a las personas a responsabilizarse de su conducta y sana sentimientos dolorosos. Para enseñar al niño a pelear justamente se pueden seguir los siguientes pasos:

1. **Identifique el problema.** ¿Qué es lo que realmente me está molestando?, ¿qué es lo que quiero?, ¿qué es lo que la otra persona quiere? Deje que cada persona involucrada en el problema plantee el problema desde su propio punto de vista.
2. **Manténgase enfocado en el problema.** Los conflictos pueden tener muchas trampas. Si la otra persona comete una falta, tenga cuidado en no engancharse. Por ejemplo, si el niño ante el requerimiento de arreglar su habitación dice: "Yo no fui, fue mi hermana" (culpar), usted podría estar tentado a contestar: "Claro que fuiste tú, yo te vi." Recuerde mantenerse enfocado en el problema, una respuesta sarcástica o agresiva únicamente mantendrá el conflicto activo. Diga: "Bueno, el problema es que los juguetes se encuentran regados por toda la habitación y necesitamos guardarlos para que cuando quieras jugar sepas en dónde se encuentran."
3. **Ataque el problema, no a la persona.** En vez de darle un adjetivo calificativo a alguien, como: "Eres un tonto, estás sentado en mi lugar", puede decirse: "Me molesta que siempre que puedes, tomas mi lugar."
4. **Escuche con la mente amplia**. No interrumpa, ni le ponga palabras en la boca a la otra persona, use un tono de voz no amenazante, pregunte cuando no entienda algo y permita el desacuerdo.
5. **Trate los sentimientos de la otra persona con respeto**. Expresiones como las siguientes logran comunicar esto: "Pareces enojado. ¿Quieres hablar al respecto?" "Me preocupa cómo te estás sintiendo en este momento."
6. **Responsabilícese por sus acciones**. Culpar a los demás evita que se asuma la responsabilidad de lo que se hizo. Pregúntese: ¿qué puedo hacer para manejar este problema?

Para aplicar esta técnica se recomienda que el niño elabore "tarjetas de ayuda" y que cuando tenga algún problema las repase y planee su línea de acción. El siguiente es un ejemplo de este tipo de tarjetas, se recomienda que el niño junto al adulto responsable las elaboren con materiales llamativos para el niño, inclusive si es posible utilizar figuras para que con una sola mirada el niño reconozca de qué se trata la tarjeta.

1. Identifique el problema: *Establece lo que te está molestando.*
2. Ataca el problema, no a la persona: *Usa lenguaje amable y respetuoso.*
3. Escucha con una actitud amplia: *No interrumpas. No uses malas palabras. Permite el desacuerdo.*
4. Trata a la otra persona con respeto: *Repítele a la otra persona lo que te está diciendo para mostrarle que le estás escuchando.*
5. Asume la responsabilidad de tus acciones: *No culpes a los demás, enfócate mejor en lo que puedes hacer para resolver el problema.*
6. No cometas faltas: *No pongas apodos, no pegues, no amenaces, etcétera.*

Para, piensa y procede

Esta técnica está diseñada para enseñar al niño autocontrol en su ambiente, donde exhibe conducta impulsiva. Esta técnica utiliza el concepto del semáforo para ayudar al niño a hacerlo:

- Rojo (para y cálmate).
- Amarillo (piensa en las opciones).
- Verde (procede apropiadamente).

Cuando el niño no se ha conducido en forma adecuada, se le dice que se pare sobre el círculo rojo ("luz roja") y que cuente hasta 100, haciendo respiraciones profundas para poder relajarse. Luego debe pasar al círculo amarillo ("luz amarilla"), en donde se le pide que piense acerca de su conducta y en qué se puede hacer. Finalmente, el niño se para sobre el círculo verde ("luz verde"), donde trata una de las soluciones propuestas para ver si funciona. Por ejemplo, si le pegó a alguien, ella o él debería disculparse. Si tomó algo que le pertenecía a otra persona, el niño deberá reponerlo.

Se puede usar un dibujo de un semáforo y simplemente ir señalando cada uno de los círculos mientras completa el ejercicio.

Construcción de un vocabulario de sentimientos

Aprender a entender y expresar los sentimientos involucra el desarrollo de una serie de estilos específicos. Hay una serie de estilos que los niños pueden adquirir para desarrollar un "lenguaje de sentimientos", el cual, como cualquier lenguaje, está relacionado con la edad de desarrollo del niño. Los estilos básicos que el niño escolar debe saber incluyen:

El niño debe ser capaz de:

- **Identificar estados emocionales básicos** (por ejemplo, alegría, tristeza y enojo), y dar ejemplos de qué hace que las personas se sientan de esa manera.
- **Dar ejemplos** de su propia experiencia de vida, de cuándo es que él siente ciertos sentimientos.
- **Reconocer señales básicas** que le indiquen el estado emocional de otras personas, incluyendo la expresión facial, el lenguaje corporal y el tono de voz.
- **Identificar las consecuencias de diferentes sentimientos.** Por ejemplo, los compañeros de clase generalmente se enojan o se asustan cuando el niño se pone agresivo o expresa enojo. Los adultos suelen responder positivamente hacia los niños que están felices.
- **Conocer métodos para cambiar** sentimientos negativos a positivos.
- **Entender** que la persona puede tener dos tipos diferentes de sentimientos al mismo tiempo.

El siguiente ejercicio puede servirle como un ejemplo de cómo ayudar al niño a entender y comunicar sus sentimientos, así como también los sentimientos de otros.

Mímica de sentimientos. Es un juego simple que puede jugarse con tres o más niños y que les ayuda a identificar las señales no verbales (postura, acciones, expresión facial) que revelan ciertas emociones.

Para este juego, elabore 36 tarjetas con caras que expresen sentimientos (sorpresa, tristeza, enojo, ira, aburrimiento, etc.). Revuelva las cartas y déle una a cada uno de los jugadores participantes. Cada jugador tiene un turno en donde tendrá un minuto para "actuar" el sentimiento. Si uno de los jugadores identifica el sentimiento adecuadamente, obtiene un punto, y el "actor" obtiene también un punto. Si el sentimiento no es identificado, la carta regresa a la mesa y el siguiente jugador pasa a actuar su sentimiento. Cuando todas las cartas de la mesa han sido identificadas, la persona con la mayoría de puntos es la ganadora.

Disco rayado

La técnica del disco rayado es una forma de entrenamiento asertivo que puede ayudar al niño a evitar pelearse cuando está siendo molestado o expuesto a presión de grupo. Esta técnica involucra repetir una y otra vez una oración, como un disco rayado, sin importar lo que la otra persona esté diciendo.

Por ejemplo, si Luis quiere que Carlos le devuelva su pelota, hay que enseñarle a Luis que determine qué es exactamente lo que él quiere que Carlos haga. Que diga: "Quiero que me devuelvas mi pelota, por favor", en vez de: "Si no me devuelves mi pelota te la voy a quitar." En este ejemplo, Luis tiene que **seguir repitiendo lo que quiere** a pesar de los argumentos de Carlos. Se sugiere que el niño no responda a las peticiones, quejas o demandas del otro. Tiene que mantenerse repitiendo: "Quiero que me devuelvas mi pelota, por favor", hasta que el otro niño lo haga. Utilice esta técnica más o menos tres veces. Si en dado caso el niño no logra lo que quiere tiene que sustituir sus palabras con acciones, que no involucren daño físico o psicológico. Por ejemplo, el niño puede recurrir a un adulto para que lo ayude.

La silla vacía

Esta técnica consiste en que el niño se siente en diferentes sillas para que actúe las diferentes emociones y características de él mismo; por ejemplo, su parte enojada, su parte triste, la alegre, la resentida, etc. La persona que esté aplicándole la técnica lo ayuda a que todas estas partes entren en armonía, al hacerlas obvias, y se espera que la integración de las partes fragmentadas del niño lo ayuden a manejar su enojo y desarrolle más autoconfianza.

El uso de la silla vacía puede ser muy efectivo cuando se necesita que el niño enojado entienda sus sentimientos y los de la otra persona en una situación problemática dada. Se trata de que el niño imagine a la otra persona (con quien esté teniendo más problemas), y hable con ella como si realmente estuviera allí, diciéndole todo lo que pase por su cabeza. El niño después se convierte en el otro y responde. Esto ayuda a que el niño exprese y actúe su enojo, asumiendo el rol de la persona con la cual está enojado, así como también desempeñando su propio rol. Esta técnica puede ser apropiada con niños de 10 años y mayores.

Autocalmarse

El primer paso en este tipo de técnica es el de ayudar al niño a identificar el momento o las señas que preceden a un estallido de enojo. Los niños deben encontrar una palabra que describa cómo se sienten poco antes de enojarse o de tener una respuesta agresiva. Algunos se describen a sí mismos como "a punto de explotar", "nerviosos", "tristes", etcétera.

El adulto con quien el niño esté aplicando esta técnica debe ayudarlo a escoger una palabra que describa el estado emocional y físico del niño, más que palabras que describan una conducta agresiva no deseada. Por ejemplo, si el niño describe sus sentimientos con frases como: "Siento como si pudiera matar a alguien en este momento", tratar de encontrar formas alternativas de describir los sentimientos de tensión, más que describir una acción no deseada: "En este momento me siento muy enojado y frustrado..."

Las siguientes técnicas son de gran ayuda para enseñar a niños enojados a que logren calmarse:

1. **Respiración profunda.** Lo primero es pedirle al niño que se haga consciente de su propia respiración, poniéndose una mano sobre el diafragma. Luego se le pide que respire profundamente, y que lo haga de tal forma que su estómago y luego su tórax se expandan como si alguien estuviera inflando un globo dentro de él. Pídale al niño que exhale lentamente el aire por la boca, sintiéndose cada vez más relajado. Esta técnica usualmente se aplica cuando el niño está sentado o reclinado cómodamente en un sillón, pero se sugiere que se practique también cuando el niño está parado o involucrado en alguna actividad, ya que es en esas posturas cuando el niño tiene necesidad de calmarse.

2. **Terapia musical.** La música se utiliza como complemento de otras técnicas de relajación o como una técnica en sí. Se recomienda un tipo de música instrumental o clásica que genere en el ambiente del niño un clima tranquilo. Es importante que se tenga presente que un ambiente ruidoso incrementa el estado de excitación del niño. Así como la música clásica o la instrumental pueden producir un estado de relajación psicológica, la música ruidosa y el ruido en general producen todo el efecto contrario y se convierten en un estresor significativo. Los niños y principalmente los adolescentes prefieren escuchar la música y la televisión a todo volumen. Es conveniente, pues, hacerles ver el efecto psicológico de ruidos muy altos, mientras aprenden a controlar su temperamento y sus conductas.

3. **Visualización.** Esta técnica propone que el niño se visualice en una escena relajante. Las siguientes son algunas de las técnicas de visualización más comunes:

- Pídale al niño que se imagine a sí mismo bajando una escalera de 20 escalones. Se le instruye al niño a relajarse, mientras baja lentamente cada uno de los escalones.

- Haga que el niño cuente de atrás para adelante, desde el número 10, y que se relaje progresivamente con cada uno de los números siguientes.
- Proponga al niño que imagine un globo de aire caliente que se sostiene con sacos pesados de arena, y que cada uno de ellos representa un problema. Haga que el niño visualice cómo cada una de esas bolsas caen una a una, hasta que el globo se libera y logra dirigirse a un lugar especial. El niño puede permanecer allí hasta que desee regresar.
- Sugiera al niño que fije su mirada en un punto en la pared y que imagine hojas cayendo, una a una, desde ese punto hasta el piso. Con cada hoja que cae, el niño se siente más relajado.

Relato mutuo de historias

Esta técnica fue diseñada para poder comunicarse con los niños a un nivel metafórico. Se utilizan historias y fábulas, ya que se ha comprobado el gran poder que éstas tienen para modificar la conducta de los individuos en cualquier cultura (por ejemplo, la *Biblia* es esencialmente una colección de historias que las personas usan para guiar la conducta y formar las bases éticas y los valores).

La técnica de relato mutuo de historias se inicia pidiéndole al niño que escoja, al azar, un objeto y que cuente una historia sobre éste. El niño cuenta una historia y al final tiene que decir la moraleja. Luego el adulto escoge otro objeto, y cuenta una historia "correctiva", usando un tema similar al del niño, pero presentando la conducta del protagonista en forma más realista, con mejores estilos de manejo y mostrando mayor responsabilidad.

La técnica de la tortuga

Esta técnica utiliza una combinación de técnicas conductuales y de imaginación. Los niños aprenden a actuar como una tortuga y retirarse dentro de su caparazón en vez de reaccionar en una forma confrontativa o con enojo. Cuando el niño está enojado o frustrado se le pide que piense que es una tortuga metiéndose a su caparazón, envolviendo su cuerpo con sus brazos y piernas, cerrando los ojos y bajando su cabeza. Al estar en esta posición, el niño no puede ser agresivo y puede, además, pensar en otras soluciones al problema inmediato.

Se le enseña al niño un proceso de cuatro pasos para que aprenda la respuesta de la tortuga como un sustituto de la agresión:

1. Identifique situaciones o señas específicas que normalmente resultan en una respuesta agresiva.
2. Practique esta técnica en situaciones de juego de roles. Por ejemplo, se sugiere recrear una situación problemática en la cual el niño generalmente pierde el control y se le ayuda a que practique el "ser tortuga", mientras piensa en opciones.
3. La maestra o cualquier adulto harán una seña específica, en una situación problemática, a la cual el niño debe reaccionar como "tortuga" (por ejemplo, una mano levantada o un chasquido de dedos). Esta señal es una clave para el niño para que en una situación difícil gane autocontrol y no responda agresivamente.
4. Finalmente, se espera que el niño use por sí solo la técnica en circunstancias apropiadas, y que se le refuerce cuando reporte su uso adecuado.

La disciplina requiere límites, pero también flexibilidad. Esto implica explicar las reglas claramente y, algo muy importante, cumplirlas en forma neutral. Manejar a niños enojados significa entender por qué el niño está enojado y responder apropiadamente, relegando nuestro propio enojo. Muchos padres se enojan ante el enojo de su hijo. Si quiere que él aprenda a controlarse, contrólese usted primero, aprendiendo a no reaccionar con enojo al enojo de los demás. Enséñele eso. Una de las labores más importantes como padres consiste en enseñar a los niños a respetarse a sí mismos y a los demás para que sean felices. Esto lleva tiempo, pero los frutos realmente valen la pena. Si desde pequeño se le enseña al niño a controlar su enojo y platicar abiertamente acerca de sus sentimientos, puede prevenir muchas conductas explosivas en la edad adolescente, en sus relaciones adultas y, posteriormente, con sus propios hijos.

LECTURAS RECOMENDADAS

Bang, Molly (1999). *When Sophie Gets Angry... really, Really Angry.* Caldecott Honor Book.

Eastman, M., and Rozen, S. C. (1997). *Taming the Dragon in Your Child: Solutions for Breaking the Cycle of Family Anger.* New York: Wiley.

Fox, Laura (2000). *I Am so Angry, I Could Scream: Helping Children Deal With Anger.* New Horizon Press.

Greene, R. (2001). *The Explosive Child: A New Approach for Understanding and Parenting Easily Frustrated, Chronically Inflexible Children.* New York: Harper Collins.

Hetherington, M. E. and Parke, R. D. (1986). *Child Psychology. A Contemporary Viewpoint.* (Eds.) New York: McGraw-Hill.

Hyland Terry and Jerry Davis (1999). *Angry Kids, Frustrated Parents: Prac-*

tical Ways to Prevent and Reduce Aggression in Your Children. Boys Town Press.

Mundy, Michaelene (1999). *Mad Isn't Bad: A Child's Book About Anger. Self-Help Books for Kids. One Caring Place.*

Shapiro, L. E. Ph.D. Shore, H. M., Bloemker, G., M. A., Kahler, D. S., M. A. and Schroeder, J. M. (1994). *The Anger Control Tool Kit.* King of Prussia, Pa: EUA: The Center for Applied Psychology, Inc.

Webb, N. B. (Ed.). *Play Therapy with Children in Crisis. A Casebook for Practitioners.* The Guilford Press.

5

El niño tímido y retraído

Ma. Inés Monjas Casares
y Vicente Caballo

INTRODUCCIÓN: ¿ES LA TIMIDEZ UN PROBLEMA?

"Es muy retraída y nunca participa en actividades de grupo"; "este niño es muy soso y no habla con nadie"; "tiene miedo a los demás y les rehúye"; "me cuesta un triunfo que hable en clase y conteste a mis preguntas"; "los compañeros no juegan con ella porque dicen que es muy aburrida". Este tipo de afirmaciones son utilizadas por familias, profesorado y compañeros de niños **tímidos** y **retraídos**, que son niños que se relacionan poco con sus iguales (con mucho menos frecuencia) que la norma en su grupo de edad, que tienden a evitar el contacto social y que presentan, además, ansiedad y temor ante los demás.

Sorprendentemente, la timidez en la infancia es un fenómeno al que se presta poca atención, o no la suficiente, tanto por las familias como por el profesorado y los profesionales que trabajan con niños. Del mismo modo, en la bibliografía científica se aprecia un cierto vacío, en contraste con la proliferación de esfuerzos dedicados a otros aspectos, como la conducta agresiva o la conducta hiperactiva.

Las familias de niños tímidos generalmente no buscan ayuda terapéutica, y cuando lo hacen, suele ser bastante tarde. Muchos padres creen firmemente que su hijo(a) *ha nacido así, es así* y se resignan a ello. En muchos casos piensan también que es un problema que mejorará con la edad ("Yo era así de pequeña y luego cambié").

En el contexto escolar, el profesorado califica a estos niños como callados y temerosos y, en muchos casos, no los identifican ni catalogan como posibles sujetos con problemas, ya que las conductas que presentan no son perturbadoras. En determinadas ocasiones llegan a ser valorados como buenos alumnos y pueden ser reforzados por su conducta retraída y tímida ("¿No ves a Pedro lo callado que está?; espero que aprendas de él." "Es una niña muy buena, muy tranquila y obediente"). En general, los maestros demandan menos apoyo y recursos para estos problemas interiorizados (aquellos comportamientos inadecuados que se expresan "hacia dentro", que tienen como destinatarios al propio sujeto) que para los problemas exteriorizados y perturbadores, aun habiéndose demostrado repetidamente que su incidencia es tan elevada como éstos, y que son igualmente pronosticadores de futuros problemas para el niño.

Pero, ¿por qué pensamos que la timidez y el retraimiento social son temas relevantes en la infancia?, ¿por qué afirmamos que se ha de prestar más atención a las dificultades que presentan estos niños? A lo largo de las últimas décadas las investigaciones realizadas sobre la competencia social y los conocimientos actuales que aporta la psicología evolutiva y la psicopatología nos obligan a afirmar que hay que tomarse en serio y preocuparse por el tema de la timidez en la edad infantil y adolescente, y ello por las siguientes razones:

1. *Porque es un problema en sí mismo.* El niño tímido tiene un problema de incompetencia social y sufre y la pasa mal. Las relaciones entre iguales son muy importantes en la infancia y contribuyen de forma esencial al desarrollo del adecuado funcionamiento interpersonal, proporcionando oportunidades únicas para el aprendizaje de habilidades específicas que no pueden lograrse de otra manera ni en otros momentos.

La interacción con los compañeros es el foro en el que se desarrollan las habilidades sociales. Consideramos habilidades sociales "un conjunto de cogniciones, emociones y conductas que permiten relacionarse y convivir con otras personas de forma satisfactoria y eficaz". Ejemplos de ellas son el decir que no, iniciar una conversación con un niño nuevo en clase, solucionar un conflicto interpersonal, recibir un halago, defender la propia opinión, resistirse a las presiones del grupo de compañeros, etc. A este respecto, los niños que no se relacionan con sus compañeros están privados de la oportunidad de interactuar con los demás.

2. *Porque se considera un factor de riesgo de problemas socioemocionales para el futuro.* Se sabe que la timidez y el retraimiento social en la infancia tienen futuras consecuencias negativas para el niño. Los estudios longitudinales que se han hecho con niños tímidos a los que se ha seguido hasta la adolescencia y la vida adulta ponen en evidencia que el retraimiento social en estas edades es un factor de riesgo, ya que predice dificultades posteriores, como los problemas emocionales y los problemas de personalidad. Además, se aprecia bastante estabilidad y, si no se interviene de forma eficaz, la timidez perdura y es bastante probable que el niño tímido se convierta en un adolescente tímido, después pase a ser un joven tímido y más tarde un adulto tímido.

La conducta inhibida y muy retraída aparece como característica definitoria y como síntoma de diversos trastornos psicológicos en la infancia, adolescencia y edad adulta; por ejemplo, en la fobia social se encuentran antecedentes de timidez en la infancia y aislamiento en la adolescencia.

En consonancia con lo que acabamos de exponer, creemos que es necesario informar, principalmente a familias y profesorado, de las características, implicaciones y consecuencias de la timidez, cómo detectar e identificar estas conductas en el contexto familiar y escolar, y qué hacer para mejorar la situación de las niñas y niños que sufren cuando se relacionan con otras personas.

Aclaramos que, en este capítulo, nuestro interés se centra en aquellos problemas de timidez y retraimiento social cuya gravedad no es extrema y pueden, por tanto, abordarse desde el contexto escolar y/o familiar, y subrayamos que cuando el problema es grave y/o está causando dificultades importantes al niño o a la familia, debemos demandar ayuda terapéutica más especializada a psicólogos, psiquiatras u otros profesionales. Otra puntualización se refiere a que los contenidos de este capítulo se basan en nuestros trabajos sobre el tema, por lo que para una información más exhaustiva es aconsejable revisar las lecturas recomendadas indicadas al final del capítulo.

CONCEPTO DE TIMIDEZ Y RETRAIMIENTO SOCIAL

Definición y descripción

Cuando se habla de temas relativos a problemas en la interacción social, los estudiosos del campo emplean múltiples términos para referirse a dichos problemas, términos como *timidez, retraimiento social, inhibición, introversión, aislamiento, falta de asertividad, soledad*, etc. Estos términos se suelen utilizar de forma bastante arbitraria; a veces constituyen sinónimos y otras veces aluden a fenómenos diferentes. Lo cierto es que este panorama ha supuesto una notable confusión en la bibliografía especializada y en los planteamientos del tema. En el presente capítulo utilizaremos los términos **timidez** y **retraimiento social** de forma indistinta para referirnos a "aquellos niños y adolescentes que habitualmente se relacionan poco con otros niños y lo hacen, además, con temor y recelo, por lo que con frecuencia suelen evitar el contacto social". Tratando de acotar más específicamente este concepto, en el cuadro 5.1 se presentan algunas características descriptivas del niño tímido.

Cuadro 5.1. Perfil conductual del niño tímido.

Respuestas motoras: ¿qué hace o dice?, ¿qué deja de hacer?

- Deficiencia o inadecuación de las habilidades sociales.
- Exceso de conductas solitarias e inactividad.
- Respuestas de evitación y escape en situaciones interpersonales.

Respuestas cognitivas: ¿qué piensa?, ¿qué se dice a sí mismo?, ¿qué imagina?

- Pensamientos negativos.
- Autoverbalizaciones negativas.
- Autoconciencia excesiva y desatención hacia las otras personas.

Respuestas emocionales: ¿qué siente?, ¿qué sensaciones corporales experimenta?

- Autoestima y autovaloración negativas.
- Ansiedad y temor social.
- Emociones negativas
- Sensaciones corporales de incomodidad y malestar

Para tener un concepto más claro de lo que significa la timidez es importante considerar cuatro aspectos que tienen que ver con la conducta tímida y retraída:

1. *El niño tímido se relaciona poco con otros niños y niñas.* Tiene escasa interacción social y se relaciona menos de lo que es habitual en los niños de su edad; en general tiene pocos amigos. Se relaciona también poco con los adultos, especialmente cuando son desconocidos o le resultan poco familiares. En este punto conviene poner de relieve que el niño tímido es poco sociable, pero sí le gustaría serlo y poder estar con otros; le encantaría relacionarse más y con más soltura y espontaneidad, justamente como lo hacen sus colegas. El niño tímido está impulsado a aproximarse a otros, quiere jugar, charlar y estar con sus compañeros, pero esta tendencia es inhibida por otra tendencia de evitación de las situaciones interpersonales.

Generalmente presenta déficit o carencia de conductas de interacción con compañeros y adultos: no participa ni pregunta en clase, no inicia ni mantiene conversaciones con otros niños, no saluda a los vecinos, no se integra en actividades de grupo, etc. La timidez está asociada a una escasa habilidad social; los niños socialmente retraídos presentan déficits notables en habilidades sociales. Junto a ello, se constata un exceso de conductas de ensimismamiento, inactividad, pasividad, indecisión, inseguridad, lentitud, sumisión e inhibición. Son niños que permanecen en soledad, aislados y apartados.

2. *El niño tímido se relaciona con temor y recelo.* Los niños tímidos no disfrutan de los contactos sociales y eso se les nota, ya que cuando están con gente están incómodos, pasan apuros, se muestran vergonzosos, inseguros, nerviosos, se ruborizan, sudan y tartamudean. Pero, ¿a qué temen los niños tímidos? Temen a las otras personas, a las que ven como un peligro y como una amenaza. Se han identificado dos clases de miedos: a los desconocidos y a la evaluación social. El miedo a los desconocidos se refiere a inhibición y retraimiento cuando aparece una persona extraña en una situación no habitual. El miedo a la evaluación social se refiere a un temor a ser evaluado negativamente por las demás personas, fundamentalmente las conocidas en determinadas situaciones interpersonales (por ejemplo, expresar una opinión, hacer una pregunta, exponer en clase, leer en voz alta, responder ante un grupo, etc.). Cuando se encuentra con otros, el niño tímido está tan ansioso que dicha ansiedad interfiere y entorpece su actuación.

3. *El niño tímido tiende a evitar los contactos interpersonales y las situaciones sociales.* Como sufre cuando está con la gente, se retrae, se aísla y procura evitar el contacto social para librarse y eludir el malestar, la incomodidad y el sufrimiento que padece en las situaciones interpersonales y, por eso, prefiere estar solo. Además, como experimenta fracaso en situaciones sociales, las evita en lo sucesivo.

4. *El niño tímido actúa habitualmente de esta manera.* No es que el niño tímido se inhiba o se retraiga ocasional o esporádicamente, sino que eso ocurre de forma bastante estable y generalizada, en muchas situaciones, con bastantes personas con más frecuencia y con mayor intensidad y duración que lo que es habitual en el grupo de edad. En el cuadro 5.2 se presenta un listado ilustrativo de conductas de niños tímidos; en el mismo se pueden apreciar algunas de las manifestaciones apuntadas.

Cuadro 5.2. Descripciones conductuales de niños tímidos.

- Juega solo(a) con la arena o con el agua de la fuente.
- Durante el recreo permanece solo(a), sentado en un banco, alejado de los otros niños.
- No inicia una conversación.
- No se sienta al lado de un niño desconocido.
- Evita mirar a los ojos de la persona con la que habla.

Cuadro 5.2. (*Continuación.*)

- Le sudan las manos cuando está trabajando en grupo.
- Tartamudea cuando se le pregunta algo.
- Le cuesta trabajo decidirse y siempre está inseguro(a).
- No aporta ideas para el juego.
- Es muy sumiso; siempre hace lo que dicen los demás sin poner quejas.
- Es muy callado(a) y sólo habla a personas con las que tiene confianza.
- Nunca tiene la iniciativa para hablar; si no te diriges a él/ella, no dice nada.
- Contesta sólo si le preguntan y lo hace con monosílabos.
- Se pasa el recreo merodeando por el patio.
- Habla muy bajo; apenas se le oye.
- No le gusta ser el centro de atención.
- Se restriega las manos, se pisa los pies, suda, no levanta la mirada.
- Con los adultos, sus relaciones suelen ser muy dependientes.
- Cuando llega una visita a casa, se mete en su habitación y no sale hasta que se hayan ido.
- Suele mostrarse apático(a) y pasivo(a).
- Los padres le prometieron una bicicleta de montaña si pasaba voluntariamente al pizarrón, y no logró el premio.
- Días antes de un examen oral, empieza con problemas (vómitos, dolores de cabeza, etc.).
- Cuando pasa al pizarrón se pone tan nervioso(a) que se bloquea y no es capaz de razonar.
- En la representación de Navidad eligió el papel de "estrella" para no tener que decir nada.
- No expresa sus opiniones en el grupo. Si se le pregunta directamente, dice "Opino como..." (un compañero que habló antes que él/ella).
- Se sienta hacia el final de la clase solo(a) en una mesa, dejando alguna mesa vacía entre él y los otros compañeros.
- Si tiene dudas o dificultades en el trabajo escolar, no pregunta ni a la profesora ni a los compañeros.
- Los compañeros se aprovechan de su trabajo y él/ella no protesta.
- No se atreve a negarse a las cosas que le piden los compañeros.
- En el recreo, juega solo con un balón dando patadas contra una pared o tirando hacia una canasta rota en la que nadie juega.
- Los compañeros se meten con él/ella y se ríen de él/ella y no sabe cómo defenderse.
- Pasa inadvertido(a); si no viene a clase ni se dan cuenta el resto de sus compañeros.
- Pone pretextos para no salir al recreo.
- Puede no enterarse de la clase porque está todo el tiempo pensando en que la profesora no le pregunte, que no lo mire, que no diga nada sobre él.
- Es muy obediente; cuando la profesora da indicaciones para iniciar una actividad, él/ella es el/la primero(a) en acatarla.

- No se relaciona con los demás ni pelea para tomar el juguete que le gusta; espera a tomar los que no quiere nadie.
- Cuando algo le sale bien, piensa que ha tenido suerte; cuando algo le sale mal, cree firmemente que ha sido por su culpa.
- No se defiende cuando algún niño lo agrede.
- Le gusta estar con la maestra; en los recreos está cerca de ella.
- Llora fácilmente por cualquier cosa.
- Sólo se dirige a la maestra cuando necesita algo.
- Nunca dice a qué sitios quiere ir o qué quiere hacer.
- No se atreve a decir nada a las chicas; cuando se le acerca una, tartamudea y no sabe qué hacer; los compañeros provocan estas situaciones para reírse de él.
- No se atreve a pedir lo que necesita.

Antecedentes y determinantes

En muchos casos, las familias y los profesionales que tienen relación con los niños tímidos se plantean cuestiones como las siguientes: ¿por qué se es tímido?, ¿a qué se debe que mi hijo tenga miedo a relacionarse con sus iguales?, ¿por qué mi hija es tan tímida y mi hijo no lo es si educamos igual a los dos?, ¿se nace tímido o se aprende a comportarse como tímido? La respuesta a estas preguntas es difícil ya que la etiología de la timidez es un tema complejo que no está totalmente clarificado. Las teorías que pretenden explicar las causas y los orígenes de la timidez se diferencian en dos grupos: las que defienden que se nace tímido, lo que supone predisposición heredada, y aquellas otras que propugnan que se aprende a ser tímido, lo que implica al contexto interpersonal en el que se vive. Sin embargo, el estado actual de conocimientos nos lleva a apuntar hacia una multicausalidad de la timidez. Podemos hablar, por una parte, de factores de predisposición, que son elementos con los que nace el niño y que favorecen el desarrollo de la conducta tímida y retraída (por ejemplo, el factor temperamental de la inhibición conductual) y, por la otra, de acontecimientos ambientales, como pueden ser las distintas formas de aprendizaje (por ejemplo, experiencia directa, modelado o aprendizaje por observación, información o instrucción). Enseguida se describen brevemente algunos aspectos ambientales que contribuyen al desarrollo, mantenimiento y/o fortalecimiento de este tipo de comportamiento:

Refuerzo positivo. Las respuestas de timidez son directamente recompensadas. El niño obtiene refuerzo y recibe atención por su conducta tímida.

Ignorancia de las respuestas adecuadas de interacción. Cuando el niño hace o dice algo adecuado y socialmente competente y las personas con las que está no hacen ni dicen algo positivo, esa conducta no sólo no se fortalece, sino que es probable que se extinga.

Castigo de las conductas de interacción adecuada. En algunos casos, cuando se producen, las interacciones son castigadas; por ejemplo, van seguidas de burlas, humillaciones, reprimendas, amenazas, etc. Patricia, una niña muy inhibida, se atreve a participar en el debate de grupo, pero tartamudea y se equivoca y todos sus compañeros sueltan una carcajada.

Observación de modelos tímidos e inhibidos. La conducta tímida se explica por exposición a modelos tímidos y retraídos junto con carencia de modelos sociales asertivos y seguros. Hay que señalar que en algunos casos se juzga como heredado algo que se ha adquirido por observación continua y repetida de los padres y otras figuras significativas (hermanas, compañeros, etc.). Un padre que afirma de su hijo tímido "Le viene de familia; es idéntico a mí", no aprecia que a lo largo de los cinco años de vida de su hijo le ha estado mostrando conductas como: no salir de casa con amigos, recibir a poca gente en casa, no expresar sentimientos, decir cosas como: "Ya te decía yo que no jugaras con los niños, que son muy malos y te pegan."

Asociación de situaciones interpersonales con la ansiedad y el temor. Determinadas situaciones interpersonales (por ejemplo, hablar en público), por un mecanismo de condicionamiento clásico, se asocian con sensaciones desagradables, como ansiedad, malestar, temor, incomodidad, etc., con lo que el niño llega a temer esas situaciones. Esto dará lugar a las respuestas de escape o de evitación. La ansiedad social y el fracaso que el niño experimenta en las situaciones interpersonales lo impulsan a evitar dichas situaciones. Esto contribuye a que el niño se pierda, se prive de los beneficios de las relaciones entre iguales. Si, además, actúa en la situación interpersonal y fracasa, aumentará su ansiedad social.

Refuerzo negativo. Este mecanismo explica el mantenimiento de las respuestas de evitación. La ansiedad que el niño tímido experimenta en las situaciones interpersonales se reduce por la evitación o escape del estímulo desagradable. El niño escapa o evita situaciones sociales que le resultan incómodas y amenazantes, evitando iniciar o responder a contactos interpersonales, reforzando negativamente las conductas de aislamiento. Por ejemplo, quedarse en casa, en vez de bajar al parque, se refuerza porque se evita el estar con los otros niños y niñas con los que anticipa se va a encontrar a disgusto. El niño se aísla y se retrae porque la evitación de la ansiedad asociada con la relación interpersonal se convierte en refuerzo negativo; no relacionarse es un alivio.

Consecuencias

Como venimos comentando, la timidez en las edades infantil y adolescente es, en sí misma, un problema que entorpece el desarrollo normal. Está asociada, y aparece en conjunción, con muy diversas dificultades que hacen sufrir al niño o la niña que la padece, como son la baja competencia interpersonal, los pensamientos distorsionados, dificultades interpersonales y diversos trastornos en el desarrollo emocional (baja autoestima, inseguridad, ansiedad, soledad, etc.).

La creencia, bastante generalizada, de que la conducta socialmente inhibida en la infancia es algo temporal que pasará y mejorará con el tiempo y la edad ["Es muy vergonzoso(a), pero ya se le pasará cuando crezca"], es una creencia infundada que ha de abandonarse porque no se sustenta con argumentos científicos. Más bien al contrario, la evidencia empírica acumulada en los últimos años afirma que la timidez es bastante estable a lo largo de la infancia y adolescencia, y que existe cierta continuidad de la timidez desde la primera infancia hasta edades posteriores. Parece que si el problema de timidez no se identifica y detecta precozmente, puede desarrollarse y estabilizarse de forma que el pronóstico es negativo y preocupante. Si no se hace nada para evitarlo, hay mucha probabilidad de que el niño tímido será un adolescente tímido y llegue a ser un adulto con problemas emocionales.

A continuación se presentan algunos riesgos que corren los niños tímidos. Conviene matizar y poner de relieve en este punto que la timidez puede ser vista como causa, origen o factor desencadenante de otros problemas; por ejemplo, el niño tímido se convierte en el blanco perfecto de burlas e intimidaciones de un grupo de compañeros de la clase, pero, como consecuencia también de otras peculiaridades o dificultades (por ejemplo, es de otra etnia, no habla el idioma), los compañeros no le aceptan y empieza a retraerse y a inhibirse cuando está con ellos.

Problemas de aceptación social: ignorancia, rechazo y/o exclusión social

Se entiende la aceptación social como el grado en que un niño es querido, valorado y apreciado en su grupo de iguales y, a este respecto, se diferencian cinco grupos sociométricos: aceptados, rechazados, ignorados, controvertidos y medios. Los niños con conducta tímida suelen tener baja aceptación social entre sus compañeros, ya que son ignorados o rechazados por ellos. ¿Por qué se llega a ignorar o rechazar a un niño tímido? Las conductas de los tímidos influyen negativamente en la percepción que los otros tienen de ellos; los ven como incompetentes, poco amigables y menos atrayentes. Sus conductas, expresión de la timidez (tartamudear, indecisión, eludir la mirada, etc.), no son reforzantes para los otros; más bien al contrario, se convierten en aversivas. Los niños tímidos se perciben como aburridos, pesados y difíciles de aguantar por los demás. Así queda patente en las justificaciones del rechazo o no aceptación que dan algunos niños: "Es muy tímida"; "es muy tonto y no habla con nadie"; "se corta mucho y te sientes mal cuando le ves tan nervioso"; "es muy aburrido".

Acoso entre iguales o acoso escolar (*bullying*)

Hablamos de "acoso entre iguales" o "acoso escolar" (*bullying)* cuando un chico, o un grupo, pega, intimida, insulta, humilla, excluye, molesta, ignora, pone en ridículo, desprestigia, rechaza, abusa sexualmente, amenaza, se burla, aísla, chantajea, tiraniza, etc., a otro chico, de forma repetida y durante un tiempo prolongado, y lo hace con intención de hacer daño. Es el maltrato físico, psicológico, sexual o social sistemático de un chico hacia otro. Un intimidador (con fuerza física y/o poder psicológico), sin ninguna razón, se mete con un chico o una chica más débil (física o psicológicamente) y, además, lo hace reiteradamente y nadie de los que lo observan dice o hace nada para evitarlo, cortarlo o pararlo. Por tanto, el acoso escolar no es un conflicto o problema entre iguales (un enfado, una divergencia, una faena), ni una broma (esconderle la mochila, mandarle un anónimo), ni una agresión esporádica (una pelea, un robo), sino algo mucho más serio, porque se refiere a una relación de abuso de poder continuada entre el acosador y la víctima. A este respecto, las investigaciones que se están realizando sobre el acoso escolar aportan los siguientes datos:

a) La timidez es una característica definitoria del perfil de las víctimas puras, que son niños socialmente aislados, retraídos, ansiosos, inseguros, inhibidos y con una visión negativa de sí mismos y de su situación.
b) Los agresores en ocasiones señalan alguna de las manifestaciones de la conducta tímida y ansiosa (temblar, asustarse, permanecer solo en el recreo) como uno de los "disparadores" del inicio de la intimidación.
c) Entre las acciones que hace el intimidador muchas tienen un matiz interpersonal, como es el caso de las siguientes: exclusión grupal deliberada del grupo de compañeros, aislamiento social,

manipular las relaciones de amistad, hablar mal, difamar y crear rumores en torno a la víctima.

Muchos de estos aspectos corresponden con el perfil conductual de la timidez; por eso, es preciso estar muy atentos, ya que los niños tímidos se convierten en blanco fácil para los intimidadores por su escasa seguridad personal y su carencia de redes de apoyo social, puesto que no son fuertes ni tienen amigos.

Maltrato infantil y abuso sexual

Las investigaciones realizadas en los últimos tiempos señalan una cierta asociación entre timidez, por una parte, y maltrato infantil y abuso sexual, por la otra, aunque es importante matizar que, frecuentemente, no está claro el sentido de la relación ya que, por ejemplo, en el abuso sexual se encuentra que: *a*) las niñas y niños tímidos son más fácilmente víctimas de abuso, ya que su perfil conductual los convierte en víctimas fáciles, calladas, con escasa red de relaciones sociales, poco asertivos, pobres habilidades de petición de ayuda y de comunicación de sentimientos; *b*) dos de los síntomas del niño maltratado y/o víctima de abuso sexual son el aislamiento social y la introversión, de forma que un retraimiento marcado puede ser consecuencia e indicador de abuso sexual.

¿Bajo rendimiento escolar?

Aunque no se dispone de apoyo empírico, parece que existe la sospecha de que el rendimiento escolar de los niños tímidos es inferior al de sus compañeros y, a la larga, pueden llegar a presentar problemas académicos. No resulta difícil entender esto, ya que un niño ansioso y temeroso puede tener dificultades para concentrarse y no está en buenas condiciones para aprender; el niño tímido se enfrenta a la tarea escolar con tal nivel de ansiedad, que posiblemente el aprendizaje sea nulo. Sin embargo, puede ocurrir también que el niño o adolescente tímido vea en los aspectos escolares una forma de destacar y ser reforzado, con lo que se centre más en los estudios y mejore su rendimiento escolar. En este caso, se incrementarían sus calificaciones escolares como mecanismo de compensación a sus dificultades interpersonales.

Conductas desadaptadas en la adolescencia

La timidez, principalmente en la edad adolescente, puede aparecer relacionada con diversas conductas desadaptadas, de las que son muestra el abuso de sustancias psicoactivas (por ejemplo, alcohol, otras drogas, etc.), conducta antisocial grupal y abuso o adicción a las nuevas tecnologías. Las chicas y chicos jóvenes, con problemas de timidez, pueden llegar a utilizar el alcohol o las drogas como elemento que les ayuda a desinhibirse y como ayuda para afrontar las situaciones interpersonales temidas. En algunas casos el aislamiento y el retraimiento social han demostrado ser buenos pronosticadores de alteraciones posteriores, como fenómenos de pandillismo, conducta antisocial grupal e incluso delincuencia juvenil. Una razón explicativa puede ser que el joven que no es asertivo tiene más dificultades para resistirse a las múltiples presiones del grupo de iguales y acaba participando en actividades antisociales y asociales casi sin haberse enterado. Otras veces resulta ser el chivo expiatorio de lo que hacen otros. Además, en los últimos tiempos, con la irrupción de las nuevas tecnologías en la vida cotidiana, los niños y adolescentes tímidos pueden ver reducidas sus dificultades en las relaciones interpersonales *online* comparadas con las relaciones interpersonales cara a cara; por ello, hay un riesgo de que los sujetos tímidos *se enganchen* y abusen o se hagan adictos a programas como el *messenger*, foros, *chat*s y otros formatos basados en Internet en los que encuentren una mayor facilidad para hacer "ciber-relaciones" y encontrar "ciber-amigos".

Consecuencias futuras de la timidez

La conducta de timidez no sólo es indicativa de problemas actuales sino que, si no se interviene de forma preventiva o correctora, puede conllevar futuros trastornos y problemas psicopatológicos en la juventud y en la vida adulta, principalmente problemas socioemocionales de naturaleza interiorizada, como son los problemas emocionales, los problemas de personalidad, la ansiedad social, la depresión y la fobia social. Por tanto, pudiera existir un lazo entre retraimiento social en la infancia y dificultades interiorizadas posteriores.

EVALUACIÓN DE LA TIMIDEZ Y EL RETRAIMIENTO SOCIAL

Las principales formas de obtener información y datos para identificar y determinar si un niño es tímido y evaluar aspectos más concretos de su conducta interpersonal son:

a) Preguntar a las personas que lo conocen e interactúan con él. Estas personas son los iguales (sus compañeros, hermanos y amigos) y los adultos (fundamentalmente padres, profesores y educadores).
b) Observación directa de su conducta de relación.
c) Preguntar a él mismo sobre sus relaciones interpersonales

Por tanto, para la identificación y evaluación de los niños tímidos y socialmente retraídos proponemos que se utilicen de forma combinada: diversas fuentes de información, diversos evaluadores (padres, profesores e iguales), diversos procedimientos e instrumentos de evaluación (heteroinformes o informes de otras personas, observación directa y autoinformes) y diferentes contextos (colegio y casa). Recomendamos los siguientes procedimientos para su utilización por profesorado y padres:

1. Información y evaluación de los iguales.
2. Información y evaluación de los adultos.
3. Observación directa.
4. Autoinformación. Sin duda el análisis detallado de todos estos aspectos es complejo y excedería la intención del presente trabajo; por ello, el lector interesado en profundizar y ampliar en estos temas puede consultar las lecturas recomendadas al final del capítulo.

Información y evaluación por los iguales

En el proceso de evaluación se incluye a los iguales como una fuente de información muy importante, ya que los compañeros basan sus opiniones en numerosas experiencias de interacción con el niño tímido.

Las estrategias de información y valoración de los iguales se denominan **procedimientos sociométricos** y evalúan y describen la amistad, la simpatía y la atracción interpersonal entre los miembros de un grupo. Proporcionan información sobre lo querido, aceptado o rechazado que es un niño por sus iguales. Los que se utilizan más frecuentemente en la evaluación de la competencia social con niños son nominación por los iguales y técnica del "adivina quién".

Nominación por los iguales

El procedimiento básico consiste en preguntar a los niños sobre sus amigos o compañeros preferidos dentro del grupo. Se pide a los niños que elijan (nominación positiva) o rechacen (nominación negativa) un predeterminado número de compañeros (generalmente tres o cinco) de acuerdo con un criterio determinado, como mejores amigos o hacer un trabajo juntos. Ejemplos de preguntas que se pueden utilizar en un procedimiento de nominación son: ¿con qué niño o con qué niña de esta clase te gusta más jugar?, ¿con qué niño o con qué niña de esta clase te gusta menos jugar? La profesora te manda hacer un trabajo y tú no sabes hacerlo: ¿a qué niño o a qué niña de esta clase pedirías ayuda para hacer el trabajo? Imagina que tienes un problema personal íntimo y muy importante, ¿a qué compañero de este grupo se lo contarías?, ¿a qué compañero no se lo contarías?

Este procedimiento nos permite obtener los siguientes datos:

- **Estatus de elecciones.** Es el número de elecciones que recibe cada niño.
- **Estatus de rechazos.** Es el número de rechazos que recibe cada niño.
- **Preferencia social.** Se calcula restando el número de rechazos del número de elecciones. Puede ser positiva o negativa. Cuanto más alto es el valor, mayor es el grado de aceptación.
- **Impacto social.** Se calcula sumando el número de elecciones más el número de rechazos. Muestra el grado relativo en el que una persona es vista tanto positiva como negativamente en el grupo. Cuanto más alto es el valor, mayor grado de presencia en el grupo.

Los niños bien aceptados y populares reciben muchas elecciones y pocos o ningún rechazo. Los niños rechazados reciben pocas o ninguna elección y muchos rechazos. Los niños tímidos suelen ser poco elegidos por los iguales; tampoco son muy rechazados, aunque si su situación retraída permanece durante años, llegan a resultar aversivos e incómodos para sus compañeros que acaban rechazándolos. Su "preferencia social" en el grupo suele ser baja y, en algunos casos, ligeramente negativa. Su "impacto social" es bajo.

Técnica del "adivina quién"

En esta técnica cada alumno escribe o dice el nombre del niño o la niña que mejor responde a cada una de las descripciones de una lista, escrita o verbal, de ítems que describen determinadas conductas (positivas y/o negativas). Son ejemplos de descripciones las siguientes:

- Adivina qué niño o niña está siempre solo(a) durante el recreo.
- Adivina quién tiene muchos amigos y amigas.

- Adivina qué niño o niña de esta clase se pone nervioso cuando le preguntan en clase.
- Adivina a qué niño o niña le da mucha vergüenza pasar al pizarrón.
- Adivina quién teme a los demás compañeros y compañeras.
- Adivina quién se pone colorado y tartamudea cuando habla en público.
- Adivina quién es simpático(a).
- Adivina quién es demasiado tímido(a) para hacer amigos.
- Adivina quién es el niño(a) de esta clase al que todos quieren.

Información y evaluación por los adultos

Los procedimientos de información aplicados por los profesores y por los padres son bastante utilizados, ya que son fáciles de aplicar y analizar y proporcionan información socialmente válida. Los profesores son agentes sociales muy significativos y relevantes del entorno interpersonal del niño; pasan mucho tiempo con los alumnos y observan comportamientos habituales junto a otros que son infrecuentes, pero muy significativos. Los padres, por su parte, tienen mucha información relevante de sus hijos obtenida en una gran variedad de situaciones.

Para recabar información por medio de los adultos proponemos la utilización del "Cuestionario de Habilidades de Interacción Social (CHIS)". Este cuestionario consta de 60 ítems (véase cuadro 5.3) que describen conductas interpersonales adecuadas y positivas. Los ítems se refieren a los contenidos del "Programa de Enseñanza de Habilidades de Interacción Social (PEHIS)" desarrollado por los autores.

Cuadro 5.3. Ítems del Cuestionario de Habilidades de Interacción Social (CHIS).

1. Responde adecuadamente a las emociones y sentimientos agradables y positivos de los demás (felicitaciones, alegría, etc.).
2. Saluda de modo adecuado a otras personas.
3. Cuando tiene un problema con otros(as) niños(as), evalúa los resultados obtenidos después de poner en práctica la alternativa de solución elegida.
4. Resuelve los conflictos interpersonales que se le plantean con los adultos.
5. Responde correctamente a las peticiones, sugerencias y demandas de los adultos.
6. Defiende y reclama sus derechos ante los demás.
7. Expresa y defiende adecuadamente sus opiniones.
8. Se dice a sí mismo cosas positivas.

Cuadro 5.3. (*Continuación.*)

9. Hace elogios, alabanzas y dice cosas positivas y agradables a los adultos.
10. Ante un problema con otros(as) chicos(as), elige una alternativa de solución efectiva y justa para las personas implicadas.
11. Responde adecuadamente cuando otros niños y niñas se dirigen a él/ella de modo amable y cortés.
12. Responde adecuadamente cuando otro(a) niño(a) quiere entrar en la conversación que él/ella mantiene con otros(as).
13. Pide ayuda a otras personas cuando lo necesita.
14. Responde adecuadamente cuando las personas con las que está hablando finalizan la conversación.
15. Hace elogios, cumplidos, alabanzas y dice cosas positivas a otras personas.
16. Responde correctamente cuando otro(a) niño(a) le invita a jugar o a hacer alguna actividad con él/ella.
17. Responde adecuadamente cuando las personas mayores se dirigen a él/ella de modo amable y cortés.
18. Cuando tiene un problema interpersonal con un adulto, se pone en el lugar de la otra persona y trata de solucionarlo.
19. Cuando tiene un problema con otros niños y niñas, se pone en el lugar de la(s) otra(s) persona(s) y produce alternativas de solución.
20. Se ríe con otras personas cuando es oportuno.
21. Comparte lo propio con los otros niños y niñas.
22. Mantiene conversaciones con los adultos.
23. Cuando conversa con otra persona, escucha lo que se le dice, responde lo que se le pregunta y expresa lo que él/ella piensa y siente.
24. Expresa adecuadamente a los demás sus emociones y sentimientos agradables y positivos (alegría, felicidad, placer, etc.).
25. Cuando tiene un conflicto con otros niños y niñas, planifica la puesta en práctica de la solución elegida.
26. Coopera con otros(as) niños(as) en diversas actividades y juegos (participa, ofrece sugerencias, apoya, anima, etc.).
27. Hace peticiones, sugerencias y quejas a los adultos.
28. Presta ayuda a otros niños y niñas en distintas ocasiones.
29. Sonríe a los demás en las situaciones adecuadas.
30. Cuando tiene un problema con otros(as) niños(as), anticipa las probables consecuencias de sus propios actos.
31. Responde adecuadamente cuando otras personas le hacen alabanzas, elogios y cumplidos.
32. Responde adecuadamente cuando otros lo saludan.
33. Pide favores a otras personas cuando necesita algo.
34. Expresa adecuadamente a los demás sus emociones y sentimientos desagradables y negativos (tristeza, enfado, fracaso, etc.).
35. Inicia y termina conversaciones con adultos.
36. Cuando alaba y elogia a los adultos, es sincero y honesto.

37. Cuando se relaciona con los adultos, es cortés y amable.
38. Cuando charla con otros(as) niños(as), termina la conversación de modo adecuado.
39. Responde adecuadamente a las emociones y sentimientos desagradables y negativos de los demás (críticas, enfado, tristeza, etc.).
40. Se une a otros niños y niñas que están jugando o realizando una actividad.
41. Inicia juegos y otras actividades con otros niños y niñas.
42. Cuando tiene un problema con otros(as) niños(as), anticipa las probables consecuencias de los actos de los demás.
43. Inicia conversaciones con otros niños y niñas.
44. Ante un problema con otro(a) niño(a), busca y genera varias posibles soluciones.
45. Identifica los conflictos que se le presentan cuando se relaciona con otros(as) niños(as).
46. Cuando mantiene una conversación con otras personas participa activamente (cambia de tema, interviene en la conversación, etc.).
47. Expresa cosas positivas de sí mismo(a) ante otras personas.
48. Cuando conversa con un grupo de niños y niñas, participa de acuerdo con las normas establecidas.
49. Presenta a personas que no se conocen entre sí.
50. En sus relaciones con otros niños y niñas, pide las cosas por favor, dice gracias, se disculpa, etc., y muestra otras conductas de cortesía.
51. Cuando mantiene una conversación en grupo, interviene cuando es oportuno y lo hace de modo correcto.
52. Se presenta ante otras personas cuando es necesario.
53. Hace favores a otras personas en distintas ocasiones.
54. Cuando está tratando de solucionar una situación problemática que tiene con otros niños y niñas, evalúa las posibles soluciones para elegir la mejor.
55. Se une a la conversación que mantienen otros niños y niñas.
56. Responde de modo apropiado cuando otro(a) niño(a) quiere unirse con él/ella a jugar o a realizar una actividad.
57. Responde adecuadamente a la defensa que otras personas hacen de sus derechos (se pone en su lugar, actúa en consecuencia, etc.).
58. Responde adecuadamente cuando otro(a) niño(a) quiere iniciar una conversación con él/ella.
59. Expresa desacuerdo y disiente con otros.
60. Cuando tiene un problema con otros niños y niñas, identifica las causas que lo motivaron.

El adulto ha de señalar, en una escala tipo Likert de cinco puntos (nunca, casi nunca, bastantes veces, casi siempre, siempre), la frecuencia de emisión de cada comportamiento. Se obtienen datos de la competencia social general (cómputo total de todos los ítems) y de seis subescalas (cómputo en los siguientes ítems):

1. Habilidades sociales básicas (ítems 2, 11, 20, 29, 32, 33, 49, 50, 52, 53).
2. Habilidades para hacer amigos y amigas (ítems 13, 15, 16, 21, 26, 28, 31, 40, 41, 56).
3. Habilidades para conversar (ítems 12, 14, 23, 38, 43, 46, 48, 51, 55, 58).
4. Habilidades relacionadas con emociones y sentimientos (ítems 1, 6, 7, 8, 24, 34, 39, 47, 57, 59).
5. Habilidades de solución de problemas interpersonales (ítems 3, 10, 19, 25, 30, 42, 44, 45, 54, 60).
6. Habilidades de relación con los adultos (ítems 4, 5, 9, 17, 18, 22, 27, 35, 36, 37).

Para la interpretación de los resultados hay que tener en cuenta que las puntuaciones altas indican alto nivel de habilidades sociales, mientras que las bajas denotan déficit en la conducta interpersonal. Los niños tímidos suelen obtener bajas puntuaciones.

Puede utilizarse también la *Batería de Socialización para Profesores* (*BAS-1*) *y para Padres* (*BAS-2*) (Silva y Martorell, 1983). Esta batería está compuesta por un conjunto de escalas de estimación (con cuatro categorías de respuesta) y se encuentra diseñada para evaluar la socialización de niños y adolescentes en ambientes escolares y extraescolares, teniendo dos versiones, una para profesorado y otra para padres. Ambas comprenden siete escalas, cuatro que evalúan aspectos positivos o facilitadores de la socialización (liderazgo, jovialidad, sensibilidad social y respeto-autocontrol social) y tres que se ocupan de aspectos negativos, perturbadores e inhibidores de la socialización (agresividad-terquedad, apatía-retraimiento y ansiedad-timidez). También dispone de una Escala Criterial de Socialización que permite constatar el grado de adaptación social general. Para la evaluación de la timidez interesa resaltar las siguientes escalas:

- Apatía-retraimiento. Consta de 19 elementos y aprecia el retraimiento social, la introversión y, en casos extremos, un claro aislamiento. Presenta otros contenidos relacionados con la torpeza, la falta de energía e iniciativa (apatía) y, en grados extremos, el grado de depresión en su vertiente asténica.
- Ansiedad-timidez. Consta de 12 elementos y mide varios aspectos relacionados con la ansiedad (miedo, nerviosismo) y relacionados con la timidez (apocamiento, vergüenza) en las relaciones sociales.

Observación directa

Este procedimiento consiste en el registro de la frecuencia, duración y/o calidad de determinadas conductas y habilidades sociales realizadas por el niño o niña en los contextos naturales donde espontáneamente se producen. En nuestras investigaciones con niños y niñas en contextos escolares hemos utilizado el *Código de Observación de la Interacción Social (COIS),* que es un sistema codificado de observación directa en el que se registran las interacciones que se producen en situaciones espontáneas y no estructuradas (por ejemplo, el recreo). Permite la observación y el registro no sólo de la frecuencia de las interacciones del niño, sino también de algunos aspectos cualitativos de esa interacción. Considera un total de 15 categorías de observación (véase cuadro 5.4), de las que siete corresponden al tipo de interacción (tres relativas a conductas no interactivas y cuatro a conductas interactivas). Las otras ocho categorías explicitan la calidad de la interacción y corresponden a: modalidad de la interacción (iniciación o respuesta), con quién se produce la interacción (adulto o niño y, en este caso, si es individual o en grupo) y el modo de la interacción (verbal, física o mixta).

Cuadro 5.4. Categorías de observación del *Código de Observación de la Interacción Social* (COIS).

A. Categorías no interactivas:

1. Permanece solo en inactividad.
2. Permanece solo en actividad.
3. Permanece solo como espectador.

B. Categorías interactivas:

- Tipo de interacción

4. Interacción cooperativa.
5. Interacción social positiva.
6. Interacción agresiva.
7. Interacción social negativa.

- Modalidad de interacción

8. Iniciación.
9. Respuesta.

- Con quién se produce la interacción

10. Niño individual.
11. Niño en grupo.
12. Adulto.

- Modo de interacción

13. Verbal.
14. Física.
15. Mixta.

Los principales datos que pueden obtenerse mediante este código de observación son: frecuencia y porcentaje de comportamiento no-interactivo, frecuencia y porcentaje de comportamiento interactivo, frecuencia y porcentaje de comportamiento social positivo, frecuencia y porcentaje de comportamiento social negativo, frecuencia y porcentaje de interacciones cooperativas, frecuencia y porcentaje de interacciones agresivas, tasa de iniciaciones, tasa de respuestas, interacciones con adultos, con niños, interacciones verbales, físicas y mixtas.

Debido a que en determinadas situaciones, y sobre todo al considerar la conducta tímida, no es posible esperar a que se produzca el comportamiento en el contexto natural, algunos investigadores *artificialmente* provocan una situación natural. Por ejemplo, para evaluar la habilidad de participar en conversaciones o de compartir juguetes en una situación de juego, se deja al niño-objetivo que juegue solo con determinados juguetes y, pasado un tiempo, se dice a otro(s) niño(s) que se acerque(n), inicien una conversación y juegue(n) con los juguetes de forma que se puedan observar las habilidades-objetivo en el niño tímido.

Un procedimiento de observación directa que en los últimos tiempos se utiliza profusamente es la **videografía**, lo que supone filmar la conducta interactiva para posteriormente analizarla y evaluarla. A pesar de las dificultades que conlleva esta estrategia (reactividad ante la cámara, se necesitan aparatos), tiene ventajas innegables que aconsejan su utilización (permite el retroceso de la imagen, puede ser visualizado repetidamente, etc.).

Autoinformación

Los procedimientos que utilizan la información, la observación, la descripción y la valoración que hace el sujeto de su propio comportamiento interpersonal han recibido muy poca atención en la evaluación de niños, ya que, sobre todo cuando son pequeños o con problemas, presentan especiales dificultades a la hora de autoinformar de sus pensamientos, sentimientos o acciones. No obstante, consideramos de interés tener en cuenta los siguientes: autoinformes, entrevista y autoobservación y autorregistro.

Autoinformes

Los autoinformes generalmente consisten en una serie de preguntas o descripciones de conductas o pensamientos referidas a diversos aspectos de la interacción social. El sujeto debe responder según las instrucciones, en el sentido del acuerdo o desacuerdo y de la frecuencia de su conducta.

Aunque los autoinformes han recibido muchas críticas debido a que presentan numerosas limitaciones y problemas (carencia de confiabilidad y de validez, subjetividad y percepción errónea de la propia conducta interpersonal, sesgo del recuerdo, porque sólo se recuerda lo favorable o sólo lo desfavorable, y deseabilidad social, porque contestan lo que piensan que deben hacer, pensar o decir en vez de lo que hacen, piensan o dicen en realidad), aconsejamos su utilización teniendo siempre presentes estas limitaciones, ya que nos informan sobre el malestar o ansiedad que padece el niño en determinadas situaciones sociales, el conocimiento de las habilidades sociales y la autopercepción del niño sobre esos aspectos.

En nuestro trabajo con niños y adolescentes utilizamos una versión tipo autoinforme del *Cuestionario de Habilidades de Interacción Social* (CHIS), descrito en el apartado de información y evaluación por los adultos. En este caso los ítems están redactados en primera persona. Estamos elaborando también un instrumento de autoinforme para evaluar la ansiedad social en niños de nueve a 14 años, denominado *Cuestionario de Interacción Social para Niños* (CISO-N) (véase Caballo *et al.*, 2007, para mayor información sobre dicho instrumento).

Entrevista al niño

En la entrevista al niño, éste informa de su conducta interpersonal y de los afectos y cogniciones asociados a ella. La principal ventaja de la entrevista es su utilidad para hacer un análisis funcional e identificar antecedentes y consecuentes de comportamientos interpersonales específicos. Hay que tener en cuenta también que proporciona un medio privilegiado de obtener información por autoinforme y para evaluar las variables cognitivas que pueden mediar los déficits de actuación observados.

A través de la entrevista se puede recabar información muy diversa; a título ilustrativo señalamos varios aspectos: la habilidad del niño para prestar atención al adulto, mantener el contacto ocular, escuchar, comunicar sus sentimientos, describir situaciones, traducir sus pensamientos en palabras, su vocabulario, su cualidad de voz, articulación, el tamaño de sus respuestas, la naturaleza del estado afectivo demostrado por el niño, si se le ve cómodo o no en una situación de interacción con un adulto, qué actividades realiza con otros niños que le gusten o le disgusten; quién es su mejor amigo (o sus mejores amigos) –si es que los tiene– y, en caso positivo, qué es lo que hacen juntos y por qué razones los considera sus mejores amigos; si se siente querido o ignorado por los demás, etc. Se aconseja también que el entrevistador tome nota del aspecto físico del niño, su forma de vestir y los modales que pueden influir negativamente en las relaciones sociales con sus iguales.

Autoobservación y autorregistro

El procedimiento de autoobservación y autorregistro consiste en que el propio niño observa y registra su propio comportamiento interactivo en situaciones naturales. Generalmente se utilizan como índices la frecuencia, la intensidad o la duración. Esta técnica, que es muy versátil y plástica, sirve tanto para la conducta manifiesta como para la encubierta (pensamientos, autoverbalizaciones) y es muy útil para enseñar al niño a identificar antecedentes y consecuentes de los comportamientos-objetivo. Por supuesto que con niños es preciso diseñar modelos de autoobservación y autorregistro muy sencillos y adaptados a las características de esta población. En los cuadros 5.5 y 5.6 proponemos dos ejemplos. En un caso se trata de la observación y registro semanal durante el tiempo de recreo de la frecuencia de dos conductas: hacer preguntas a los(as) compañeros(as) y responder las preguntas de otras personas (niños o adultos). En el segundo caso se trata de registrar la frecuencia de cinco conductas durante el fin de semana.

Cuadro 5.5. Ejemplo de autorregistro para el tiempo de recreo.

	Hacer preguntas a las compañeras y compañeros	*Responder las preguntas de otras personas (niños o adultos)*
Lunes		
Martes		
Miércoles		
Jueves		
Viernes		

Cuadro 5.6. Ejemplo de autorregistro para el fin de semana.

	1	2	3	4	5	6	7	8	9	10	11	12
Digo cosas positivas a los otros												
Doy mi opinión												
Saludo												
Aporto ideas en el juego												
Me digo cosas positivas a mí mismo												

Finalizamos el apartado sobre evaluación resaltando que la evaluación del niño tímido ha de ser un proceso en el que se consideran distintos momentos:

1. Identificación y evaluación inicial.
2. Planificación del programa de intervención.
3. Evaluación continua de la aplicación del programa.
4. Evaluación de los efectos de la intervención.

Así considerada, la evaluación se ha de llevar a cabo antes, durante y después del tratamiento.

PROGRAMA DE TRATAMIENTO DE LA TIMIDEZ Y EL RETRAIMIENTO SOCIAL

Para intervenir sobre la conducta de retraimiento social planteamos un programa de tratamiento multicomponente donde el principal elemento es el "entrenamiento en habilidades sociales", acompañado y completado con programas de autoestima y reducción de la ansiedad (cuando existe un componente alto de ansiedad). En este programa, que pretende ser una guía estructurada para la intervención en problemas de timidez, se incorporan las técnicas, contenidos y estrategias que en la investigación actual se han comprobado como más eficaces. Nuestro propósito es presentar un programa-marco estructurado, pero lo suficientemente flexible como para poder utilizarse en un amplio espectro de conductas de timidez y retraimiento social, haciendo pequeños ajustes y modificaciones. Trataremos de sintetizar aquí los conceptos principales, indicando que los lectores interesados en los aspectos concretos de intervención encontrarán más información en las lecturas recomendadas incluidas al final de este capítulo. Es preciso hacer constar que, como hemos señalado en la introducción, nos centramos en problemas de timidez no extrema; para los casos graves recomendamos su derivación a servicios psicológicos especializados.

Características generales

La intervención que presentamos tiene las siguientes características:

a) Es un programa de entrenamiento e instrucción directa y sistemática de las habilidades sociales, lo que supone enseñar conductas. Se pretende, por una parte, enseñar comportamientos que el niño no posee (iniciar conversaciones, presentarse ante gente nueva o hacer peticiones a adultos) y, por otra parte, disminuir los aspectos que estén interfiriendo con la correcta conducta interpersonal (atribuciones incorrectas, autoinstrucciones negativas o alta ansiedad).

b) Es un programa cognitivo-conductual, porque se centra tanto en la enseñanza de comportamientos sociales motores (contacto visual, comunicación no verbal, conducta verbal) como en la de comportamientos cognitivos (autoinstrucciones positivas) y afectivos (expresión de emociones). Para ello se utilizan técnicas y estrategias de intervención conductuales y cognitivas.

c) La aplicación ideal de este programa supone la participación conjunta de escuela y familia, puesto que estos son los ambientes más importantes donde interactúa y se desenvuelve el niño con problemas de timidez. Se pretende un tratamiento lo más cercano al contexto cotidiano.

El programa está pensado para su puesta en práctica en el colegio por el profesorado, contando siempre con el asesoramiento, las orientaciones y supervisión de profesionales más especializados (maestros especialistas, psicólogos escolares o psicopedagogos).

Objetivos y habilidades

La meta final es que el niño o adolescente tímido se encuentre bien consigo mismo, disfrute de las relaciones interpersonales y llegue a mantener interacciones gratificantes y satisfactorias con los otros compañeros y con los adultos. Para conseguir esta gran meta es preciso plantearse una serie de objetivos más específicos, como pueden ser:

- Aumentar las conductas de interacción con otras personas (iguales y adultos).
- Disminuir las conductas de aislamiento, apatía e inactividad.
- Disminuir la ansiedad social.
- Mejorar la autoestima.

Los contenidos y habilidades concretas que se van a trabajar en cada programa han de determinarse de acuerdo con la evaluación del caso y con los recursos disponibles. En el cuadro 5.7 se presentan las conductas y habilidades que frecuentemente se consideran en los programas diseñados para niños tímidos. Para facilitar la comprensión están categorizados en torno a cinco módulos: iniciación y respuesta a las iniciaciones, participación en juegos y actividades de grupo/pareja, conversaciones, asertividad y autoconcepto y autoestima. En los casos en que existe un fuerte componente de ansiedad, deben incluirse técnicas de relajación como componente necesario.

Cuadro 5.7. Conductas y habilidades de los programas para niños tímidos.

Módulo 1. Iniciación y respuesta de las iniciaciones

- Iniciar conversaciones y contactos interpersonales.
- Saludar.
- Presentarse ante gente desconocida.
- Hacer y responder a una invitación.
- Pedir y prestar ayuda.
- Unirse al juego con otros.
- Entrar en un grupo y pedir ser incluido.

Módulo 2. Participación en juegos y actividades de grupo/pareja

- Pedir y hacer favores.
- Decir lo positivo de los demás.
- Ofrecer sugerencias para el juego o la actividad.
- Aportar ideas.
- Proponer juegos y actividades.

Módulo 3. Conversaciones

- Hacer y contestar preguntas.
- Mensajes en primera persona.
- Dar la propia opinión.
- Dar información sobre uno mismo.
- Pedir información.
- Comunicación no verbal: contacto ocular, tono de voz, expresión gestual y facial, etcétera.

Módulo 4: Asertividad

- Hacer demandas a los compañeros en situaciones de juego/clase.
- Decir no.
- Expresar y recibir sentimientos.
- Discrepar de la opinión de los otros.
- Comunicar deseos.
- Saludar.
- Responder al fracaso.
- Manejar y aceptar el rechazo y la exclusión.
- Manejar la vergüenza.
- Manejar las críticas.

Módulo 5: Autoconcepto y autoestima

- Autoverbalizaciones positivas.
- Así soy yo.
- Yo valgo mucho.
- Autoinstrucciones positivas.
- Pienso en positivo.
- Atribución de éxitos y fracasos.

Formato del entrenamiento

Proponemos un formato de entrenamiento mixto: individual, en grupo reducido (dos o tres niños) y en grupo grande. En los casos de fuerte timidez es aconsejable empezar con formato individual, ya que hacerlo en grupo puede provocar mayor ansiedad e inhibición. Progresivamente, y a medida que el niño va incorporando nuevas habilidades a su repertorio y va disminuyendo su ansiedad interpersonal, se va ampliando el número de miembros. Es conveniente aumentar poco a poco hasta llegar al grupo de clase.

Se debe considerar la composición de los miembros teniendo cuidado de incluir no sólo niños con conducta tímida, sino también niños socialmente hábiles. Es aconsejable que sean niños con los que el niño tímido se encuentra bien, pero hemos de tener cuidado inicialmente con hermanos y amigos, porque pueden intentar reproducir, en el grupo, los roles, expectativas y pautas de interacción anteriores respecto del niño tímido.

El entrenamiento junto a otros compañeros tiene muchas ventajas, ya que éstos serán, según las necesidades, modelos que se deben imitar, receptores de las conductas del niño, iniciadores de conductas que el niño tiene que continuar y proveedores de información y refuerzo. Los escenarios de entrenamiento han de ser diversos, tratando, en lo posible, de hacer el entrenamiento en los contextos reales (patio escolar, parque, aula). Es importante cuidar el clima del entrenamiento de forma que sea positivo, divertido y atrayente tanto para el niño con dificultades de relación como para los otros participantes. Por ello hay que considerar detalles como la disposición (en círculo, que todos se vean), ausencia de ruidos e interferencias, con muy buena actitud por parte de las personas y donde los niños que experimentan dificultades para relacionarse con los demás se vean apoyados, comprendidos y ayudados.

Procedimiento del entrenamiento

Para el entrenamiento de cada una de las habilidades señaladas proponemos un procedimiento instruccional que contempla varios aspectos, ilustrados enseguida con la habilidad de iniciar conversaciones.

Instrucción verbal, diálogo y discusión

Se trata de llegar al concepto de la habilidad que se va a enseñar a partir de su definición y descripción, la importancia y relevancia que tiene para el niño y la aplicación de esa habilidad a su propia vida, actividades, personas y situaciones. Asimismo, se ha de llegar a la instrucción verbal de los pasos conductuales específicos que conforman la habilidad. De este modo, en el caso de la habilidad de iniciar conversaciones, se plantean las siguientes preguntas: ¿qué es iniciar una conversación?, ¿cómo inicias conversaciones?, ¿cómo te sientes cuando inicias conversaciones?, ¿cómo reaccionan las otras personas?, ¿cómo crees que se sienten?, ¿por qué te cuesta trabajo iniciar una conversación?, ¿por qué es importante para ti saber iniciar una conversación?, ¿cuándo debes o no debes iniciar una conversación?, ¿con quién?, dónde?, ¿cómo se ha de iniciar una conversación?, ¿qué se ha de hacer para iniciar una conversación?

Modelado

Es la demostración de cómo se pone en juego la habilidad. Consiste en exponer al niño a uno o varios modelos que exhiben las conductas que tiene que aprender. Es la presentación de ejemplos de la correcta aplicación de la habilidad. Siempre que sea posible, se modela un ejemplo puesto por el niño tímido o por alguno de los participantes en el grupo de entrenamiento. En el ejemplo, el profesor u otros alumnos modelan y ejemplifican situaciones concretas en las que se inician conversaciones con otras personas, señalando los pasos correctos en cada caso. Te encuentras con un compañero que se fue a otro colegio y quieres saber cómo le va.

Representación de papeles y dramatización

Se refiere al ensayo y la práctica de las conductas que conforman cada habilidad bajo la supervisión del maestro. Las niñas y niños han de practicar, de forma dramatizada, las conductas que van a aprender. Es muy conveniente ensayar y practicar la conducta deseada con distintas personas y en distintas situaciones, para facilitar la transferencia y generalización de las conductas adquiridas. Así, en el ejemplo que estamos considerando, los niños han de dramatizar distintos ejemplos de iniciar una conversación. Se trata de ensayar y practicar repetidamente distintas conductas relacionadas con el inicio de conversaciones y ejemplos concretos de comenzar a hablar con otras personas. Ensayamos fórmulas habituales para iniciar una conversación. Pensamos y practicamos temas que se suelen utilizar para iniciar una conversación.

Feedback y refuerzo

Concierne a la información de cómo han sido la práctica y el refuerzo por la actuación adecuada. Inmediatamente después de practicadas las conductas-objetivo, la maestra proporciona información al niño de cómo ha sido su práctica, qué cosas ha hecho bien, qué aspectos ha de modificar y en qué sentido, y refuerza positivamente su actuación. El refuerzo será dado tanto por el profesor como por los compañeros que han interactuado con el niño durante el desarrollo del entrenamiento. Si la actuación no ha sido del todo correcta, se reforzarán las aproximaciones sucesivas a la conducta-objetivo y se proporcionará al niño información sobre los aspectos de su conducta que han de variar en el próximo ensayo. Es muy importante también fomentar que el niño tímido se autorrefuerce. En el ejemplo que hemos citado los refuerzos pueden ser: "¡Qué bien has mirado a los ojos!; además has sonreído", "Muy bien las preguntas que has utilizado para empezar a hablar con una compañera, pero procura poner más énfasis en lo que dices. ¡Vamos a volver a ensayarlo!"

Tareas para casa

Consiste en la planificación de oportunidades para practicar la habilidad en situaciones nuevas y no directamente supervisadas por el maestro. Es preciso que las tareas estén cuidadosamente graduadas y secuenciadas. Empezar con tareas sencillas que impliquen interacción y puesta en práctica de las conductas aprendidas (preguntar la hora en la calle, preguntar una dirección, hacer un pequeño recado) e ir haciéndolas más difíciles en función de si el comportamiento se hace solo o acompañado de otras personas (por ejemplo, profesor, madre), duración de la actividad, número de personas que intervienen, dificultad que le supone al niño. De acuerdo con el proceso seguido en la enseñanza de la habilidad de iniciar una conversación, se encargan al niño tímido distintas tareas para que practique fuera del escenario de entrenamiento diversos aspectos de la iniciación de conversaciones, como iniciar una conversación con un vecino en el ascensor, iniciar una conversación con una niña a la salida del colegio, durante el recreo empezar a hablar con un niño de otro salón.

Biblioterapia y fichas de lápiz y papel

Además de estas estrategias, se aconseja utilizar diversos procedimientos y recursos didácticos que el profesor usa en las aulas, ya que pueden contribuir al logro de los objetivos planteados en la intervención; concretamente hemos considerado la utilización de la literatura infantil y juvenil y las fichas de lápiz y papel. Este tipo de actividades son muy adecuadas para el trabajo transversal y para la generalización y transferencia de los logros de la intervención. Es preciso recalcar que su utilización debe ser complementaria a la práctica descrita en el procedimiento de enseñanza y no deben sustituirla.

Literatura infantil y juvenil

Incorporamos la literatura infantil y juvenil para trabajar con niños y adolescentes tímidos como una estrategia de biblioterapia porque consideramos que reviste unas peculiaridades que nos interesa resaltar:

a) Facilita la identificación del lector o lectora con alguno de los personajes, con aquel más parecido a sí mismo.
b) Posibilita el meterse en la piel de otras personas, muy diferentes al lector, lo que supone poder conocer otros puntos de vista y llegar a comprender los pensamientos y sentimientos ajenos.
c) Permite la formación y/o modificación de creencias, actitudes y opiniones.
d) Estimula la reflexión y el análisis crítico respecto de la historia y su desarrollo.
e) La lectura puede llegar a ser un auténtico placer.

Para el trabajo con niños y jóvenes tímidos utilizamos una serie de libros con protagonistas o personajes con problemas de timidez, ansiedad social, miedo y/o incompetencia interpersonal. Su contenido se utiliza para hacer reflexiones personales, ejemplo de modelado o representación de papeles y distintas actividades de libro-forum. Algunos de los libros utilizados son:

- Browne, A., *Willy el tímido*, Fondo de Cultura Económica, México, 1991.
- Mateos, P., *Molinete,* SM, Madrid, 1994.
- Talbot, M., *Roland, el vergonzoso,* Timun Mas, Barcelona, 1992.
- Vázquez-Vigo, C., *Rosa Sosa,* Magisterio, Madrid, 1990.
- Wells, C., *Carlos el tímido,* Espasa-Calpe, Madrid, 1997.

A título ilustrativo, en el cuadro 5.8, se presenta un párrafo del libro *Rosa Sosa,* cuya autora es Carmen Vázquez-Vigo.

Cuadro 5.8. Párrafo del libro *Rosa Sosa* (Vázquez-Vigo, 1990).

Llevando al brazo la cesta que contenía el paquete de mojicones, Rosa marchó al palacio. Iba pegada a la pared, mirando el suelo, para fijarse bien en las rayas de las baldosas. Creía que si las pisaba pasaría quién sabe qué.

De ese modo evitaba también que alguien se parara a hablarle. Era algo que la ponía muy nerviosa. Se ruborizaba y no le salían las palabras. Y ese día, como le faltaba el diente, muchísimo peor.

Lo malo es que siendo tan tímida y mirando sólo para abajo, le era imposible tener amigos y enterarse de que allá arriba brillaba el sol.

Al llegar a la Plaza Mayor se detuvo. Al fondo estaba el palacio y, justo frente a él, lucía su alta silueta un árbol de follaje oscuro con racimos de flores color coral.

Rodeando su grueso tronco había un banco donde los viejos leían el periódico y comentaban las noticias, y los niños, aunque no debían, alineaban flanes de barro adornados con piedrecitas.

Tal como temía, Rosa vio a un grupo de chicos jugando a las chapas.

Uno de ellos, el de piernas largas y pelo rizado, era Carlos, el compañero más simpático de la clase. Rosa hubiera querido invitarlo alguna vez a merendar en su casa, pero nunca se atrevió.

Un viento bastante fuerte empezó a levantar las hojas secas, mezcladas con algún billete de autobús y papeles de caramelos.

Se estaba haciendo tarde y no era cosa de seguir ahí clavada, sin decidirse a cruzar la plaza. Rosa lo hizo de prisa, procurando pasar inadvertida; pero lo que sucedía siempre volvió a suceder.

Después de una tirada, uno de los chicos se incorporó y, al verla, exclamó:

–¡Ahí va Rosa Sosa!

Los demás repitieron entre carcajadas:

–¡Rosa Sosa! ¡Rosa Sosa!

Ella estuvo a punto de contestarles algo feo. Sin embargo, cerró bien la boca. Si encima descubrían que estaba desportillada, la guasa iba a ser de campeonato.

Fichas de lápiz y papel

Incluimos en este apartado fichas de trabajo de lápiz y papel que conllevan, además, distintas actividades asociadas, como son reflexiones personales, diálogos y debates, trabajos en grupos pequeños, posibles tareas para casa, etcétera.

¿Qué harías tú?

Isabel está sola; nadie quiere jugar con ella.

¿Cómo crees que se siente Isabel?

¿Qué harías tú en su lugar para sentirte feliz como los demás niños y niñas?

¿Qué pueden hacer los compañeros y compañeras de clase de Isabel?

No voy a estar triste

Observa las imágenes y coloréalas. ¿Cómo crees que se sienten? ¿Qué dirías a la niña que está triste?

Sesiones

Las sesiones de entrenamiento son los periodos determinados que se dedican a la enseñanza directa y a la práctica de las habilidades de interacción social en el tratamiento de la timidez. El número de sesiones a la semana, la duración de cada una, el espaciamiento entre sesiones, son aspectos que se han de delimitar en cada caso, teniendo en cuenta al niño (edad, características y problemas) y los recursos disponibles.

En general, la intervención considera entre 15 y 20 sesiones de una hora de duración aproximada con una periodicidad de una o dos sesiones a la semana. En términos generales la sesión tiene una estructura secuencial que se ajusta al procedimiento de entrenamiento que hemos expuesto y que aproximadamente es así:

1. Revisión e informe de las tareas asignadas en la sesión anterior y realizadas en el espacio entre sesiones y repaso de los contenidos de la sesión anterior.

2. Presentación de la habilidad que se va a trabajar en la sesión.
3. Evaluación del nivel de competencia inicial del niño en esa habilidad.
4. Instrucción verbal, diálogo y discusión en torno a la habilidad.
5. Modelado por parte del profesor y/o los otros participantes competentes de la habilidad-objetivo.
6. Ensayo y práctica por parte del niño de las conductas y habilidades-objetivo.
7. Evaluación de la actuación, información y refuerzo dado por el profesor y los otros compañeros.
8. Instrucción verbal, modelado o práctica adicional si es necesario mejorar y/o complementar la actuación.
9. Recapitulación de la sesión.
10. Planteamiento y asignación de tareas para casa.

Recomendaciones generales

Antes de concluir, recordemos que cuando vayamos a intervenir con un niño tímido, es preciso que ajustemos el programa para nuestro caso concreto, lo que implica, entre otras, las siguientes tareas: definir los objetivos que se pretenden alcanzar y especificar qué conductas y habilidades se quieren lograr, evaluar la conducta del niño antes de empezar, determinar el formato de entrenamiento y los participantes, estipular y diseñar las sesiones de entrenamiento y considerar los recursos materiales y personales disponibles. El desarrollo del programa supone aplicar el procedimiento de enseñanza para cada una de las habilidades-objetivo señaladas.

Además del tiempo determinado que se dedica específicamente al entrenamiento de las distintas conductas y habilidades-objetivo, es preciso aprovechar oportunamente los muchos y variados momentos que se producen en la vida familiar, escolar y social y en los que, de forma espontánea y natural, se han de poner en juego las diversas habilidades sociales que se consideran como habilidades-objetivo. Esto facilitará la transferencia y generalización de lo aprendido.

Finalizamos este capítulo con unas recomendaciones generales que deben tenerse en cuenta por todas las personas que tienen contacto directo con el niño socialmente inhibido (especialmente profesorado, familia, compañeros y amigos), con el fin de garantizar la consistencia necesaria para que la intervención tenga éxito:

- Tener paciencia y tranquilidad, ya que los cambios no se producen drásticamente.

- Evitar, en la presencia del niño, comentarios sobre su timidez, aunque sean estrictamente descriptivos, "Es que es muy retraído", "No te va a contestar." Asimismo, hay que evitar hacer reproches, críticas o comentarios que lo hagan sentir culpable: "Lo que me hace sufrir este hijo tan vergonzoso."
- Mostrar y manifestar de manera explícita expectativas positivas respecto de su actuación: "Seguro que te saldrá bien; aquí en casa te ha salido estupendo, así que con el cuidado que has puesto lo harás genial con tus compañeras." Es evidente que una actitud y unas expectativas positivas sobre la posibilidad de evolución favorable de la conducta del niño contribuirán eficazmente al éxito de los intentos de cambio.
- Evitar la presencia sobreprotectora de hermanos, amigos, familiares y compañeros, que lo bloquean y anulan, y darle oportunidades de actuar por él mismo.
- Fomentar, estimular y provocar experiencias de éxito; si lo que hace le sale bien, tendrá más confianza en sí mismo, se valorará más y procurará repetirlo. Hay que plantearse objetivos realizables y provocar situaciones de éxito. Empezar por conductas sencillas y fáciles y progresivamente ir proponiendo conductas más complejas.
- Minimizar la exposición del niño tímido a modelos retraídos e inhibidos y, por el contrario, proporcionarle modelos asertivos.
- No reforzar su timidez actuando por él o justificando lo que hace o no hace por causa de su timidez o prestándole atención cuando se muestra tímido.
- Evitar enfrentarlo a retos excesivamente difíciles, así como a situaciones en las que aumente la ansiedad del niño; por ejemplo, estar esperando todos a que él conteste o pedirle que cante en una reunión familiar.
- Reforzarle cualquier intento de afrontamiento de situaciones interpersonales. En los momentos iniciales del tratamiento hacer esfuerzos para "atrapar" al niño interactuando positivamente.
- Facilitar la relación social con otros niños y provocar situaciones de interacción. Propiciar interacciones socialmente satisfactorias y agradables para el niño, como pueden ser invitar en el fin de semana a un primo o un compañero con el que se lleve bien y juntos asistir a una fiesta de cumpleaños o salir al parque.
- No evaluarlo en forma negativa en comparación con los otros niños; el punto de comparación debe ser el propio niño y no los demás. Por tanto, cualquier logro o avance del niño, por pequeño que sea, debe tenerse en consideración, independientemente de que, aun con ese avance, esté lejos de alcanzar la media del grupo.
- Apoyarlo en los fracasos, enseñarle a que aprenda de ellos y

darle ánimos y pistas para mejorar en sucesivas ocasiones, porque es necesario que desarrolle la capacidad de persistir y esforzarse frente a las dificultades y frustraciones.

LECTURAS RECOMENDADAS

Beidel, D. C. y Turner, S. M. (1999). *Shy children, phobic adults.* Washington, DC: American Psychological Association.

Caballo, V. E. (2002). *Manual de evaluación y entrenamiento de las habilidades sociales.* Madrid: Siglo XXI.

Caballo, V. E., González, S., Alonso, V. e Irurtia, M. J. (2007). "El Cuestionario de interacción social para niños (CISO-N): un nuevo instrumento para la evaluación de la ansiedad social en niños." *Psicología Conductual, 15,* 77-93.

Del Prette, Z., Monjas, M. I. y Caballo, V. (2006). "La evaluación del repertorio de las habilidades sociales en niños." En V. E. Caballo (dir.), *Manual para la evaluación clínica de los trastornos psicológicos. Trastornos de la edad adulta e informes psicológicos* (pp. 373-399). Madrid: Pirámide.

Girodo, M. (1997). *Cómo vencer la timidez.* Barcelona: Grijalbo.

Monjas, M. I. (2001). *La timidez en la infancia y en la adolescencia: Evaluación, tratamiento y prevención.* Madrid: Pirámide.

Monjas, M. I. (2004). *Programa de enseñanza de habilidades de interacción social (PEHIS) para niños y adolescentes.* Madrid: CEPE.

Monjas, M. I. (2004a). *¿Mi hijo es tímido?* Madrid: Pirámide.

Monjas, M. I. (2006). "Intervención en un caso de timidez." En F. X. Méndez, J. P. Espada y M. Orgilés (coord.). *Intervención psicológica y educativa con niños y adolescentes. Estudio de casos escolares* (pp. 65-91). Madrid: Pirámide.

Monjas, M. I. (Dir.). (2007). *Cómo promover la convivencia: Programa de asertividad y habilidades sociales (PAHS).* Madrid: CEPE.

Monjas, M. I. y Caballo, V. E. (2004). "Psicopatología y tratamiento de la timidez en la infancia." En V. E. Caballo y M. A. Simón (dirs.), *Manual de psicología clínica infantil y adolescente,* vol. 2 (pp. 271-297). Madrid: Pirámide.

Silva, F. y Martorell, M. C. (1989). *Batería de Socialización (BAS-1 y 2).* Madrid: TEA.

Zimbardo, P. G. y Radl, S. L. (2001). *El niño tímido. Superar y prevenir la timidez desde la infancia.* Buenos Aires: Paidós.

6

Tratamiento de la depresión en los niños

VICTORIA DEL BARRIO

INTRODUCCIÓN

Uno de los elementos verdaderamente eficaces para evitar la depresión infantil es reconocer su existencia e identificar cuanto antes a los niños que la padecen. Probablemente de entre todas las perturbaciones del niño, la depresión es la que pasa más inadvertida. Las razones por las que esto ocurre son múltiples.

En primer lugar nadie espera que un niño esté deprimido. Se piensa que la niñez es un estadio de la vida en donde la alegría es total y sin fisuras; si un niño está triste se piensa que está enfermo, que se ha enfadado con un amigo, pero es raro que alguien piense en una depresión.

En segundo lugar los padres suelen tener un variado apoyo profesional en otros problemas; el pediatra, por ejemplo, estima la adecuación del desarrollo cuando tiene lugar la revisión física periódica de los hijos; así, cualquier problema en este campo es fácilmente detectado. Otro tanto ocurre con los problemas de aprendizaje: los maestros alertan a los padres de aquellas dificultades que impiden un aprendizaje armónico y acorde con la edad.

Sin embargo, para la detección de los problemas emocionales no se dispone del mismo apoyo, ya que la visita a un psicólogo es inhabitual y en todo caso muy espaciada en el tiempo y orientada fundamentalmente a los problemas de rendimiento escolar. Por si esto fuera poco, las alteraciones afectivas son difíciles de identificar incluso para los profesionales, puesto que se trata de conductas interiorizadas, no fáciles de observar, y cuya manifestación puede ser incluso confundente.

En efecto, todos los niños tienden a expresar sus problemas con protestas, sean de la naturaleza que sean. Ello tiene como consecuencia que los problemas emocionales, con una cierta frecuencia, sean interpretados como problemas de conducta.

Las emociones infantiles tienen unas características particulares: son muy intensas, variables e imprevisibles. Todos estamos acostumbrados a que los niños cambien su estado emocional y pasen de estar completamente felices a sentirse totalmente desgraciados, lo que lleva a pensar que las emociones infantiles no deben ser tomadas en serio. Este "ya se le pasará" es la creencia en la que todos estamos instalados.

Realmente la variabilidad emocional del mundo infantil es muy cierta, pero no debe llevarnos a pensar que esas emociones, por ser variables, no son importantes. Muy al contrario, si algo funciona plenamente en el niño es la emoción. Así como el razonamiento no funciona completamente hasta los 13 años, las emociones infantiles están en actividad constante y plena desde el nacimiento. Ser adulto, en una proporción considerable, consiste en dominar las emociones; cuando alguien no logra hacerlo se suele decir: "Se comporta como un niño." Los adultos, con frecuencia, nos empeñamos en hacer razonar a los niños, cuando todavía no pueden hacerlo, cuando no tienen "uso de razón" como antes se decía, y sin embargo renunciamos a entender sus emociones con excesiva facilidad, nos parecen pueriles. Ciertamente lo son, pero funcionan en un perfecto sistema que orienta casi toda la actividad infantil. Por otra parte, cuando se presenta una depresión, ya no se puede hablar de variabilidad sino de la estabilidad de esa emoción negativa.

La **depresión** es una alteración emocional que consiste en mantener constante un estado emocional negativo desde el que se contemplan las cosas y se les deforma, considerando que todo es triste, complicado y falto de interés. Esto sume al sujeto –incluido el niño– en una situación de desconfianza acerca de su capacidad para afrontar cualquier tipo de problema, lo que es especialmente descorazonador para él. Precisamente, se espera de un niño que desarrolle una actividad constante y esté lleno de energía, alegría y ganas de vivir.

Si un niño llega a encontrarse en esa situación los padres pueden y deben preguntarse:

a) Cómo detectar si su hijo está deprimido.
b) Qué es lo que lo ha llevado a esta situación.
c) Qué se puede hacer para ayudarle a salir de ella.

A continuación trataremos de aclarar estos puntos sucesivamente.

CÓMO SABER SI UN NIÑO ESTÁ DEPRIMIDO

La mayor parte de las veces los problemas infantiles se hacen notar si se produce en la conducta un cambio brusco; es más difícil, en cambio, cuando las alteraciones aparecen de manera gradual o paulatina. En muchas ocasiones la depresión aparece lentamente.

Los especialistas en depresión infantil han aislado unos criterios para la identificación y el diagnóstico de esta perturbación en los niños. Los más conocidos y usados son los del *DSM-IV* (1994). El DSM es un manual estadístico para el diagnóstico de las perturbaciones mentales que usan los profesionales de la salud. En él aparecen los siguientes criterios referidos a la depresión mayor y que sirven a los profesionales para identificar la misma y diferenciarla de otras perturbaciones afines.

CRITERIOS DIAGNÓSTICOS DE LA DEPRESIÓN

a) Presentar al menos durante dos semanas cinco de los síntomas que se listan a continuación, y entre los cuales deben estar el 1 y el 2, aunque en el caso de los niños el síntoma 1, humor deprimido, puede aparecer como irritabilidad.

1. Humor deprimido.
2. Falta de interés y disfrute.
3. Descenso o aumento de peso.
4. Insomnio o hipersomnia.
5. Agitación o lentitud en movimiento.
6. Fatiga o falta de energía.
7. Sentimientos de culpabilidad.
8. Disminución de la capacidad de concentración.
9. Ideas de muerte o suicidio.

b) Que estos síntomas no tengan causa orgánica ni estén incluidos en otras perturbaciones.
c) Que los síntomas produzcan consecuencias inconvenientes en la normalidad de la vida del sujeto.
d) Que los síntomas no estén relacionados con el consumo de drogas.

La mayor parte de estos rasgos son muy claros para los profesionales; sin embargo, pueden ser perfectamente opacos para los que no lo son. Lo más adecuado para detectar si un sujeto padece o no una depresión es seleccionar unas conductas esencialmente relacionadas con ese trastorno y observar si aparecen o no en el niño y con qué intensidad o frecuencia. Con objeto de ayudar a esa detección, en el cuadro 6.1 se presenta un cuestionario con el que cada padre puede evaluar la conducta que presenta su hijo en el último mes.

Cuadro 6.1. Cuestionario para padres.

Conductas que hay que observar	3 (*muchas veces*)	2 (*bastantes veces*)	1 (*algunas veces*)	0 (*pocas veces*)
Está triste.				
Está solo, no tiene amigos.				
Habla poco.				
Está cansado.				
Duerme mal.				
Come en exceso.				
No tiene apetito.				
No se divierte con nada.				
Se queja de dolores sin causa.				
Sus notas han empeorado.				
No tiene confianza en sí mismo.				
Dice que no sirve para nada.				
Se irrita por nada.				
Duda sobre sus decisiones.				
Se enfada.				
Se preocupa por la salud.				
Se siente culpable.				
Llora.				
Dice que no lo quieren.				
Se pelea.				
Todo le preocupa.				

Se valora cada contestación según el número de puntos de la columna correspondiente. Si la suma de las contestaciones no supera los 10 puntos puede estar tranquilo; si está entre 11 y 20 comience a hacerle más caso; si está entre 20 y 25 debe atender a lo que puede pasar a su hijo, evitar las críticas y estar atento a prestarle ayuda con el plan que vamos a exponer; si la puntuación supera los 25 tiene que empezar rápidamente un plan de ayuda con consejo de un experto, y si supera los 35 es mejor que acuda en busca de un tratamiento con un profesional.

Los padres deben someter a un minucioso análisis las contestaciones que han dado a este cuestionario, después de haber reflexionado sobre la conducta de su hijo. Pensando sobre ellas, se puede llegar a establecer el cuadro o perfil de las debilidades, necesidades y preocupaciones que afectan a su hijo. Y esto, como analizaremos detenidamente más tarde, puede ayudar y orientar en la búsqueda de la posible solución de sus problemas.

POR QUÉ SE PRODUCE LA DEPRESIÓN EN LOS NIÑOS

Se han estudiado muy pormenorizadamente cuáles son los orígenes de la depresión, y los expertos en este punto han llegado a estar de acuerdo en que no existe una sola causa, sino que existen muchos elementos que intervienen y confluyen en su aparición. Algunos de ellos son de carácter personal y otros son ambientales y tienen relación con las cosas que suceden alrededor; ambos interaccionando conjuntamente suponen para cada sujeto un mayor o menor riesgo en relación con la aparición de la depresión.

FACTORES PERSONALES

Entre los factores personales se encuentra la manera de ser de cada niño, aquello que los profesionales llaman **carácter**, **personalidad** o **temperamento**. Cada sujeto tiene unas estructuras básicas que condicionan sus reacciones y que se derivan principalmente del tipo de sistema nervioso que posee.

Unos niños son naturalmente más tranquilos que otros, más emocionales que otros, más rápidos que otros. Estas condiciones básicas no lo son todo, sino que entran en relación con elementos ambientales, como el número de cosas que se les enseña, los hábitos que se imponen, las reglas a las que se les somete; es decir, todo aquello que puede etiquetarse en un sentido amplio como educación. Por eso un mismo trato, que ha resultado bien en un hijo, puede dar diferentes frutos en otro en función de su modo de ser. Una educación adecuada debe atender estas condiciones diferenciales y considerar que a cada cual hay que darle lo suyo.

Un ejemplo perfecto de la interacción entre las condiciones personales y el ambiente es el lenguaje. Cada niño aprende con un ritmo, con una precisión y unas habilidades diferentes, pero todos hablan el idioma que se les enseña y al nivel del modelo que actúa más frecuentemente. El ambiente es determinante de "lo" que se aprende, y las condiciones personales, el "cómo" se aprende. Pues bien, las emociones, y por tanto también la depresión, están sometidas a "lo" que sucede y a esas condiciones personales que afectan el "cómo" se siente básicamente un sujeto.

Las condiciones personales que se han relacionado con la aparición de la depresión son: la introversión y la tendencia a tener unas reacciones emocionales intensas. En estos niños se debe atender especialmente su equilibrio emocional, sobre todo en lo que respecta a la aparición de ansiedad y depresión. Se debe procurar, en la medida de lo posible, enseñarle a controlar sus emociones y evitar que, sin esta preparación previa, entre en contacto con los acontecimientos externos que se consideran factores de riesgo o desencadenantes de la depresión.

Factores ambientales

Entre los elementos ambientales que más habitualmente se han relacionado con el comienzo de la depresión en los niños se encuentran los siguientes:

1. Separación precoz de la madre.
2. Depresión en los padres, especialmente en la madre.
3. Cambios que afecten la vida diaria:

    a) Escuela.
    b) Barrio.
    c) Ciudad o país.
    d) Nacimiento de hermanos.
    e) Cambios corporales relacionados con la pubertad.

4. Enfermedad propia o familiar.
5. Hermanos con problemas.
6. Conflictos familiares.
7. Divorcio de los padres.
8. Exceso o defecto de expectativas paternas.
9. Comparación con hermanos más brillantes.
10. Accidentes.
11. Fracaso escolar.

12. Fracaso amoroso (adolescentes).
13. Falta de competencia social.
14. Abuso infantil.

Todos éstos tienen que ver con la capacidad que tiene un niño para afrontar la vida desde la seguridad. En cada época de la vida las fuentes de la inseguridad cambian.

Si se pretende encontrar los desencadenantes de la depresión en el niño hay que considerar el problema desde un punto de vista evolutivo y atender los más probables en cada periodo de edad.

Cuando el niño es muy pequeño es evidente que su seguridad depende fundamentalmente de la madre, o de la persona que haga sus veces; por ello su relación, separación o depresión de la madre adquieren una especial relevancia en las épocas más precoces de la vida. Hay formas deficientes de relación, como el distanciamiento afectivo o la ausencia de atención, que funcionan de la misma manera que la separación. En este sentido la depresión materna actúa limitando la calidad de la comunicación entre el niño y la madre.

El divorcio puede considerarse también como una forma de separación, ya que los niños sometidos a esta experiencia dejan de ver habitualmente a uno de los miembros de la pareja. Existen numerosos estudios que analizan las consecuencias del divorcio sobre los hijos. En ellos aparece claramente que, si los padres evitan las malas relaciones y la disputa sobre la pertenencia de los hijos, los efectos negativos del divorcio son mínimos. Sin embargo, cuando la lucha de los cónyuges no finaliza con la separación, se puede llegar a romper el equilibrio emocional de los hijos.

Es muy frecuente y natural que los padres que tienen hijos con problemas graves (enfermedad, droga, accidentes) concentren su atención en éstos. Sin embargo, hay que estar alerta para que ello no produzca reacciones negativas en los otros hermanos que pueden sentirse abandonados. La atención paterna es el alimento psíquico del niño, que la busca ávidamente. Algunos niños se meten en problemas precisamente para atraer la atención de sus padres.

Cuando un niño sobrepasa los seis años aparecen en su horizonte dos nuevos elementos de interés, y por tanto también otras posibles fuentes de inseguridad: la escuela y los amigos. Son otros puntos de búsqueda que hay que añadir a la familia, puesto que la importancia de ésta se mantiene a lo largo de la vida con el único cambio del papel que se tiene en ella.

La competencia en el trabajo escolar y la capacidad de comunicarse y divertirse con otros niños son las nuevas metas que hay que conseguir; cualquier fallo en esta dirección puede levantar sentimientos depresivos. En esta edad es especialmente importante evitar las comparaciones con los hermanos brillantes, o producir sobre el niño una exigencia poco acorde con sus posibilidades, tanto si éstas son excesivas como si son demasiado bajas. Cuando su competencia es realmente baja hay que darle, lo antes posible, los medios para hacer frente a sus carencias, como estudiante o como sujeto social.

En la pubertad todo puede llegar a ser un problema. Se ha acuñado el término **tormenta puberal** para referirse a la etapa de la adolescencia. La familia, la escuela y los amigos cambian y sufren el giro que supone el cambio físico que lleva al adolescente a encontrarse extraño en su propio cuerpo. Cambia no sólo físicamente, sino también su papel en la vida y, por tanto, todas sus relaciones con el entorno. Es el momento más difícil para él y para los que lo rodean, puesto que hay que lograr encontrar un nuevo equilibrio en esa relación que le permita instalarse como adulto sin cometer demasiadas equivocaciones. Ese equilibrio no es fácil, por tanto es frecuente que los adolescentes pasen por desadaptaciones tanto sociales como emocionales.

Contemplada desde el punto de vista de la psicopatología infantil, la pubertad es la época en la que se produce el mayor incremento de problemas en la conducta, y naturalmente esto ocurre también respecto de la depresión. El mayor porcentaje de síntomas depresivos aparece en la adolescencia, cuyas cifras medias se estiman entre 15 y 20 %. La depresión propiamente dicha la presenta 8 % de adolescentes frente a 2 % en los niños prepuberales.

El abuso infantil puede darse en todas las edades del niño, y en todas ellas produce una reacción emocional negativa. Es evidente que toda ayuda en este tema tiene que estar dirigida a dar apoyo al niño y a cambiar la situación. El tratamiento del adulto que lleva a cabo este tipo de conductas es la meta fundamental.

Los desencadenantes que se han listado son los más frecuentes, pero esto no quiere decir que no puedan existir otros. Cada niño es un pequeño mundo cuya sensibilidad se orienta en función de las experiencias habidas. Sin embargo, los padres que conocen bien a sus hijos pueden usar este listado para observar y comprobar en dónde está la clave que permita entender el estado emocional negativo en el que puede encontrarse su hijo y, si no es así, hay que analizar otras posibilidades o buscar ayuda exterior.

CÓMO AYUDAR A UN NIÑO CON SÍNTOMAS DE DEPRESIÓN

Como ya se ha dicho, si la situación emocional en la que está el niño es muy preocupante, se debe recurrir a buscar el apoyo de un profesional. Los padres siempre pueden y deben colaborar con éste en función de sus indicaciones, que estarán ajustadas a la situación concreta en la que el niño se encuentra.

Sólo en el caso de síntomas depresivos que no revistan una intensidad excesiva se puede intentar seguir el plan de ayuda que vamos a exponer aquí.

La mayor parte de los tratamientos que los profesionales llevan a cabo para combatir la depresión se basan en cambiar algo que produce el malestar afectivo. Estos cambios pueden referirse:

1. A las ideas que un sujeto tiene sobre sí o sobre el entorno.
2. Al número de cosas agradables a las que tiene acceso.
3. A su competencia para hacer cosas.
4. A la calidad de las relaciones interpersonales.
5. Al control de la respuesta emocional negativa.

En esta tarea de ayuda los padres no tienen el mismo papel que un terapeuta; sin embargo, las líneas que se deben seguir van a ser paralelas, aunque cambien las estrategias y los modos de llevarlas a cabo. Para poder ayudar con eficacia hay que seguir un plan estructurado.

Hay que advertir que la automedicación es una tentación muy frecuente en el mundo actual y en muchos casos está ocurriendo entre adolescentes. Es especialmente grave la utilización de cualquier tipo de psicofármacos en niños. Éstos han de ser recetados exclusivamente por un especialista, y en casos de gravedad del trastorno. En los últimos tiempos se ha advertido de la inconveniencia de utilizar antidepresivos en adolescentes. La acción psicológica suele ser muy eficaz en los individuos jóvenes por su plasticidad, este debe ser el primer camino que hay que explorar en todas las ocasiones.

Elementos básicos del plan de ayuda

A la hora de elaborar un plan de ayuda hay que procurar cumplimentar los siguientes pasos:

1. Descripción del problema.
2. Localización de las fuentes del problema.
3. Búsqueda de soluciones.
4. Contenido del plan de ayuda.
5. Evaluación del plan de ayuda.

Para ayudar a la elaboración de estos planes vamos a seguir dos vías: la primera consistirá en explicar los elementos básicos para establecerlo, y la segunda, poner un ejemplo concreto.

Descripción del problema

En primer lugar, antes de llevar a cabo algún plan de ayuda, los padres de un niño con síntomas depresivos tienen que saber concretamente qué le pasa a su hijo. Esta fase puede apoyarse en muy diferentes fuentes. Hay que recurrir a la observación de lo que el hijo dice y hace, a la experiencia que se tiene en relación con su convivencia. Como ya hemos dicho, en esta fase de evaluación se ubica la aplicación del cuestionario precedente (véase pág. 158). El análisis y la evaluación de las contestaciones que se obtengan son un gran apoyo para dibujar el perfil del problema.

Pero también se debe recurrir a la opinión que otros tienen sobre el niño o adolescente. Los padres con frecuencia no se dan cuenta de los cambios en sus hijos, porque han asistido a ellos muy de cerca, porque se han producido de una manera muy paulatina, porque tienen una idea preconcebida del hijo o porque simplemente no se tiene tiempo para contemplarlo. A veces contrastar la opinión propia con la de los amigos, familiares y maestros puede representar una gran ayuda y un enriquecimiento en el conocimiento de los propios hijos. Esto es especialmente importante en la pubertad; los padres tardan en darse cuenta de que el hijo ya no es el niño anterior. Las personas que lo conocen más recientemente atienden mejor a lo que emerge nuevo en esta etapa. Cada interlocutor, además, ve un aspecto diferente del sujeto, porque las relaciones humanas siempre son interactivas y el destinatario de una relación modula el tono y el carácter de la misma. Hay muchas cosas que los hijos comunican a sus hermanos y amigos, pero no a sus padres, porque consideran que éstos no son buenos destinatarios de algunas de sus actividades. Para decirlo claramente, los hijos censuran aquello que va destinado a sus padres, tal vez por la experiencia que tienen de sus reacciones. En el caso de la comunicación de problemas, los hijos "considerados" pueden pensar que preocuparán o entristecerán a sus progenitores. En el peor de los casos pueden llegar a creer que éstos no les podrán entender. Por tanto, cuando unos padres quieran tener conocimiento de los problemas de sus hijos tienen que recurrir a reunir varias versiones sobre los mismos, porque esto les permite observar el asunto desde muchas perspectivas.

Otro aspecto diferencial de los problemas son los contextos en los que se producen. Hay niños que en la escuela son como la seda y en casa son intratables; otros son un encanto en casa, pero no tienen amigos; otros, por el contrario, sólo presentan problemas en el marco escolar; algunos, los menos, presentan problemas en todos los frentes. El diferente comportamiento de un niño en distintos lugares es una gran ayuda para determinar la naturaleza del problema.

El contexto, el cuestionario y las informaciones de las personas que conocen a los niños son el material que hay que analizar para precisar el tipo de problema que hay que solucionar.

Localización de las fuentes del problema

Para buscar los posibles desencadenantes externos del problema se debe repasar el listado que aparece en la sección "Por qué se produce la depresión en los niños" (pág. 159).

Cada familia puede estar sometida a muy diferentes experiencias y, por tanto, hay que llegar a tener una idea individualizada de cada situación concreta. Cuando esos desencadenantes afectan la vida familiar –como pueden ser el divorcio, los cambios de domicilio, los conflictos familiares– nadie mejor que los padres para analizar su relación con la aparición del problema en el hijo, puesto que conocen cuándo han empezado los problemas, con qué frecuencia se dan y cómo afectan la vida emocional del hijo.

Sin embargo, cuando los problemas vienen de la relación con los compañeros, o de una relación amorosa, de los cambios puberales o de la marcha del trabajo escolar, los padres han de recurrir, como ya se ha indicado, a obtener la información de otros.

Naturalmente la fuente más cercana e interesante es el propio hijo, aunque éste no siempre está dispuesto a someterse a interrogatorios formales. Los padres tienen una gran ventaja sobre los terapeutas, y es que pasan mucho tiempo con los hijos y además normalmente, existe una relación afectiva intensa entre ellos. Estas condiciones son unas llaves poderosas para la comunicación. Pero esta comunicación, si se ha roto, no es fácil de componer. Los padres tienen que armarse de paciencia y recurrir a métodos que puedan estimular la conversación en áreas informales y que permitan centrar el interés de los hijos. En estas ocasiones se pueden introducir incidentalmente las preguntas oportunas y que lleguen a clarificar los motivos de sus problemas.

Se recomienda especialmente hacer cosas agradables juntos, como correr, pescar, jugar cartas, cocinar, hacer deporte, reparaciones en casa, etc. En el caso de niños más pequeños se puede tratar de jugar aquellos juegos que sean adecuados a su edad. Todo ello ayuda a crear el clima de distensión que fomenta la confianza y la confidencia. Sentar al hijo delante y decirle: "Vamos a hablar seriamente de tus problemas" no es una buena idea. En cambio, realizar actividades conjuntas, hablar de los propios asuntos o comentar situaciones ajenas fomenta la capacidad de comunicación. Sentarse a hablar es bueno, pero no siempre es posible, porque es difícil entrar en los temas; hacer cosas conjuntamente facilita la aparición de los temas de intercambio de opiniones.

Búsqueda de soluciones

Cuando ya se tienen localizados los síntomas y sus desencadenantes, es el momento de establecer el tipo de soluciones para cada uno de los problemas. En primer lugar, como ya hemos señalado, algunos motivos para la aparición de la depresión pueden estar localizados en el sujeto, en su entorno o en ambos a la vez. Por ejemplo, un chico puede dejar de estudiar porque está iniciando una vida social intensa, cosa que le lleva a bajar sus notas, y esto puede causarle sentimientos depresivos. En principio, la búsqueda de solución para este problema estaría centrada en cambiar al sujeto en lo que se refiere a la distribución del tiempo y a la jerarquización de prioridades.

Sin embargo, si la reacción emocional negativa apareciese a propósito de un cambio de ciudad, habría que recomponer el ambiente hasta lograr que el sistema de apoyos y contactos fuese similar al del lugar anterior. Es decir, que la búsqueda de soluciones está directamente ligada al tipo de síntoma y el desencadenante que lo produce. Por tanto, las metas de una ayuda tienen que orientarse específicamente al tipo de problema que se busca resolver.

Aunque algunos terapeutas utilizan todo tipo de técnicas para mejorar la situación de los sujetos deprimidos, para asegurarse el éxito es más adecuado seleccionar aquellas que guardan relación con el tipo de problema que presenta el sujeto. Para facilitar esta labor se podría aconsejar que se siguieran las indicaciones que se enuncian en el cuadro 6.2, y que sin duda podrán orientar esa labor de selección.

Cuadro 6.2

Tipo de problema	*Tipo de solución*
Sobrepeso	Dieta y ejercicio
Miedo o ansiedad	Relajación
Inhabilidad social	Conversación, imitación, expresión
Soledad	Actividades en grupo
Mala comunicación	Habilidades comunicativas
Baja autoestima	Alabanzas, competencia
Ausencia de interés	Actividades gratificantes
Juicios erróneos	Restructuración cognitiva
Emocionalidad excesiva	Autocontrol, relajación
Aprendizaje	Concentración, apoyo didáctico
Apariencia física	Consejo estético (vestido, peinado, cirugía, etc.)
Acontecimientos negativos	Cambios de situación, solución de problemas, afrontamiento

Todas y cada una de estas acciones de ayuda serán explicadas a continuación con más detenimiento.

Contenido del plan de ayuda

Como ya hemos señalado, las causas de la depresión pueden ser internas o externas; sin embargo, los planes de ayuda casi siempre se centran en el sujeto, puesto que es más fácil cambiar a uno mismo que al mundo circundante. Si a alguien le molesta el ruido del tránsito es más fácil tratar de tranquilizarlo mediante relajación que intentar suprimir la circulación de vehículos. Esto no quiere decir que se renuncie a llevar a cabo todos aquellos cambios ambientales que sean materialmente posibles; por ejemplo, se podría cambiar el grosor de los cristales para oír menos ruido.

Antes de entrar en más detalles vamos a hacer hincapié en que es necesario, cuando se inicia un plan de ayuda, tomar notas minuciosas sobre lo que se hace y cuáles son las consecuencias de ello, porque si no, nunca podremos saber con certeza si la ayuda que damos es eficaz o no.

Se presenta aquí el modelo de una hoja para tomar notas diarias cuyo funcionamiento es fácil de entender. Globalmente consiste en una hoja que permite registrar en ella lo que pasa. En la casilla *A* se anota lo que acontece (por ejemplo, un examen); en la casilla *P*, lo que se piensa sobre ello ("voy a suspender"); en la *E*, qué tipo de emoción siente (desasosiego), y en la *H*, qué se hace en ese momento para afrontar la situación (ponerse a llorar).

Puede parecer muy complicado, pero llega a ser un juego divertido además de útil. Los padres y los hijos pueden llevar un registro paralelo y dedicar un rato por la noche a cotejarlos. Sólo coincidirán en los registros de las horas que han pasado juntos, pero se tendrá un resumen de lo que el hijo ha estado haciendo y pensando a lo largo del día. Esto da oportunidad para hacer un repaso de la jornada y establecer una conversación íntima que puede ya en sí misma tener buenas consecuencias. Es evidente que en ocasiones alguna de las casillas no se podrá registrar, o alguna de las horas puede quedar en blanco, pero hay que tender a ser lo más minucioso posible y tomar las notas tan inmediatamente como se pueda.

Siempre que haya que referirse a esta hoja en el plan que se va a seguir se le denominará **hoja de registro**.

Hoja de registro							
Días de la semana							
Horas	*L*	*M*	*M*	*J*	*V*	*S*	*D*
8:00	A	A	A	A	A	A	A
	P	P	P	P	P	P	P
	E	E	E	E	E	E	E
	H	H	H	H	H	H	H
9:00	A	A	A	A	A	A	A
	P	P	P	P	P	P	P
	E	E	E	E	E	E	E
	H	H	H	H	H	H	H
10:00	A	A	A	A	A	A	A
	P	P	P	P	P	P	P
	E	E	E	E	E	E	E
	H	H	H	H	H	H	H
11:00	A	A	A	A	A	A	A
	P	P	P	P	P	P	P
	E	E	E	E	E	E	E
	H	H	H	H	H	H	H
12:00	A	A	A	A	A	A	A
	P	P	P	P	P	P	P
	E	E	E	E	E	E	E
	H	H	H	H	H	H	H
13:00	A	A	A	A	A	A	A
	P	P	P	P	P	P	P
	E	E	E	E	E	E	E
	H	H	H	H	H	H	H
14:00	A	A	A	A	A	A	A
	P	P	P	P	P	P	P
	E	E	E	E	E	E	E
	H	H	H	H	H	H	H
15:00	A	A	A	A	A	A	A
	P	P	P	P	P	P	P
	E	E	E	E	E	E	E
	H	H	H	H	H	H	H
16:00	A	A	A	A	A	A	A

	P	P	P	P	P	P	P
	E	E	E	E	E	E	E
	H	H	H	H	H	H	H
17:00	A	A	A	A	A	A	A
	P	P	P	P	P	P	P
	E	E	E	E	E	E	E
	H	H	H	H	H	H	H
18:00	A	A	A	A	A	A	A
	P	P	P	P	P	P	P
	E	E	E	E	E	E	E
	H	H	H	H	H	H	H
19:00	A	A	A	A	A	A	A
	P	P	P	P	P	P	P
	E	E	E	E	E	E	E
	H	H	H	H	H	H	H
20:00	A	A	A	A	A	A	A
	P	P	P	P	P	P	P
	E	E	E	E	E	E	E
	H	H	H	H	H	H	H
21:00	A	A	A	A	A	A	A
	P	P	P	P	P	P	P
	E	E	E	E	E	E	E
	H	H	H	H	H	H	H
22:00	A	A	A	A	A	A	A
	P	P	P	P	P	P	P
	E	E	E	E	E	E	E
	H	H	H	H	H	H	H
23:00	A	A	A	A	A	A	A
	P	P	P	P	P	P	P
	E	E	E	E	E	E	E
	H	H	H	H	H	H	H

Observaciones: ______________________________

____

En la última casilla se registran todas aquellas observaciones que se quieran hacer como aclaratorias del día transcurrido.

Acciones de ayuda

Ya se han mencionado distintos caminos para ayudar a un sujeto con problemas afectivos. Como recordará éstos son:

1. Reducción de las ideas negativas que un niño tiene sobre sí mismo o sobre el entorno.
2. Aumento del número de cosas agradables a las que el niño tiene acceso.
3. Incremento de la capacidad de hacer bien las cosas.
4. Aumento de la calidad de las relaciones interpersonales.
5. Reducción de la respuesta emocional negativa.

Todo ello se puede resumir en dos grandes metas:

- Dar al niño aquello que le falta.
- Suprimir o reducir lo que le sobra.

Vamos a intentar resumir en unos pasos sencillos cómo se pueden llevar a cabo todas estas acciones de ayuda.

Cambio de las ideas negativas. Los sentimientos depresivos no consisten sólo en ideas negativas, pero una parte muy considerable de la depresión está ligada a la interpretación que cada uno da a lo que le pasa y a lo que se piensa sobre la causa de ello. Hay un buen ejemplo en el pensamiento popular sobre una media botella de vino. Los optimistas piensan: "Aún queda la mitad" y en cambio los pesimistas: "No queda más que la mitad". El hecho es el mismo para ambos, pero su apreciación difiere; el pesimista sufre la pérdida y el optimista disfruta de lo que hay.

Es evidente que una de las maneras de combatir la depresión consiste en pensar como lo hacen los optimistas. Pero esto no es fácil y para ello se requiere cambiar una determinada tendencia a pensar y estimar negativamente las propias capacidades y las cosas que acontecen. Veamos algunas posibles medidas que se pueden tomar.

Cambio de la idea de sí mismo. Esta estrategia se debe llevar a cabo cuando un niño o adolescente se halla en la situación de pensar cosas como: no sirvo para nada, soy feo, no le gusto a la gente, nadie me quiere, todo lo hago mal, soy poco inteligente, me van a hacer a un lado, etc. Son generalizaciones excesivas que hay que reducir a su sentido justo. Por ejemplo, hay que procurar cambiarlas por frases como: "Tengo que trabajar más", "hoy me ha salido mal el examen" o "he estudiado poco".

Cuando un niño se encuentra en la circunstancia de pensar cosas como las anteriormente expuestas estamos ante un caso claro de pérdida de la autoestima, que es una de las características de los niños deprimidos. Por tanto, la meta concreta de ayuda en tales casos ha de tratar de mejorar la autoestima de este niño.

La autoestima tiene dos componentes principales, que son las expectativas del sujeto y los logros que éste obtiene, pero combinados en una especie de fórmula matemática:

$$\text{Autoestima} = \frac{\text{Logros}}{\text{Expectativas}}$$

Se puede mejorar la autoestima, bien incrementando los logros o bien rebajando las expectativas, ajustándolas a los logros. Esta es una tarea de reajuste mental.

Sin embargo, antes de comenzar con los cambios de ideas hay un paso previo que se debe dar, y es el de cambiar realmente las cosas que son susceptibles de mejorar, y que pueden estar produciendo desajustes con una base real.

Lo primero que hay que hacer sin ningún tipo de apasionamiento y con la mayor objetividad posible es comparar las ideas negativas del sujeto con la realidad. Si no se da ningún fundamento para llegar a concebir esas ideas hay que entrar directamente en un cambio de ellas, pero si, por el contrario, existe una mínima base real hay que actuar de otra manera y tratar entonces de cambiar esas deficiencias en la medida de lo posible.

El proceso de la ayuda podría seguir en el esquema de las páginas 168-169.

Cambios reales. Son aquellos que se han de llevar a cabo en el contexto del sujeto y que están de algún modo relacionados con la aparición de la depresión. Pongamos por ejemplo que una niña dice que es fea, y resulta que lo es. En tal caso la estrategia debe tratar de hacer un afrontamiento de la realidad mediante cambios reales y compensatorios.

Cambios reales físicos podrían ser una operación estética de nariz, una ortodoncia, un tratamiento del acné, o un régimen de adelgazamiento. Los planes de adelgazamiento en menores deben estar estrictamente controlados por un médico, y ello por dos razones importantes: están en un periodo acelerado de crecimiento en el que hay que tener cuidado con el equilibrio de todos los aportes nutrientes y, sobre todo en las niñas, un plan de adelgazamiento incontrolado puede desembocar en una anorexia que es un trastorno mucho más grave que la obesidad. También para mejorar la apariencia física es muy útil el consejo técnico de una persona experta en la forma de vestirse, maquillarse y arreglarse, etc., cosas que son importantes, sobre todo, en la adolescencia.

Existen también otros caminos indirectos que consiguen equilibrar la balanza; podemos contar con **recursos compensatorios**, consistentes en buscar el incremento de cualidades como la simpatía, la competencia o la cooperación con los otros. En el caso de las chicas, en las que un desencadenante muy habitual suele ser la apariencia física, se puede recurrir a la lectura de vidas de mujeres famosas y atractivas, como Josefina Baker, Maria Callas, Madame Curie, pero no exactamente guapas, y que han destacado en el mundo del arte, de la ciencia o de la política, podría representar una gran ayuda, cuyo sentido se resumiría en el refrán: "La suerte de la fea, la guapa la desea." En los varones, cuyo desajuste suele estar basado más bien en la talla pequeña o en la inhabilidad para el deporte, la solución estaría por el camino de lograr el incremento del sentido del humor, el desarrollo de habilidades intelectuales y de la simpatía, recursos que son más aplicables en estos casos.

Otro ejemplo de **ajuste ambiental** podría verse bien en el caso de un niño que comenzó a presentar sus síntomas depresivos asociados a un cambio de escuela. La nueva resultó ser más exigente y con un nivel medio de rendimiento más alto que la anterior. Las condiciones intelectuales del niño y su preparación anterior no permitían alcanzar ese nivel y estaba sometido a un estrés excesivo. En este caso un cambio de escuela de nivel normal resultó ser muy pertinente, puesto que permitió al niño llevar a cabo sus estudios con normalidad y reducir el estrés, mejorar sus notas y por tanto sus sentimientos negativos.

Otro cambio ambiental importante, referido a la familia, es modificar el sistema de críticas, si las hubiere. Todos, y sobre todo los niños, construyen su imagen sobre la base del juicio de los otros, fundamentalmente sobre el de los padres y maestros. Si a alguien le dicen que es guapo, bueno, listo, amable y simpático es improbable que el reflejo que vea de sí mismo en los otros le lleve hacia una baja autoestima. Sin embargo, si otro oye que es un desastre, latoso, torpe, desaliñado, es muy probable que esa acabe por ser su imagen de sí mismo.

Evitar las críticas no quiere decir pasar por alto los defectos. "¡Pon los zapatos en su sitio, ahora!", es una crítica al desorden, pero es más constructiva que decir: "Eres un desordenado"; "vuelve a doblar eso" es una corrección preferible a "eres un desastre, otra vez has dejado la camisa hecha un lío". En un caso se soluciona un problema concreto, en el segundo simplemente se constata una manera de ser que no se aprecia.

Los padres y los maestros tienen que ser muy cuidadosos con sus hábitos de crítica y deben cambiarlos si éstos son inadecuados, porque sobre ellos se construye la imagen que cada niño dibuja sobre sí mismo.

Cambios mentales. Naturalmente, aunque se solucionen otros elementos estrictamente objetivos o ambientales, siempre es pertinente poner en marcha un cambio de ideas, porque muchos sujetos tienen una autopercepción negativa sin ningún fundamento en la realidad, haciendo verdad el dicho: "Nada es verdad o mentira, todo es según el color del cristal con que se mira."

Los expertos llaman al método de cambiar percepciones: **restructuración cognitiva**. Ésta consiste fundamentalmente en llegar a sustituir un juicio negativo, ocasionado por las distorsiones y errores de apreciación que son típicos de la depresión, por otras valoraciones más positivas. Los deprimidos "lo ven todo negro", y mediante aquella restructuración hay que lograr que lo vean, si no "rosa", por lo menos de su verdadero color.

Muchas veces, al principio, a los sujetos deprimidos les cuesta cambiar de idea, porque llenan el pensamiento con ideas negativas e incluso ocupan gran parte del tiempo rumiándolas. Una ayuda en esta dirección consiste en enseñarles previamente dos cosas antes de empezar formalmente con la restructuración:

a) *A poner la mente en blanco*. A los niños les suele ayudar, para lograrlo, la imagen de que deben "pasarse una esponja por la frente", como técnica para quitarse el pensamiento negativo de la cabeza.

b) *Ocupar la mente con una imagen positiva*. Hay que entrenar al niño en la tarea de imaginarse actividades satisfactorias. Pensar, por ejemplo, en comer un helado, nadar, etc., es lo que suele usarse para conseguirlo.

La imaginación potente de los niños es un buen aliado en esta tarea. Una vez que el niño tiene libre su mente de contenidos negativos se puede comenzar con más posibilidades de éxito una restructuración.

Pongamos un ejemplo. Supongamos que un niño piensa: "Nadie me quiere" y es un juicio que no se ajusta a la realidad. Vamos a exponer los pasos de una restructuración cognitiva en este caso.

Pasos

1. Hacerle ver que eso ha empezado a pensarlo en un momento determinado, pero no siempre ha sido así (por ejemplo: Te acuerdas cuando estábamos de vacaciones y decías cuánto nos queríamos...). Concretar que lo malo ha comenzado en el momento que se sentía mal por otras cosas (por ejemplo: ¿No crees que has empezado a pensar que no te queremos desde que papá te castigó por las notas?).

2. Mostrarle cómo realmente muchas personas se comportan como si lo quisiesen: sus padres, familiares, amigos y vecinos le prestan atención, se preocupan por él, le hacen compañía, le llaman por teléfono; por tanto es una equivocación pensar que no lo quieren.

Ejemplos: ¿Has visto cómo la abuela te hace arroz con leche el domingo, porque te gusta?, ¿te has fijado en que tu amigo te llama todos los días?

Ayuda a llevar a cabo esta tarea anotar diariamente cada cosa positiva que acontece, y para ello ha de usarse la hoja de registro.

3. Hay que hacerle ver que tiene que cambiar de idea y empezar a pensar que sí lo quieren, pero que él no sabe verlo.

Ejemplos: Papá me quiere y le preocupan mis notas. La abuela me quiere y se toma la molestia de cocinar lo que me gusta. Pedro me quiere y le gusta hablar conmigo por teléfono. Estos pensamientos han de ser también anotados.

4. Hay que poner especial atención a alabar cuidadosamente las cosas que hace bien. Para ello es conveniente proporcionarle una lista de cosas que puede hacer para estimular la buena comunicación, "el buen rollo con los otros", y por tanto provocar sensaciones agradables.

Ejemplos:

a) Alabar las cosas que le parezcan bien: comida, tiempo, juegos.
b) Decir a las personas que se alegra de verlas.
c) Decir a los otros cosas agradables sobre su peinado, vestido o trabajo.
d) Expresar los propios sentimientos: Estoy cansado, estoy triste, pero sobre todo aquellos que resulten positivos: estoy contento, estoy divirtiéndome, etcétera.

Naturalmente, los padres han de estar especialmente atentos a alabar cada esfuerzo que el niño realice en esta dirección.

Todos estos pasos pueden ser aplicados también sobre cualquier juicio negativo acerca del entorno, escuela, maestros, compañeros.

Cuanto más pequeño es un niño, más difícil es seguir estos pasos. No se recomienda este tipo de ayuda por debajo de los siete años. Si hubiese un problema de autoestima en un niño más pequeño, la recomendación es incrementar el contacto afectivo, los juegos conjuntos y las alabanzas que se le dedican, junto con una reducción al mínimo posible de los juicios críticos.

Aumento del número de cosas agradables a las que el sujeto tiene acceso. Los profesionales llaman a esto un **plan de actividades gratificantes**. En el fondo se trata de hacer que una persona deprimida haga cosas antidepresivas para producir en el ánimo del sujeto una contrapartida. Los niños deprimidos se encuentran mal, y entonces dejan de hacer las cosas que les gustan, y esto les lleva a encontrarse cada vez peor. Es un círculo vicioso que hay que romper.

Es sabido que al principio se resisten a hacer las cosas que se les aconsejan, pero poco a poco van entrando en la rueda, con la ayuda para realizar estas acciones gratificantes. Normalmente los padres conocen las cosas que agradan a los hijos, aunque puede ocurrir que sus gustos hayan cambiado. Por eso, en el cuadro 6.3 se listan las cosas concretas agradables que se le pueden dar a leer para que señale cuáles son sus actuales preferencias.

Cuadro 6.3. Listado de actividades placenteras.

	Sí	*No*
Tocar un instrumento		
Dibujar		
Leer		
Jugar con amigos		
Escribir		
Oír música		
Ir de compras		
Ropa nueva		
Dinero		
Recibir regalos		
Hacer regalos		
Salir a comer		
Alquilar videos		
Comida especial, ¿cuál? ________		
Irse más tarde a la cama		
Que llamen los amigos		
Que digan que me quieren		
Que me besen		
Que me inviten		
Que me feliciten		
Que me alaben		
Imaginar cosas agradables		
Tener vacaciones		
Ir al zoológico		
Ir al parque de atracciones		

Cuadro 6.3. (*Continuación*.)

Ir a nadar		
Ir al cine		
Ir a bailar		
Ir al teatro		
Ir a conferencias		
Ir de campamento		
Coleccionar estampillas postales		
Coleccionar cromos		
Hablar por teléfono		
Ir a dormir a casa de un amigo		
Invitar a un amigo a mi casa		
Dormir		
No ir a la escuela		
Ir a la escuela		
Hacer trabajos manuales		
Hacer reparaciones		
Tener un perro		
Salir con amigos		
Ver TV		
Videojuegos		
Jugar al billar		
Jugar cartas		
Jugar a los bolos		
Visitar a la familia		
Conocer nuevos sitios		
Hacer deporte (marcar cuáles)		
Patinar		
Tenis		
Padel		
Futbol		
Senderismo		
Basquetbol		
Bicicleta		
Pescar		
Escalar		

Impulsividad y falta de autocontrol

1. Con frecuencia actúa y habla sin pensar en las consecuencias.	
2. Hace comentarios inapropiados acerca de los demás.	
3. No concluye las tareas y a menudo pasa de una tarea a otra sin haber terminado la primera.	
4. No respeta los turnos y/o actividades de otros.	
5. Quiere obtener inmediatamente lo que desea.	
6. Interrumpe a los demás, distrae a otros y habla demasiado en momentos inadecuados.	
7. Actúa sin pensar, no puede parar una conducta inadecuada y no mide las consecuencias de la misma.	
8. Golpea y pelea con otros frecuentemente.	
9. Empieza a trabajar sin haber leído las instrucciones.	
10. Se molesta si las cosas no le resultan al primer intento como él quisiera, abandonando la actividad.	

Si ha señalado seis o más de la lista anterior, su niño presenta un cuadro significativo de impulsividad y falta de autocontrol.

Hiperactividad

1. Se mantiene en constante movimiento.	
2. Mueve y juega con las manos, dedos y piernas constantemente.	
3. Se mece en la silla, y a menudo se cae de ella.	
4. Cualquier objeto cercano es, para él, un juguete.	
5. Se le dificulta estar quieto en un solo lugar.	
6. Le cuesta regular su nivel de actividad de acuerdo con las demandas de la situación.	
7. Todo lo toca, todo lo explora.	
8. Es muy social, platicador y extrovertido.	

Si usted ha señalado seis o más de la lista anterior, su niño presenta un cuadro significativo de hiperactividad.

¿QUÉ TIPO DE TDAH PRESENTA?

Para saber qué tipo de desorden presenta su niño, evalúe cuál es el conjunto de características que predomina en la lista que ha llenado de la observación de su niño. Si ha notado que las características están en proporciones iguales, sin predominancia de ningún grupo, entonces es un tipo combinado.

Si después de haber leído este capítulo y los resultados de las listas de verificación, junto con la conducta que usted observa en su niño, le sugieren que hay un desorden, se le recomienda acudir a un profesional, psicólogo o su pediatra, para establecer un diagnóstico clínico y diseñar un plan de acción.

Es necesario que la evaluación clínica incluya una prueba que pueda medir cuantitativamente la atención del niño, su capacidad para resolver problemas y sus destrezas de reflexión. Es recomendable evaluar y hacer un diagnóstico de TDAH basándose en un enfoque multidisciplinario que incluya a los padres, maestros, psicólogo, neurólogo y pediatra para obtener información e interpretar una variedad de áreas del funcionamiento del niño. Debe incluir también un autorreporte, junto con una entrevista clínica con los padres y una historia física del niño. Las observaciones de la maestra acerca de la conducta del niño en clase son importantes, como herramienta inicial para poder establecer el nivel de atención, actividad, impulsividad y rendimiento en las diferentes áreas.

Los padres y maestros pueden llenar cuestionarios estandarizados para compilar sus observaciones en diferentes áreas y situaciones.

En resumen, las áreas que el clínico debe considerar para el diagnóstico de TDAH son: una historia clínica y de desarrollo del niño, entrevistas y cuestionarios con padres y maestros, evaluación psicométrica del funcionamiento intelectual y emocional del niño, tests de habilidades cognitivas, examen médico general, examen neurológico y una observación cuidadosa de la conducta del niño en la clínica del psicólogo.

En la evaluación lo más importante no es qué prueba se utilice, sino cómo responde el niño a cada parte de la misma. En el caso del niño preescolar, observar las formas que usa para solucionar las tareas y problemas es a veces información más valiosa que los resultados de las pruebas. Las conductas de interés durante la evaluación suelen ser: ¿Responde impulsivamente a preguntas? O, ¿parece que piensa en alternativas?

¿Es su conducta inquieta? ¿Se mueve, juguetea y no está quieto aun cuando está interesado en la tarea? ¿La conversación tiene sentido y secuencia? O ¿Es una lluvia de ideas, o sea que dice lo primero que se le ocurre o le viene a la mente?

¿Se distrae frecuentemente y responde a los ruidos o eventos que están fuera de la tarea o el salón? ¿Comenta acerca de eventos externos, que no se relacionan con la actividad?

Frecuentemente hace preguntas y comentarios como: "¿Cuándo terminará el juego?" "¿Qué haremos después?" "¿Qué otros juegos hay?",

"¿Cuánto hace falta para terminar?", o hace afirmaciones o comentarios como: "Cambiemos de juego" o "ya me aburrí".

Para llegar a un diagnóstico, todo lo anterior debe complementarse con la revisión de los criterios diagnósticos de TDAH e interpretación de los resultados de evaluación que documentan dificultad en áreas que requieren atención y planeamiento.

En su observación, los padres y maestros deben notar:

1. Cómo trabaja el niño independientemente. Si se concentra en lo que hace, o si busca actividades fuera de la tarea que está haciendo; si se nota cómodo solo o busca involucrar a otros; si pide ayuda o demanda atención, etcétera.
2. Cómo interactúa el niño con sus compañeros. Trabaja en equipo (es cooperativo), o es competitivo; sabe tomar turnos y respetarlos o se involucra drásticamente en el trabajo de otros, hace y respeta actividades solitarias aunque esté en un grupo, etcétera.
3. Cómo se desempeña el niño en diferentes ambientes. En la clase de gimnasia, en la cafetería, en el recreo y durante una clase, en una conferencia y en la iglesia. Qué tan involucrado está con la actividad y si su grado de actividad es adecuado para la situación, por ejemplo: corre y salta en el recreo, pero está tranquilo y atento en una conferencia.

PROBLEMAS ASOCIADOS CON EL TDAH

El niño con TDAH puede presentar otros problemas secundarios derivados de la forma como les afecta a las otras personas su comportamiento y como a él mismo le afecta la reacción del adulto y otros niños.

Dificultades académicas

El niño con TDAH necesita un gran esfuerzo para llegar a ser un buen estudiante. Su dificultad para prestar atención, deficiente memoria a corto plazo y tendencia a responder impulsivamente, entorpecen el proceso de aprender y recordar nueva información. La inquietud, inatención, dificultad para organizar el trabajo y seguimiento de instrucciones afectan la capacidad para terminar o entregar sus tareas a tiempo y en forma correcta, afectando su rendimiento académico y el que llegue al máximo de su potencial intelectual.

A menudo presenta lagunas en el conocimiento debido a que habilidades que no han sido dominadas en cursos anteriores dificultan la adquisición de habilidades nuevas más tarde, siendo el impacto de los síntomas de TDHA en el funcionamiento académico progresivo y acumulativo.

Además, las dificultades académicas suelen ser mayores cuando el TDAH coexiste con algún problema de aprendizaje.

Problemas de conducta

Muchos niños con TDAH muestran dificultad para controlar sus impulsos y pueden mostrarse agresivos y desobedientes. El niño puede agredir físicamente a otros y hasta causar daño, ya sea con o sin intención, a menudo sin provocación aparente o como sobrerreacción a una agresión menor o accidental; por ejemplo, puede iniciar una pelea debido a que un compañero se tropezó con él.

La desobediencia suele ser resultado de la dificultad en la atención. No escucha cuando los padres y maestros le hablan, o no entiende ni recuerda la instrucción que se le dio, sobre todo si ésta es en secuencia. Muchas veces es considerado un niño desobediente al que "hay que repetirle las cosas mil veces para que haga caso". En realidad, lo que pasa a menudo es que le piden al niño que traiga de la cocina un vaso con agua, pero camino a la cocina se encontró la televisión encendida y se quedó allí... y el vaso con agua se le olvidó por completo.

Dificultades sociales

La falta de autocontrol deriva en consecuencias serias en la capacidad para relacionarse satisfactoriamente con los demás. La dificultad para atender las claves sociales, esperar turnos, levantar la mano para hablar, seguir reglas o retarlas constantemente afecta su interacción social y aceptación de sus compañeros. Además, por su impulsividad, a menudo hace comentarios inapropiados y se involucra de forma intempestiva en las actividades de otros, lo que es molesto para los demás y hace que, en la mayoría de los casos, lo rechacen y ya no quieran compartir con él. Esto puede llegar a generar un rechazo o evitación, y que se sienta apartado del grupo sin saber por qué o cómo solucionarlo.

Autoestima

El darse cuenta de que "nada le sale bien", ni en la escuela ni en lo social, y los constantes regaños, castigos y llamadas de atención de los maestros y padres suele afectar la autoestima del niño, y que se sienta desmotivado, frustrado, inadecuado y diferente. Estos sentimientos se ven afectados por las expectativas de los demás, las cuales no siempre van de acuerdo con las capacidades y habilidades del niño, lo que permite crear percepciones acerca de sí mismo que le hacen sentirse incapaz. Sus experiencias en general son negativas y no logra éxito en las diferentes áreas que mantendrían una autoestima favorable, como la social, académica y familiar, dando como resultado sentimientos de depresión y minusvalía.

¿TIENE EL NIÑO PROBLEMAS ASOCIADOS CON EL TDAH?

Para identificar qué problemas asociados a TDAH puede tener el niño, señale con una *X* las conductas que lo describen:

1. Dificultades académicas:

Su desempeño no refleja su capacidad intelectual.	
Olvida hacer o entregar sus tareas escolares.	
No termina las tareas escolares a tiempo.	
No presta suficiente atención en clase.	
No tiene sus materiales completos a tiempo.	

2. Problemas de conducta

Agrede y lastima físicamente a otros sin intención.	
Sobrerreacciona a agresiones pequeñas o accidentales de otros agrediendo intencionalmente.	
Desobedece las instrucciones de los padres o maestros.	
Es necesario repetirle las instrucciones varias veces para que las atienda.	
Reacciona mal cuando pierde y las cosas no salen como él quiere.	

3. Dificultades sociales

No entiende las señales que le dan otras personas sobre sus estados de ánimo o disposiciones.	
En los juegos en grupo le cuesta seguir las reglas.	
Le es difícil esperar turnos en las filas y juegos organizados.	
Hace comentarios molestos para los demás.	
Interrumpe de manera drástica en las actividades de los demás.	
Tiene pocas amistades, y a los demás niños no les gusta jugar con él.	

4. Autoestima

Se ve desmotivado a tratar cosas nuevas, como juegos, actividades, etcétera.	
Se enoja fácilmente o deja de jugar si pierde en un juego.	
Se siente diferente a los demás, y lo manifiesta evitando compartir con ellos.	
Se siente inútil ante una situación un poco difícil para él.	
Se siente rechazado por sus compañeros.	

Si ha marcado tres o más casillas de cada uno de los apartados, ha identificado algún problema asociado al TDAH que merece atención.

¿CON QUÉ PUEDE CONFUNDIRSE?

En algunos casos un niño puede presentar ciertos problemas de atención que podrían confundirse con TDAH, así como problemas de aprendizaje, trastorno oposicional y de conducta, pequeño mal, trastornos de ansiedad y respuesta al trauma y trastornos del estado de ánimo.

Problemas de aprendizaje

Algunos niños con TDAH presentan problemas en lectoescritura, matemáticas y motricidad. Las dificultades de atención son secundarias al problema de aprendizaje porque el niño no presta atención en clase debido a que, de antemano, considera que no va a entender la tarea y pierde el interés.

Es importante determinar si los problemas de atención se deben a un problema de aprendizaje o no, sobre todo cuando no se notaron conductas características del TDAH en la edad preescolar o cuando se le introduce a temas académicos nuevos y difíciles.

Trastorno oposicional y de conducta

Muchos niños con TDAH muestran problemas de conducta, algunos en forma tan extrema que pueden llegar a tener el diagnóstico de trastorno oposicional. Este trastorno se caracteriza por arranques temperamentales, peleas y desafíos a los adultos, molestar intencionalmente a otros y no aceptar la responsabilidad de sus propios actos, culpando a los demás. Si las conductas derivan en violaciones a las leyes sociales, se considera un trastorno de conducta. Por su similitud en ciertos síntomas de impulsividad y la falta de previsión de las consecuencias podría confundirse el TDAH con un trastorno de conducta, aunque ambos trastornos pueden coexistir.

Pequeño mal

Es un tipo de epilepsia que consiste en "ausencias" en las que los niños parecen estar inatentos o "desconectados", y que pueden presentarse varias veces en cortos periodos de hasta 60 segundos, después del cual vuelve a la conciencia, aunque un poco desorientado y sin darse cuenta de qué pasó.

Este trastorno puede confundirse con TDAH, porque las ausencias y sus consecuencias pueden ser interpretadas como falta de atención. Al dudar, es necesaria una evaluación neurológica para descartar esta posibilidad.

Trastornos de ansiedad y respuesta al trauma

Los niños nerviosos o tensos pueden parecer inquietos e inatentos, ya que altos niveles de ansiedad afectan la memoria y ejecución durante las situaciones que les provocan angustia. Quienes han experimentado situaciones traumáticas, como desastres naturales, abusos, violencia o intervenciones quirúrgicas, pueden llegar a sobrerreaccionar con ansiedad hacia su ambiente, lo cual les dificulta la tarea de concentrarse y atender. En estos casos, los problemas de atención y concentración ocurren después de un evento traumático identificable, mientras en el TDAH las manifestaciones se dan desde etapas muy tempranas del desarrollo.

Trastornos del estado de ánimo

La depresión, donde las funciones cognitivas también están deprimidas, puede manifestarse muchas veces como una dificultad en mantener la atención y la concentración. Además la irritabilidad, agresividad, hiperactividad, falta de motivación y dificultad para terminar las tareas podrían apuntar a un diagnóstico de TDAH. Es frecuente que el niño con TDAH termine desmoralizándose y perdiendo el interés por las actividades académicas, debido a su bajo y difícil desempeño, pero no se mostrará tan apático a otras actividades y diversiones como el niño deprimido.

POSIBLES CAUSAS DEL TDAH

FACTORES BIOLÓGICOS

Existen investigaciones que señalan factores hereditarios como una posible causa de TDAH, sobre todo entre familiares de primer grado.

Los factores biológicos están relacionados con anormalidades en la función neurológica, debida a un mal funcionamiento de la química cerebral, en los neurotrasmisores noradrenalina y dopamina en la parte frontal del cerebro, identificada como responsable de la función ejecutiva, regulación de la atención, inhibición de la información sensorial y control de la impulsividad.

Las regiones encargadas de controlar la atención no reciben ciertos neuroquímicos, mientras que en las que se ocupan del procesamiento de información sensorial hay un exceso de éstos, por lo que existe un desbalance. Esto explica que a la vez que el niño tenga dificultades en enfocar la atención, sea también sensible a los estímulos distractores externos.

FACTORES BIOAMBIENTALES

Hay investigaciones sobre los efectos de la dieta en las manifestaciones conductuales características del desorden, específicamente colorantes, aditivos y azúcares. Asimismo, se ha encontrado que niños con TDAH consumen menos glucosa cerebral, como fuente de energía, que los niños sin este desorden.

FACTORES AMBIENTALES

No se ha determinado una causa específica ambiental de TDAH. La estructura, límites y atención brindados por los padres pueden mejorar o empeorar los síntomas en el niño con una condición preexistente.

Los estilos de crianza en el hogar también son importantes, pues marcan el proceso de socialización del niño. En el niño genéticamente vulnerable a presentar TDAH los estilos de crianza poco estructurados y permisivos o excesivamente rígidos pueden contribuir al desarrollo y mantenimiento de los síntomas.

FACTORES MÉDICOS

El que la madre haya consumido drogas o alcohol durante el embarazo, preclampsia o eclampsia, sufrimiento fetal o complicaciones durante el parto, que pueden dejar como secuelas la inquietud, falta de atención e impulsividad.

TRATAMIENTO

El tratamiento debe ser diseñado por un profesional, adecuado al grado de desarrollo, situación escolar, familiar y social del niño con el fin de desarrollar herramientas de manejo para hacer frente a sus manifestaciones y lidiar con las situaciones que se le presentan para lograr una mejor adaptación, y debe abarcar:

1. Control y modificación de conducta en clase y en casa. Consistentemente aplicadas son de gran ayuda para controlar al niño en casa y en la escuela, y enseñarle a conocerse y controlarse.
2. Información y adiestramiento a los padres y la familia sobre qué es TDAH, cómo se presenta, cuál es su tratamiento y qué se puede esperar del niño con TDAH.
3. Terapia individual para el niño. Técnicas cognitivo-conductuales que incluyan solución de problemas, manejo de frustración, autoestima, habilidades sociales, técnicas de autocontrol y de mantenimiento de la atención.
4. Actividad física. Que el niño realice dos o más veces por semana actividades acordes con sus aficiones y habilidades, como karate, natación o gimnasia, para que pueda invertir y canalizar en ella su excesiva energía.
5. Intervención y trabajo en equipo con la escuela, maestros y padres.
6. Utilización de medicamentos cuando el pediatra/neurólogo lo considere necesario y bajo su estricta supervisión.

Tratamiento con medicamentos

Para los padres suele ser difícil tomar la decisión de dar medicamentos, a menudo por sentimientos de temor a los efectos secundarios o a crear una dependencia externa, o culpa. Sin embargo, la experiencia ha demostrado que la mayoría de niños se benefician con la medicación como parte del tratamiento. Se recomienda a los padres tener una plática con el médico tratante, para aclarar todas las dudas e informarse a fondo sobre las diferentes opciones y el medicamento prescrito a su hijo.

La decisión final corresponde a los padres, y el psicólogo tratante debe apoyarla, así como se espera que el colegio apoye y comprenda la necesidad del fármaco en un niño. A menudo es necesario pedir la colaboración del personal del colegio, enfermeras o supervisoras, para regular y revisar la toma de la medicina, en la dosis y hora establecidas, así como el desempeño del niño bajo sus efectos y cualquier molestia o efecto secundario que se pudiera presentar.

En las primeras semanas de tratamiento el médico puede variar las dosis, empezando con dosis bajas y monitoreando los resultados, hasta llegar a una dosis terapéutica.

Los medicamentos más comunes para el tratamiento de TDAH son algunos estimulantes, cuyo efecto en los neurotrasmisores permite enfocar mejor la atención y regular el nivel de actividad e impulsividad. Uno de los más utilizados actualmente es el metilfenidato en diferentes presentaciones (*Ritalina, Concerta*).

¿CÓMO AYUDAR EN EL TRATAMIENTO? GUÍA PARA PADRES Y MAESTROS

1. Incremente los sentimientos positivos entre padres e hijos destinando cierta cantidad de tiempo al día para realizar actividades especiales escogidas por el niño.

2. Haga un compromiso con el niño para llevar a cabo cambios en la disciplina, instrucciones, formas de trabajo y otros hábitos.

3. Mantenga una comunicación cercana entre padres y maestros para llevar un monitoreo del rendimiento y la conducta del niño en clase.

4. Provea la mayor estructura posible: comunique al niño qué se espera de él, asegurándose que las reglas estén claras y manteniendo una comunicación abierta. Adviértale las consecuencias de una conducta no aceptable o esperada y refuerce el trabajo y conducta acordados. Ayúdele a organizar el material, de forma que sea comprensible para él, y muéstrese abierto y dispuesto a aceptar algunos cambios en las tareas y en la estructura del día, alternando periodos de actividad y de reposo. La estructura debe ejecutarse primero externamente (por medio de reglas, monitoreo y retroalimentación de los adultos) para que así el niño las aprenda e internalice poco a poco y se convierta en una forma de conducta propia.

5. Provea y maneje estrategias de enseñanza creativas e interactivas que motiven y mantengan la atención del niño. Recuerde que los estímulos nuevos y llamativos, y la capacidad de expresarse hacen la tarea más interesante y mantienen el entusiasmo.

6. Trabaje en equipo con los otros adultos responsables. Es recomendable tener reuniones de seguimiento cada cierto tiempo para estar informado sobre mejorías o problemas que puedan darse en el camino y mantener siempre la comunicación abierta entre todos los involucrados.

7. Asuma un compromiso en el que se respete la confidencialidad del niño respecto de sus notas, toma de medicamentos y tareas especiales.

8. Si las reglas del colegio lo permiten, modifique las tareas o las hojas de trabajo en clase reduciéndolas, cambiando tareas escritas por orales y dando más tiempo de lo estipulado para un ejercicio si fuera necesario.

9. De ser necesario, haga una modificación ambiental en la cual incluya situar al niño en un lugar en donde haya menos estímulos distractores, y en el aula, donde el maestro pueda tener contacto visual con él.

10. Desarrolle claves entre el maestro y el niño, de manera que una seña, conocida sólo por los dos, sirva para llamar la atención del niño.

11. Limite las tareas en casa a una cantidad adecuada para que el niño no pase todo el día haciendo trabajo escolar o reponiendo el no completado en clase.

12. Ayude a organizar sus deberes y horarios, revisando la libreta para ver si ha apuntado las tareas del día, si lleva los libros que va a usar y el tiempo que va a necesitar.

13. No humille al niño frente a los demás, no lo ridiculice ni lo haga ver o sentir incapaz; recuerde que su autoestima es frágil y por esto debe cuidarse y respetarse, de lo contrario puede hacerle un gran daño emocional. Sea empático y trate de comprenderlo y ayudarlo.

14. Valore la diferencia del niño y trabaje aumentando sus fortalezas o áreas fuertes.

Enfóquese en lo positivo

1. En vez de ver únicamente los errores del niño, descubra sus talentos y habilidades, lo que le gusta hacer y lo que le disgusta.
2. Celebre lo que el niño ya sabe y lo que va aprendiendo.
3. Pregunte a otras personas, a los padres, maestros, guías de clubes o campamentos las destrezas que el niño posee, qué es lo que más le gusta y en qué está interesado.
4. Haga una encuesta de intereses personales y pídale al niño que la responda: ¿qué es lo que más le gusta hacer?, ¿qué le sale mejor?, ¿qué libros ha leído últimamente?, ¿qué le gustaría ser de grande?, ¿a qué le gusta jugar?, etcétera.
5. Una vez que haya encontrado una lista de cualidades e intereses del niño empiece a trabajar con base en ellos.

Cómo mantener la atención y la disciplina

Las reglas deben ser claras y breves. Dé las instrucciones de forma específica, en 10 palabras o menos, para facilitar la obediencia. Una forma de asegurarse de que el niño ha entendido una instrucción es: *a*) decir la instrucción o la regla; *b*) explicar de qué se trata, y *c*) pedir al niño que la repita y que diga qué va a hacer y cómo.

Recompense la conducta de poner atención. Al ver al niño trabajando en una tarea, atento e involucrado en ella, no lo interrumpa, espere a que termine de trabajar y acérquese a él y dígale: "Muy buen trabajo, realmente estabas trabajando en tu tarea." Esto es una valiosa recompensa para el niño.

La **recompensa consistente** ayuda al niño a aprender una conducta nueva, mientras que la recompensa ocasional lo ayuda a mantener conductas que ya ha aprendido. Algunos ejemplos de refuerzos o recompensas que puede usar con su niño, además de los elogios, son:

- Leer juntos cuentos en el tiempo libre.
- Jugar durante el tiempo libre.
- Ganar tiempo extra de descanso.
- Ganar tiempo para jugar en la computadora.
- Realizar una actividad artística especial de su interés.
- Usar el pizarrón para dibujar o jugar.
- Tareas privilegiadas en la clase, como hacer mandados al maestro, borrar el pizarrón o decidir el juego que la clase jugará.
- Si la escuela lo permite, poder llevar un juguete de la casa.

Refuerce la obediencia

Usted puede reforzar o recompensar la obediencia cuando el niño obedezca las órdenes, siga instrucciones o realice una conducta deseada, dándole cumplidos o mostrando otras formas de atención positiva o reconocimiento. El objetivo es aumentar la frecuencia de la conducta deseada cada vez que ésta ocurre, ya sea en el salón de clases, en casa u otro ambiente. Es importante identificar primero qué conducta se reforzará y cuáles serán los reforzadores de acuerdo con el niño, los cuales pueden ser comentarios u otros privilegios.

Un reforzador es un premio que es atractivo para el niño, de forma que lo motive a hacer la conducta que está siendo premiada. Si a su niño no le gusta el circo, no le ofrezca llevarlo si obtiene buenas notas, pues no le interesará. Además, no todos los reforzadores son materiales: los elogios, abrazos y caricias son reforzadores poderosísimos. Pueden utilizarse también incentivos acumulados que funcionarán como motivadores, por ejemplo, fichas o puntos que pueden ser cambiados después por algún premio previamente acordado. El refuerzo de conductas deseadas, además de aumentar la frecuencia con que el niño se comporta de una manera satisfactoria, aumenta la autoestima y el respeto de él mismo.

Costo de respuesta

Esta es una estrategia conductual efectiva, sobre todo cuando el niño necesita más estructura y rutina. Recompense al niño por su conducta positiva con fichas o puntos, pero aclárele también que los puede perder si manifiesta conductas no deseadas.

Automonitoreo del niño para incrementar conducta de permanencia en tarea

El automonitoreo consiste en darse cuenta del propio comportamiento y evaluar su significado y sus consecuencias de acuerdo con la situación, con el fin de lograr un mejor control sobre sí mismo y su relación con su medio. Existen estrategias de automonitoreo y autocontrol para que el niño aprenda a observar su propia conducta, reducir sus problemas de conducta y llegue a aumentar su éxito académico. Además, con estas estrategias se aumenta la responsabilidad del niño en su aprendizaje y conducta. Puede trabajar automonitoreo y autocontrol con el niño de las siguientes formas:

1. Establezca un sistema de señales o claves entre ambos, que haga saber al niño cuándo es necesario el automonitoreo.

2. Identifiquen la conducta que va a ser monitoreada.

3. Diseñe una hoja de registro o tabla que incluya ciertas conductas que están siendo problema. Es importante proporcionar copias al niño para que las llene en situaciones anteriormente acordadas, como en la clase, con ayuda de un maestro, o en casa.

Algunos apartados de la misma pueden ser:

Conducta	*Sí*	*No*
1. Estoy poniendo atención a la maestra.		
2. Estoy pensando en otras cosas que no son de la clase.		
3. Me estoy sintiendo inquieto.		
4.		

Llenar esta tabla facilita al niño darse cuenta de su conducta y el efecto de ésta, lo cual le da lineamientos para poder modificar su comportamiento y autocontrolarse. (El apartado 4 se deja vacío para que los padres o maestros tengan la oportunidad de incluir en él cualquier conducta que sea requerida.)

4. Al dar las hojas de registro, explique al niño, poniéndose usted en su lugar y actúe representando roles y situaciones de la clase y la casa, para ejemplificar cómo llenar la tabla y en qué momento.

5. Póngase de acuerdo con el niño para decidir cuál va a ser la señal que va a atender, del padre o maestro, que signifique que debe sacar su hoja de registro y llenarla.

Advierta las consecuencias de la conducta

Comuníquele al niño, de forma clara, lo que ocurrirá si no obedece. Es muy importante ser consistente en la aplicación de la consecuencia, pues así el niño aprenderá a hacer lo que se espera de él con la advertencia sola y sin necesidad de acudir a la consecuencia. La mejor manera de dar una advertencia es en forma de una frase condicional de: "Si... entonces...", por ejemplo dígale: "Si no recoges tu ropa sucia, entonces no podrás ver tu programa de televisión hoy." Las consecuencias deben ser cumplidas, breves e intensas; algo que realmente le importe al niño para que sean efectivas.

Tiempo fuera

Cuando el niño está causando problemas dentro de un grupo o situación, sáquelo de la misma, enviándolo a una silla aparte, la esquina u otro cuarto, por un periodo breve, sin una distracción, con el objeto de que retome su autocontrol.

Control de proximidad

Permanezca cerca del niño constantemente o acérquese a él a menudo cuando está en un grupo de niños. Tocarle el hombro, darle una mirada o golpear con el dedo sobre el escritorio son formas efectivas de llamar su atención, que él reconocerá y le ayudará a desarrollar autocontrol.

Claves preventivas

Se usan como técnicas para detener una conducta inadecuada antes de que comience, y así evitar una confrontación vergonzosa para el niño enfrente de los demás. Establezca claves o señales con el niño, de manera que una señal o una palabra le diga al niño que ponga o mantenga la atención, deje de platicar o molestar. Por ejemplo, dibuje un semáforo y colóquelo en el escritorio: señalar luz roja indica "cálmate" o "detente". Otra clave puede ser darse pequeños toques en la barbilla, indicando que se desea enfocar la atención.

Recomendaciones para el refuerzo de conductas

1. Sea claro con respecto a qué conducta del niño será reforzada y asegúrese de que el niño haya entendido.
2. Cerciórese de que sus expectativas hacia el niño sean realistas, y no cree expectativas inapropiadas para su edad y desarrollo, que el niño no pueda cumplir.
3. No trate de trabajar muchos aspectos al mismo tiempo. Es mejor ser selectivo y enfocarse en los más importantes. Por ejemplo, primero enfóquese en que el niño traiga siempre todos los libros y cuadernos para sus deberes, después de logrado esto, ya puede pensar en que no se salga de la línea al pintar o mantenga sus lápices de colores ordenados.
4. Diseñe y escoja un programa en el que el niño pueda experimentar éxito desde el principio e incremente su motivación. Conforme la conducta mejora puede aumentarse el nivel del criterio necesario para ganar premios.
5. Involucre al niño en la selección de los tipos de recompensa que ganará. Con esto fomenta el sentimiento de que está haciendo algo con el niño y no a él.
6. Asegúrese de proveer la mayor cantidad de reforzador verbal ("Lo hiciste muy bien", "estoy orgullosa de ti", "eres un buen chico", "te felicito"), en lugar de tangibles, como materiales, comida, dulces, crayones o juguetes.
7. Sea consistente tanto en el seguimiento del programa como en la entrega de recompensas o castigos.

Aumente el refuerzo positivo

Preste atención y refuerce el comportamiento positivo y adecuado del niño cada vez que se presente, para diferenciarlo del negativo e indeseable. De esta forma se estará incrementando la posibilidad de que el niño se comporte de las maneras deseables, mientras que se disminuye la frecuencia de las conductas indeseables, debido a que él se da cuenta de que no gana nada con ellas, en contraposición a lo que obtiene con las buenas.

Utilización de consecuencias negativas para reducir mala conducta

Cuando una conducta en particular es seguida consistentemente por consecuencias negativas para el niño, la conducta disminuye en frecuencia e intensidad. Esto es lo que se llama **castigo**, y debe ser, además de consistente, breve, inmediato y no emocional. Se recomienda que elabore una lista de consecuencias negativas para el niño, y que éstas puedan ser avisadas y utilizadas en el momento preciso.

Es importante que no insista demasiado en las consecuencias negativas, pues el niño se desmotiva si se le castiga con mucha frecuencia, perdiendo el interés. En cambio, enséñele y refuerce conductas alternativas a las que castiga. Por ejemplo, si castiga al niño por saltarse la pared entre su casa y la de su vecino, enséñele y refuerce el salir y entrar por la puertas de la calle cuando va a visitar a su amigo.

Una combinación de tiempo especial, refuerzo positivo y consecuencias negativas para motivar la buena conducta es útil con todos los niños. Sin embargo, con el niño con TDAH tenga en cuenta algunos puntos:

- El niño con TDAH necesita más retroalimentación acerca de lo que hace, de las expectativas de los padres o maestros, y de lo que se espera y puede ganar al cumplir estas expectativas.
- Este niño con TDAH trabaja mejor con metas a corto plazo y recompensas diarias, pues más oportunidad para ganar privilegios lo mantiene más motivado e interesado en la tarea.
- El niño a menudo necesita algunos cambios en el programa para mantenerse interesado en él. Por ejemplo, cambiar la presentación de los reforzadores, fichas por puntos o monedas, para darle variedad al programa.

Otras estrategias útiles

- **No se rinda.** Evite que el niño consiga lo que quiera, al saber que el aumento de conductas adversas harán que usted ya no aplique el programa.

- **No amenace ni grite.** Evite alterar su propio comportamiento en busca de que el niño obedezca. Si considera que va a perder el control, aplíquese usted mismo "tiempo fuera", hasta que lo recupere.
- **Ignore.** No preste atención a las llamadas de atención inapropiadas para la edad del niño, como gemidos, berrinches y gritos.
- **Mantenga la calma.** Controle su enojo para no causar daño físico ni emocional al niño. Si necesita aplicar un castigo utilice métodos como la pérdida de privilegios en lugar del castigo físico.

Informándose sobre el TDAH y siguiendo los lineamientos que se le dan en este capítulo, usted, como padre o maestro, puede ayudar en gran medida a su niño. Recuerde que es un problema que, en la mayoría de los casos, afecta todas las áreas importantes de la vida del niño y a quienes le rodean. Al ayudar al niño a aprender a controlarse, focalizar su atención y medir sus acciones no sólo estará obteniendo de él buena conducta y buen rendimiento académico, sino que le estará comunicando su amor e interés, dándole la seguridad emocional necesaria para una buena autoestima y autoconfianza. Si su niño ve que usted cree en él, lo respeta y lo comprende, él podrá tener los mismos sentimientos por sí mismo.

El niño hiperactivo tiene muchas bendiciones: es incansable, es creativo, simpático, platicador, ingenioso. La casa y la clase no serían lo mismo sin él. Su ausencia se nota, pues se percibe una calma inusual, y su presencia se siente. Estos niños, con la velocidad con que piensan y actúan, pueden ser trabajadores ingeniosos e incansables, particularmente cuando logran controlar su déficit de atención, su baja tolerancia a la frustración, su impulsividad y su hiperactividad.

El trabajo requiere mucha paciencia y compromiso, pero el objetivo es invaluable. No se dé por vencido ni se culpe por alguna falla o cuando las cosas no salen como lo esperaba, pues esto puede limitar el trabajo y cambiar las expectativas que se tenían anteriormente. Tenga presente que no se trata de buscar a quien culpar, pues no es culpa de nadie; sino de ayudar a un niño para quien las cosas son algunas veces un poco más difíciles.

LECTURAS RECOMENDADAS

American Psychiatric Association. (2000). *Manual diagnóstico y estadístico de los trastornos mentales*-IV. Texto revisado. Barcelona: Masson.

Honos-Webb, L. (2005). *The gift of ADHD.* Oakland: New Harbinger Publications.

Kraus, J. (2004). *Cory stories: A book about living with ADHD.* Florida: APA.

Monastra, V. (2004). *Parenting children with ADHD: 10 lessons that medicine cannot teach.* New York: APA.

Nemiroff, M. y J. el Annunziata. (2007). *Me van a ayudar: El TDA explicado a los niños*. México: Manual Moderno.

Rief, S. (1993). *How to reach and teach ADD/ADHD: Practical techniques, strategies, and intervention for helping children with attention problems and hyperactivity*. Nueva York: Center for Applied Research in Education.

Warren, M. (2002). *Behavioral management guide: Essential treatment strategies for child psychotherapy*. New Jersey: Jason Aronson.

8

Cómo enseñar a los niños a pensar racionalmente: manual para maestros y padres

José J. Navas Robleto

INTRODUCCIÓN

La terapia racional emotiva conductual (TREC) es una de las formas más conocidas y usadas de psicoterapia y consejería, que además se ha adaptado a versiones populares para ser utilizada en numerosos escenarios y poblaciones por personas que no tienen preparación formal en psicología dentro de los límites que establece su conocimiento de la conducta humana.

En los últimos años hay una creciente inquietud por aplicar los principios de la TREC con niños en las escuelas como parte de un currículum de salud mental preventivo en programas conducidos por los maestros, trabajadores sociales o consejeros. La misma situación ocurre en el hogar. Existe la necesidad de desarrollar manuales estructurados con guías sencillas en la aplicación de los conceptos de la TREC para ser aplicados por los padres como medio de manejo cotidiano de la conducta de sus hijos, manejo de problemas emocionales y de conducta que no alcancen severidad psicopatológica clínica, y lo más importante, como medio de prevención en salud mental y promover un desarrollo saludable de la personalidad.

En este capítulo se presenta un formato de aplicación de la TREC con niños de aproximadamente siete a 14 años, que puede ser utilizado por los maestros o los padres tanto en forma individual como grupal. Fundamentalmente el formato del programa presentado en este capítulo es para que sea llevado a cabo por maestros u otro personal escolar, como los trabajadores sociales o consejeros. Los padres, si lo desean, pueden usarlo haciendo ajustes menores al formato para que encaje en su ambiente familiar y en su rutina de vida diaria.

Las tres metas generales importantes del programa son:

- Enseñar destrezas de automanejo emocional-conductual.
- Influir en las situaciones de la vida real.
- Lograr resultados prácticos.

Destrezas racionales y emocionales

Partimos de la premisa de que el pensamiento cumple un papel importante en producir los sentimientos y conductas del niño. Por consiguiente, enseñar al niño a pensar en forma diferente será la meta específica principal de este programa para ayudarle a desarrollar destrezas y habilidades de automanejo emocional-conductual que le permitan verse a sí mismo, su ambiente y a los demás de manera más realista, adaptativa y significativa.

A los maestros y padres el programa les ayudará a promover un manejo emocional y conductual más saludable con los niños. Esto conlleva no solamente a aprender a pensar más lógica y claramente, sino también a desarrollar un grupo de actitudes y creencias acerca de temas como el valor humano, los valores personales, el manejo de la crítica y el rechazo, poner en perspectiva realista lo que significa cometer errores y manejar los sentimientos de culpa que le acompañan, el manejo constructivo del coraje y el logro de metas personales, entre otras cosas.

El aprendizaje de estas destrezas y habilidades sigue un formato educativo presentado en forma sencilla. Entre las habilidades específicas se incluyen:

- Reconocer e identificar sentimientos.
- Evaluar si los sentimientos son apropiados o inapropiados.
- Entender la relación entre pensamientos, sentimientos y acciones.
- Reconocer la existencia de pensamientos y/o creencias irracionales.
- Aprender a desafiar/disputar o contradecir los pensamientos y/o ideas irracionales.

¿Quién debe ser el líder del grupo?

¿Quién debe dirigir el grupo? Un número de profesionales que tenga conocimientos básicos de manejo de grupo e idealmente, de TREC, por ejemplo psicólogos, orientadores, maestros, trabajadores sociales y consejeros. Los padres también pueden utilizar este formato si se preparan en conocimientos básicos de modificación conductual (MC) y TREC leyendo por su cuenta o recibiendo dicho entrenamiento con un profesional calificado y/o "empapándose" bien del resumen de los principios de la TREC presentados al inicio de este capítulo para beneficio de la(s) persona(s) que trabajará(n) como líder(es). Más específicamente, el conocimiento y las destrezas son:

- Conocimientos y destrezas básicas en MC.
- Conocimientos y destrezas básicas en TREC.
- Conocimientos básicos del desarrollo en la niñez.
- Deseos de trabajar con niños con dificultades.
- Poder presentar los conceptos al nivel de los niños y, por consiguiente, ser capaz de utilizar juegos, historias y/o dramatizaciones ajustadas a los conceptos presentados.

El formato expuesto en este modelo permite acomodaciones, de manera que puede haber un líder y un colíder. Otra variante puede ser el líder y un consultor experto en estos conocimientos y habilidades. Por último, otra variante sería el líder acompañado del colíder y el consultor experto. Otras variantes quedan a la creatividad de los que vayan a utilizar estos conocimientos.

El líder debe estar guiado por el deseo de ayudar al/los niño(s) a ajustarse o manejar situaciones problemáticas, y también por la esperanza de que el/los niño(s) será(n) capaz(ces) de enfrentar y manejar situaciones problemáticas futuras cuando surjan. El/los niño(s) será(n) provisto(s) con un grupo de conocimientos y destrezas psicológicas que le(s) permitirán reconocer las dificultades y cómo lidiar con ellas para controlar, minimizar o eliminar los problemas. De esta manera contribuimos a que el niño desarrolle fortalezas o destrezas que le confieran "resiliencia", que es la capacidad de hacer frente a dificultades o adversidades de la vida en general haciendo que se sienta mejor y se desarrolle más saludable emocionalmente, además de que pueda lograr sus metas personales.

Tratando, como se ha dicho anteriormente, de responder al nivel de desarrollo cognitivo de los niños, algunas sugerencias útiles son las siguientes:

- Sea entusiasta.
- Haga uso liberal de los elogios.
- Sea firme en sus directrices y normas.
- Mantenga sentido del humor.
- Use lenguaje concreto y práctico.

- Utilice cantidades "saludables" de contacto físico.
- Sea amigable.
- No juzgue.
- Sea abierto(a) a sugerencias.
- Clarifique concepciones erróneas que los niños puedan tener sobre el papel del o la líder del programa.
- Refuerce al niño por autodescubrirse.
- Sea honesto(a).
- Interésese en el contexto de la vida real del niño (padres, maestros, amigos, *hobbies*, mascota, etc.).
- Cree una atmósfera relajada. Por ejemplo, sentarse sobre almohadones en el suelo.
- Demuestre que somos personas que escuchamos.
- Establezca que esta es una relación especial diferente a otras relaciones con un propósito claro y previamente establecido para conocimiento de los participantes.

Un último aspecto concerniente al líder y su papel en la conducción del programa es que su estilo de manejo y comunicación debe ser gentil/amable, empático, pero firme (asertivo) en mantener la estructura, el cumplimiento de las normas y el mantenimiento del clima conducente al aprendizaje y/o solución de dilemas que puedan surgir en el transcurso de las sesiones. Naturalmente, el líder no es perfecto y puede cometer errores, que debe subsanar a la mayor brevedad posible.

Formación y composición del grupo

Para el tipo de intervención propuesta se sugiere que el grupo esté compuesto por niños de siete a 14 años, que tengan alguna escolaridad, que sus problemáticas no alcancen niveles altos de severidad, que puedan responder al líder, que sus problemáticas sean lo más similares posibles y/o que aunque puedan ser distintas, puedan ser manejadas por el líder y tratadas a través del modelo de intervención, propuesto quizá con una cierta inventiva por parte del líder.

El grupo puede estar compuesto desde un solo niño hasta máximo 10 niños, dependiendo de los tipos de problemáticas, preparación del líder en cuanto a conocimientos de conducta humana y manejo y control de grupo, y los recursos disponibles, como local y materiales. El primer grupo formado puede servir de medida para hacer ajustes a grupos siguientes. Naturalmente, de ser necesario podrían hacerse ajustes conforme se avance en el proceso de intervención para beneficio de los mismos participantes y de manera que el líder pueda brindar una mejor ayuda. Esto podría incluir dar de baja algunos miembros del grupo o incorporar nuevos miembros.

Cuando la composición del grupo sea insatisfactoria (o se necesiten nuevos miembros pero no los hay disponibles) introducir niños "sin problemas" en el grupo puede ser considerado (es decir, que se puede considerar una estrategia de grupo "abierto" para introducir nuevos miembros cuando sea necesario y/o mantener el grupo "cerrado" y no introducir nuevos miembros hasta terminar las sesiones y comenzar un grupo nuevo). Los miembros pueden ser compañeros de otros salones o grados, amigos, hermanos o parientes. La actividad del grupo puede ser presentada como una actividad atractiva después de las clases con el potencial de ser beneficiosa y entretenida para todos sus miembros. El modelaje entre los niños en estos casos puede ser todavía más beneficioso, y aumentar así la probabilidad de un aprendizaje positivo dentro del grupo.

Estrategias de evaluación para la selección de los niños

Además de los criterios de edad y problemas presentados, realizar entrevistas con los padres, maestros, hermanos o familiares puede ser de gran utilidad, así como la lectura de expedientes y reportes escolares y otros tipos de evaluaciones que haya tenido el niño, siempre tomando en consideración que el enfoque de tratamiento psicológico que debe ser utilizado como base es uno conductual-cognoscitivo con mucho énfasis en la forma como piensan las personas, la influencia que reciben del ambiente y la propensión para pensar en formas distorsionadas, el proceso de aprendizaje de conductas inapropiadas asociadas a la forma de pensar, la influencia y etapa de desarrollo que vive el niño y el tipo de composición y dinámica familiar y escolar.

También es posible utilizar algunos inventarios para evaluar la forma de pensar, sentir y comportarse de los niños. La técnica de responder inventarios de oraciones incompletas, inventar y narrar historias, llevar registros sencillos de lo que los niños piensan en relación con situaciones o eventos específicos, también pueden ser de ayuda en formar hipótesis de cómo están funcionando los niños en las dimensiones descritas, para luego en el proceso de tratamiento hacer ajustes a dichas hipótesis y llegar a impresiones más claras de lo que les sucede a los niños y cómo manejar el proceso de ayuda o tratamiento. La observación directa de los niños en las situaciones sociales diarias de interés es un medio muy útil de obtener información evaluativa, el contacto personal o telefónico con padres y maestros es de gran ayuda a este respecto en caso de que el líder no pueda realizar las observaciones directamente. Algunas de estas técnicas se presentarán en detalle en la parte que se refiere a inventarios y técnicas de evaluación.

Mantener el interés y la motivación

Para que la experiencia de grupo y del programa sea exitosa, el nivel de interés y/o motivación del/los niño(s) debe ser lo suficientemente alto para mantener activa la participación en el proceso. Un aspecto crucial en este aspecto es que el líder se haga la pregunta de cómo podría ser motivacional esta experiencia para el/los niño(s), sobre todo si al inicio el/los niño(s) ha(n) sido reacio(s) a participar.

Una respuesta importante es hacer que las sesiones sean de alguna forma divertidas o entretenidas. El líder debe descartar cualquier apariencia de distanciamiento y pasividad y actuar un poco más a tono con los niños, ser abierto(a)/extravertido(a) y dinámico(a). Debe atraer la atención de los niños y despertar su curiosidad. Los materiales que hay que desarrollar deben motivar estos aspectos. En diversos momentos, en la implantación y desarrollo del programa debe hacerse uso de juegos, dibujos, cartelones, dramatizaciones, historias o cuentos, rompecabezas y otros elementos en esta línea. Hoy día el uso de "juegos" computarizados que estimulan las funciones mentales y la creatividad puede ser un elemento innovador para motivar a los niños y para utilizarlos como vehículos para trabajar diversas dificultades y deficiencias de destrezas (por ejemplo, seguimiento de normas, fomentar autoestima, manejar frustración, trabajar en equipo, fomentar la perseverancia en logro de metas, manejo de conflictos con pares, modular la competitividad, etc.).

Naturalmente todo esto debe ser ajustado a las edades, "mentalidades" y necesidades especiales de los niños. Las historias, cuentos y anécdotas sería preferible que se ajustaran dándoles el giro de fuentes de experiencias del entorno o ambiente de vida cotidiana de los niños. El líder hará bien en estar al día con los programas de TV que usualmente vean los niños, sus juegos, preocupaciones, temores, aspiraciones, expectativas, etcétera.

La motivación también puede ser mantenida al incorporar principios de la modificación conductual (MC), como el reforzamiento positivo por asistir a las sesiones, la economía de fichas al asignar puntos por participación, hacer las asignaciones, hacer preguntas, exponer pensamientos y sentimientos, exponer experiencias diarias, ser voluntarios para dramatizaciones, seguir las normas del grupo, ser puntuales, etc., y luego canjear los puntos al final de la sesión o guardarlos para canjearlos en la última sesión de la semana (también pueden sumarse los puntos de todos los niños y darles una recompensa general si logran un nivel de puntos establecido de antemano). La recompensa podría ser ir de paseo el fin de semana a un lugar escogido por los niños y que sea apropiado para ellos, o por "cosas o eventos" que los niños puedan desear y sean accesibles de conseguir.

Contratos terapéuticos

El uso de un contrato terapéutico puede dar formalidad, legitimar la actividad y participación grupal, así como reforzar las normativas que rijan la dinámica.

Yo ________ (poner nombre y apellidos) ________ prometo acudir a las sesiones semanales y seguir las normas que sean aceptadas en el grupo. Llegaré a tiempo, participaré en los ejercicios y actividades y mantendré la confidencialidad. También respetaré a mis compañeros(as). Entiendo lo que aquí se menciona y firmo conforme.

______________________	______________________
Firma	Fecha

Normas y reglas del grupo

Las normas o reglas específicas que se seguirán durante las sesiones y actividades pueden ser decididas por el grupo en su primera sesión con la ayuda del líder. Algunas normas para prevenir conductas inapropiadas y/o fomentar las apropiadas en términos de crear el ambiente propicio para el logro de las metas del programa podrían ser:

- No gritar.
- No golpearse.
- No usar "malas palabras".
- No insultarse.
- No ponerse sobrenombres.
- Llegar puntuales a la hora de la reunión.
- No comer durante las sesiones (se puede proveer un receso breve).
- Levantar la mano para hablar (debe darse la oportunidad de expresión y no negarla).
- Esperar a que los papás lleguen a recogerlos (no dejar marchar solo a ningún niño).
- No corretear por el salón durante las sesiones.
- Otras reglas a discreción del líder y de los niños.

Duración del programa

La duración del programa es de unas 10 a 15 sesiones de 50 a 60 minutos de duración (la duración puede ser ajustada a 30 o 40 minutos mínimo, dependiendo de la edad y las dificultades que se presenten). Los padres y los maestros pueden tener reuniones para discutir el desarrollo y/o progreso en su respectiva área, semanal o quincenalmente.

Estructura de las reuniones

El modelo educativo-instruccional está caracterizado por sesiones con actividades ordenadas que reflejan un procedimiento facilitador para el aprendizaje, como proveer actividades racionales claras para la necesidad de las destrezas y los ejercicios, presentación de ejemplos, presentación gradual de la dificultad de los conceptos y tareas, oportunidad para practicar hasta dominar las actividades, así como un clima apropiado para hacer correcciones y cometer errores. Las tareas fuera de las sesiones son el vehículo principal para extender el tratamiento al ambiente natural, aumentar el aprendizaje, proveer material adicional para la discusión, aumentar el significado personal del programa e introducir personas significativas en el proceso. Una estructura colaborativa y de solución de problemas es el estilo de manejo del programa.

Cada reunión debe incluir los siguientes aspectos:

- Establecer la agenda con los niños.
- Revisar las asignaciones (tareas) de la reunión anterior.
- Establecer las metas de la reunión actual.
- Introducir las tareas para lograr las metas de la reunión actual.
- Explicar la razón para el cambio de creencias y modificar las emociones y conductas.
- Generar creencias alternas.
- Darle a los niños nuevas asignaciones.
- Establecer una reunión semanal entre los padres y los maestros.
- Los padres y maestros deberán discutir sus propias asignaciones.

Si las metas de la reunión no son alcanzadas, es recomendable dedicar sesiones adicionales hasta que se logren las metas. La comunicación abierta y honesta, el autodescubrirse y el modelaje de la(s) persona(s) que conduce(n) el programa son esenciales. La confrontación directa y gentil del niño con las preocupaciones de los padres y/o los maestros es un aspecto crítico para el logro de la alianza positiva y terapéutica.

Puede dedicarse en algunas ocasiones una sesión "libre" para dialogar o tratar temas de interés de los participantes y/o para "disfrutar" conversando de temas cotidianos como una manera de relajar la presión de la estructura terapéutica y así fortalecer el *rapport* y la cohesión del grupo.

Dificultades especiales en grupos

Algunos miembros no participan lo suficiente y otros parecen dominar la dinámica. Para ayudar a los participantes más reservados se debe diseñar una actividad donde cada miembro tenga la oportunidad de hablar y ser reforzado por su participación, la cual debe ser valorada como importante y crucial para la actividad grupal. Debe darse oportunidad de que los participantes deduzcan que nada "catastrófico" sucede por participar y que nadie los va a avergonzar o regañar. En otras ocasiones se puede realizar un análisis de A-B-C al estilo de la TREC para aclarar lo que puede suceder en la "mente" de los participantes para sentirse amenazados por participar.

Algunas preguntas importantes que hay que considerar al comenzar a trabajar serían:

- ¿Qué problemas se están presentando?
- ¿Cuál es el historial de los síntomas?
- ¿Por qué es necesaria la ayuda ahora?
- ¿Qué se ha hecho anteriormente para solucionar el/los problema(s)?
- ¿Qué ha funcionado y qué no ha funcionado?
- ¿Qué es lo que se espera lograr?

Es importante considerar la opinión del niño, ya sea que la intervención la lleven a cabo los padres o los maestros. Algunas preguntas que pueden hacerse al niño serían:

- ¿Por qué sus padres consideran que necesitan ayuda?
- ¿Cuál considera que es el problema, si es que hay alguno?
- ¿Qué ha hecho el niño para resolver el problema?
- ¿Qué ha funcionado y qué no ha funcionado?
- ¿Qué le gustaría lograr o cambiar?

Materiales de utilidad en el programa

Además de los materiales que se mencionan, hoy día puede añadirse el uso de "juegos" educativos computarizados que fomentan y/o permiten el desarrollo y moldeamiento de destrezas emocionales, conductuales y/o sociales; así como el fortalecimiento de procesos cognoscitivos, análisis crítico, solución de problemas, creatividad, manejo de frustración, etcétera.

- Cartulina o papel.
- Lápices.

- Lápices o crayones de colores.
- Marcadores de colores.
- Pizarrón, tiza, borrador (pueden ser cartulinas).
- Tizas de colores.
- Tijeras medianas que no sean de filo cortante.
- Reglas.
- Tarjetas medianas.
- Mesitas.
- Cuadernos/hojas de papel.
- Borradores de lápiz.
- Muñecos/marionetas.
- Historietas que puedan ser útiles.
- Cuadernos para colorear que sean de utilidad.
- Rompecabezas.
- Ropa usada para dramatizaciones.
- Artículos para recompensar.
- Otras "cosas" a discreción del/la líder.

Colaboración de padres y familiares

En diversas partes del programa se menciona la importancia de la colaboración paterna (sobre todo cuando el programa es llevado a cabo en la escuela por los maestros u otro personal, lo mismo en otras instituciones), pero es importante mencionar que el nivel de involucramiento de los padres está basado en cuán saludables emocionalmente son los padres o familiares. En el caso de padres y familiares saludables, éstos son involucrados en el proceso en términos colaborativos para promover la adquisición de las destrezas y para que éstas puedan ser extendidas o generalizadas al ambiente natural de la vida diaria del niño.

En el caso contrario, es necesario el entrenamiento a los padres, y éste es visualizado impactando directamente en el tratamiento del niño. El entrenamiento a los padres por lo general debe ser llevado a cabo por un profesional y casi siempre conlleva cambiar prácticas de manejo disciplinario y de conducta, los patrones de relación padres-niño(a) y/o hermanos-niño(a), y diversos otros aspectos del ambiente familiar, de manera que apoye el tratamiento con el niño.

De más está decir que padres y familias saludables en un nivel razonable pueden también conducir el manejo de este programa en el hogar, pero a padres y familias con demasiados problemas se les haría muy difícil, por sus mismas dificultades emocionales, y en estos casos lo mejor será buscar la ayuda profesional primero, y cuando estén más estables, entonces intentar la aplicación del programa para promover y mantener aún más la salud emocional del niño y la familia.

De todas formas, los padres deben también estar al tanto de lo que transcurre en las sesiones con el niño cuando se maneja el programa fuera del hogar, deben comprender la lógica de la intervención, las metas, y servir de enlace para la adquisición de las destrezas de parte del niño, así como para animar, recompensar y responder positivamente a los cambios positivos del niño y a sus esfuerzos por mejorar. El líder entonces hará bien en poner a los padres al corriente de todo esto en las reuniones semanales. Claramente lo que se plantea aquí es que las intervenciones con niños deben involucrar mínimamente a los padres para poder pensar en obtener resultados exitosos.

ENSEÑANZA DE DESTREZAS RACIONALES-EMOCIONALES

El proceso de cambio emocional requiere que el niño sea capaz de reconocer sentimientos y darles nombre correctamente. Frecuentemente los niños, especialmente los más pequeños, necesitan alguna ayuda en esta área. Necesitan que se les enseñe a estar conscientes y reconocer las señales faciales y corporales, así como elementos contextuales, que acompañan a diferentes sentimientos. Un propósito importante de esta destreza es que el niño pueda ser ayudado a entender y aprender la conceptualización a través de la cual se conectan íntimamente los pensamientos, sentimientos y conductas. Hay una variedad de maneras en que puede ser enseñada esta destreza:

- Enseñar a los niños cuadros, fotografías o dibujos de caras "emocionales" y que ellos adivinen qué emociones/sentimientos son y por qué piensan eso.
- Pedir a los niños que dibujen caras que muestren diferentes emociones.
- El líder modela/ejemplifica una emoción y los niños tratan de adivinar el nombre de la emoción y también "evaluando" la extención del sentimiento en una escala de cero a 10 puntos.
- Hacer que los niños sugieran la emoción/sentimiento apropiado para diversas situaciones, por ejemplo, no lograr algo que uno deseaba, como ir a un paseo o ser molestado por unos compañeros de escuela.

Algunas preguntas que ayudan a que el líder pueda tener una idea de las capacidades cognitivas, afectivas y conductuales de los niños son:

- ¿Tiene el/la niño(a) un vocabulario de los sentimientos?
- ¿El/la niño(a) es capaz de entender los conceptos que establecen relaciones, como *por qué*, *y si* y *porque*?

- ¿Es capaz el/la niño(a) de seguir instrucciones y/o directivas simples?
- ¿El/la niño(a) es capaz de atender por suficientes periodos?

Por lo general, en esta clase de programas, como se ha mencionado, se le da menos énfasis a la restructuración cognoscitiva (cambios amplios en creencias, pensamientos y filosofías, a través de un desafío o disputación más elaborada analítica y reflexivamente), y se le da mucho más énfasis al aprendizaje y uso de las autoinstrucciones (autodeclaraciones de pensamientos racionales y de ayuda que el niño aprende a decirse a sí mismo para usarlos directamente y actuar conforme a ellos).

Los padres o maestros que usen este programa y tomen el papel del líder deberán tener una participación activa en la intervención, y dedicar tiempo a aprender los conceptos y procedimientos necesarios para la comprensión y aplicación del programa.

Identificación de emociones

Con varias tarjetas de aproximadamente 8.5 × 5 cm haga una especie de naipe o juego de cartas y en cada una de ellas escriba el nombre de las emociones que los niños pueden experimentar más comúnmente. Por ejemplo:

Alegría	Vergüenza	Ansiedad	Relajación
Felicidad	Frustración	Preocupación	Celos
Tristeza	Pesadumbre	Culpa	Confusión
Miedo	Coraje	Envidia	Soledad
Amor	Nerviosismo	Agresividad	Otras

El(la) líder escoge una tarjeta y lee en voz alta el nombre de la emoción escrita en la tarjeta, luego describe verbal y no verbalmente cómo se siente esa emoción, y por último describe en qué situación fue la última vez que sintió dicha emoción. Después cada niño hará lo mismo que el líder ha ejemplificado.

Juego del termómetro de los sentimientos

El líder presenta en una cartulina el dibujo de un termómetro, como el de la figura 8.1.

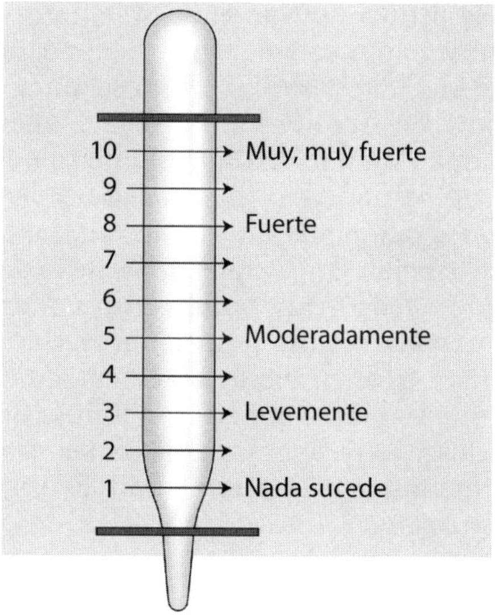

Figura 8.1. El "termómetro de los sentimientos".

Para introducir el juego, el líder explica para qué sirve un termómetro, por ejemplo el de medir la temperatura del cuerpo cuando tenemos fiebre o calentura. El termómetro nos dice el nivel de calor o temperatura del cuerpo (mayor o menor calor).

Con el "termómetro de los sentimientos" trataremos de medir el nivel de sentimiento de una emoción dentro de nosotros. Entonces, tomar como ejemplo la emoción de uno de los niños manifestada en el juego o ejercicio anterior de identificación de emociones.

"Recuerdas, Antonio, cuando mencionaste que te sentías triste y con algo de coraje cuando no lograste entrar al equipo de beisbol de la escuela. Si midiéramos tu tristeza en el termómetro, qué tan alto subiría el color rojo que hay abajo en el termómetro. El número 1 sería que no sentías ninguna tristeza ni ningún coraje. El número 3 sería una tristeza y coraje leve (poco); el número 5 sería moderado (punto medio); el número 8 sería una tristeza y coraje fuertes, y en el número 10 tu coraje y tristeza fueron muy, muy fuertes. ¿Qué número crees que fue?"

Usar el mismo ejercicio con otros niños para diferentes emociones.

Vocabulario emocional avanzado

El líder comienza a enseñar la conexión entre pensar, sentir y actuar durante esta parte. Más específicamente, a través del juego el niño comienza a aprender la relación entre pensamiento, emoción y conducta.

El mazo de cartas se utiliza nuevamente, y se juega de manera similar al anterior. Sin embargo, en esta ocasión, después de tomar una carta y leerla en voz alta, se debe describir cómo se siente dicha emoción, y qué sucedió la última vez que se sintió de esa manera. El niño también describe qué es lo que una persona que siente esa emoción podría estar pensando y cómo se podría comportar esa persona. El objetivo es ayudar al niño a darse cuenta de que sus sentimientos no surgen de la "nada", sino que se asocian con lo que él/ella está pensando.

El líder tiene que estar alerta a las oportunidades para ir más a fondo y conectar los pensamientos, sentimientos y conductas. Además, es importante ayudar a los niños a reconocer que experimentan diversas emociones que se presentan en el ejercicio durante el transcurso de sus actividades y experiencias cotidianas, y que experimentan las emociones en un continuo de intensidad. Es importante presentar ejemplos al respecto.

ENSEÑANZA DEL ABC DE LA TREC

Al enseñar este formato es importante tener claro y corroborar si el niño reconoce diversas emociones, si las identifica, si identifica variaciones en la intensidad emocional y si ha captado la relación que se da entre pensar, sentir y actuar.

Breve introducción a los principios de la TREC

Propósitos del ejercicio:

- Que los niños aprendan la relación entre la forma de pensar, los sentimientos y la conducta.
- Que los niños concienticen la diferencia entre pensar racional e irracionalmente.
- Que los niños puedan establecer sus reacciones emocionales-conductuales en términos del modelo del ABC de las emociones y conducta según establece la TREC.
- Que los niños puedan desarrollar alternativas de pensamiento racional para situaciones donde sus dificultades pueden ser debidas a formas de pensar irracionales.

El líder presentará una breve introducción a los principios de la TREC en forma que tome en consideración el nivel de comprensión y edad de los niños en el grupo. Explicará que las dificultades en diversas ocasiones provienen de una manera de pensar irracional, lo cual lleva a sobrerreaccionar emocionalmente y a conductas inapropiadas.

Desde el punto de vista de la TREC, los sentimientos y conductas no son el resultado directo de las situaciones o experiencias que tenemos. Es decir, no son causadas por las circunstancias. Si fuese de esa manera, todas las personas deberían tener las mismas reacciones emocionales y conductas en similares situaciones, pero lo cierto es que las personas varían ampliamente en su forma de comportarse y sentir bajo igualdad de experiencias.

Desde este punto de vista, la verdadera causa de los sentimientos no son los eventos, sino nuestra forma de pensar, nuestras creencias, actitudes y/o la forma de interpretar las circunstancias (lo cual es muy particular para cada persona dependiendo de su edad, crianza, grupo social y experiencias de vida). Cuando los pensamientos son inadecuados y/o irracionales nos llevan a actuar en formas agresivas o pasivas, y cuando pensamos o evaluamos las situaciones en forma racional, nuestros sentimientos y conducta nos llevan a actuar asertivamente. Para ayudar a los niños a entender mejor este punto de vista se presenta y explica el formato del modelo del ABC para el análisis de las emociones y conductas.

El líder pedirá a los participantes que recuerden alguna situación en la que hayan tenido una dificultad. Luego, solicitará que escriban según lo recuerden qué pensamientos tuvieron en cada situación, para discutir entonces cómo sus pensamientos y/o evaluación de la situación contribuyó a su estilo de enfrentar la misma.

A continuación se presentará un listado de los criterios para identificar un pensamiento racional e irracional. Los pensamientos racionales presentan las siguientes características:

- Una creencia y/o pensamiento racional es verdadero (son ideas sensatas/razonables/lógicas/tienen sentido/son realistas).
- Una creencia y/o pensamiento racional no es absolutista.
- Se apoyan en datos/son verdaderos (la realidad y/o la información de la situación los apoya y se puede corroborar su validez).
- Ayudan a poner en perspectiva la magnitud de un acontecimiento "negativo".
- Llevan la situación a emociones apropiadas y/o provocan una emoción moderada e impiden sentirse en forma no deseada (por ejemplo, sentir ansiedad moderada, coraje moderado, tristeza moderada, etc.). También llevan a conductas apropiadas (por ejemplo, buscar la solución de la dificultad, entablar comunicación y realizar una conducta asertiva).
- Una creencia racional ayuda a lograr las metas y a obtener "más rápidamente" lo que queremos.
- Una creencia racional ayuda a evitar problemas indeseables.

MODELO DEL ABC

A — Son las situaciones y/o experiencias en que nos encontramos.

B — Es nuestra forma de pensar y/o evaluar lo sucedido en el punto A.

C — Son nuestras reacciones emocionales y nuestras conductas respecto de lo sucedido en A, lo cual es resultado directo de nuestra forma de pensar, creencias, actitudes y/o interpretaciones que llevamos a cabo en el punto B.

MODELO DEL ABC

Ejemplo:

A — Un compañero me pide lo acompañe a fugarse de la escuela.

B

* Si le digo que no, pensará que soy cobarde.
* Se lo dirá a todos en la escuela.

C

* Me siento temeroso.
* Se me hace difícil decir que no.
* Me preocupa mucho que vaya a contarlo a otros compañeros.
* Me siento "paralizado" y actuando pasivamente.

Los pensamientos irracionales son opuestos a los anteriores:

- Son ilógicos, absurdos, no razonables.
- No son realistas, no tienen sentido.
- No se apoyan en datos, son falsos (la realidad y/o la información de la situación no los apoya y no se puede corroborar su validez).
- Son sobregeneralizaciones.
- Se exagera la magnitud de un acontecimiento "negativo" (catastrofización, hacer una catástrofe de algo).
- Son absolutistas y demandantes con uso excesivo de las frases "deberías", "debo", "tengo que" (para sí mismo, las demás personas y el ambiente y cosas que nos rodean).
- Llevan a emociones inapropiadas en la situación (por ejemplo, mucha ansiedad, mucho coraje, depresión), y ocasionan conductas inapropiadas (por ejemplo, conducta pasiva o agresiva).

Para ayudar a los niños a contactar con sus pensamientos se les puede solicitar que escriban lo que están pensando en un par de situaciones cotidianas elegidas de antemano en la sesión, para luego discutir lo que apuntaron y hacer los ajustes necesarios para que los niños vayan ganando la destreza de autorregistrar sus pensamientos. La destreza también puede enseñarse registrando las veces que ocurre una conducta particular del líder durante la sesión de trabajo en grupo.

Es muy apropiado que el líder modele cómo llevar a cabo el registro de conductas o pensamientos. Es muy importante que se defina lo más específicamente posible lo que se va a registrar, de manera que el niño pueda darse cuenta de su ocurrencia, por ejemplo, cuando tiene coraje, y usar la emoción como un indicador de que se encuentra pensando de forma inapropiada. También es importante indicar al niño cuántas veces debe registrar y que conviene que el método de registrar o apuntar sea discreto. Por último, discutir posibles escollos es vital, así como lograr que los padres, maestros y familiares ayuden a que el niño pueda realizar esta tarea.

A continuación se presenta una hoja de trabajo para fortalecer las destrezas de pensar racionalmente. Luego se discutirá y presentará la manera de cambiar los pensamientos irracionales por unos más racionales.

Hoja de trabajo para fortalecer las destrezas de pensar racionalmente.

Mi problema/¿Qué sucedió?

①No pude ir al paseo

②*Mis sentimientos*	*Evaluación de* 0 *a* 10
Molesto	8
Con coraje	7

③ *Mi pensamiento*	④*Mi forma errónea de pensar*
1. "Nada me sale bien"	Exageración
2. "Es terrible"	Catastrofización
3. "No puedo aguantar esto"	Intolerancia
4. "No es justo"	Sentimiento de injusticia

⑤ Corregir la forma de pensar errónea/usar autodeclaraciones (autoinstrucciones) de lidia

⑥Pensamiento de ayuda (racional)

"¡Vamos, estoy exagerando las cosas!"
"Solamente es una situación inconveniente"
"No es una catástrofe, es desagradable"
"No es la peor cosa que te pueda suceder"
"No tiene que gustarte, pero puedes aguantarlo"
"No siempre tienen que salir las cosas como quieres"
"Tómalo con calma y piensa cómo puedes pasarla bien aunque no vayas al paseo"
"¡Muy bien, esta forma de pensar es mejor!"

⑦ *Sentimientos apropiados*	*Evaluación de* 0 *a* 10
Tristeza	2
Incomodidad	3

Veamos dos ejemplos de pensamiento racional e irracional y sus consecuencias.

Un ejemplo de un pensamiento de ayuda o racional es algo como "Yo deseo o quiero jugar mejor al beisbol" (un deporte o actividad favorita dependiendo si el grupo es de niños, niñas y/o combinación). Un ejemplo de un pensamiento dañino o irracional sería algo como "Soy muy malo en beisbol, y eso quiere decir que soy totalmente estúpido". El primer pensamiento es de ayuda. Si pensamos que queremos hacer mejor alguna cosa, vamos a querer trabajar más fuerte y tratar de mejorar.

El segundo pensamiento es dañino. Si pensamos que somos totalmente estúpidos cuando no hacemos algo bien nos sentiremos muy tristes, avergonzados, y muy probablemente dejaremos de intentar mejorar.

Clasificación de dos ejemplos de pensamientos racionales e irracionales

El líder proporciona el siguiente listado de pensamientos racionales *vs.* pensamientos irracionales y le pedirá a los niños que le ayuden a clasificar los pensamientos en términos de los que son de ayuda *vs.* los dañinos. El lider animará a los niños a dar razones de por qué cada pensamiento es de ayuda (racional) o dañino (irracional). El líder enfatizará la conexión B-C (pensamientos-emociones/conductas), es decir que cuando uno piensa de esa manera... uno se siente mejor o peor y se comporta apropiada o inapropiadamente. Algunos pensamientos para que los niños evalúen son:

1. No puedo aguantar la escuela (asuntos escolares diversos), es muy difícil para mí. (Ci)
2. Nunca hago nada bien, soy totalmente estúpido(a), y eso me hace sentir mal. (Ci)
3. La escuela es difícil para mí, de manera que tengo que trabajar duro para aprender. (Cr)
4. Hay cosas que no hago muy bien, pero aun así soy una persona valiosa. (Cr)
5. Todos en mi clase me odian y por eso no tengo ningún valor. (Ci)
6. Hay niños en mi clase a los que no les caigo bien, pero aún así soy una persona que está bien. (Cr)
7. Es catastrófico si fracaso una prueba, nunca lo haré bien. (Cr)
8. No es bueno fracasar en los exámenes, pero eso lo que quiere decir es que debo trabajar más fuerte (poner más esfuerzo) para aprender mejor y hacerlo mejor la próxima vez. (Cr)

Ci = Creencia irracional, inadecuada.
Cr = Creencia racional, apropiada.

Preguntas para evaluar pensamientos. Las siguientes preguntas deben ser consideradas por el niño al evaluar los pensamientos anteriores:

- ¿Dónde está la prueba de que ese pensamiento verdaderamente es cierto?

- ¿Dónde está la prueba de que esto me vuelve alguien sin valor y/o me hace menos valioso?
- ¿Es verdaderamente cierto que no puedo tolerar eso?
- ¿Es verdaderamente demasiado difícil para mí tan sólo el intentarlo?
- ¿Por qué las demás personas absolutamente tienen que actuar de la manera en que yo quiero?
- ¿Siempre tengo que "salirme con la mía" tan sólo porque yo lo quiero?
- ¿Me ayuda pensar de esta manera? ¿Me hace daño pensar de esta manera?

Disputa o desafío de los pensamientos

Las metas del ejercicio son:

- Definir lo que significa "desafiar, contraatacar nuestros pensamientos".
- Enseñar al niño las preguntas básicas que debe hacerse para que pueda desafiar sus pensamientos (empirícamente, heurísticamente, filosóficamente; no elegante y elegante).
- Identificar señales de pensamiento perturbador y dañino.
- Enseñar que si un pensamiento no soporta el desafío, debe ser cambiado a un pensamiento más saludable y de ayuda.

Los procedimientos de desafío o disputa están diseñados para ayudar a modificar el pensamiento del niño: las sobregeneralizaciones, ilogicidades, pensamientos no sostenidos por la evidencia o datos en la situación, los absolutismos, catastrofizaciones, deberizaciones, etc., que están debajo de la forma de pensar y las actitudes. La idea es enseñar a los niños a ser "detectives de sus pensamientos", particularmente para detectar los que son irracionales, evaluar la evidencia para sostener los pensamientos, considerar interpretaciones alternas racionales de las situaciones y evaluar de manera realista lo que sucedería si un evento indeseable sucediera verdaderamente.

A menudo, con los niños funciona mejor presentarles el uso de estas estrategias como si fuese un juego (que se juega con "seriedad") llevar a cabo un experimento y ver qué sucede. Sobre todo, esta técnica funciona al momento de comenzar a actuar con base en los nuevos pensamientos racionales cuando el niño todavía puede estar un poco escéptico de cómo funcionarán estas estrategias.

Es importante que el niño pueda conectar sus emociones y conductas con lo que se encuentra pensando momentos antes, durante o momentos después de ocurrir una situación problemática, así como ser capaz de evaluar el nivel de emocionalidad que siente. Los ejercicios previos de educación emocional son útiles en caso de que el niño tenga dificultad en llevar a cabo estas tareas.

Tareas

Primera tarea. El líder define el término *desafiar el pensamiento.* El **desafío del pensamiento** son preguntas que nos hacemos para determinar si un pensamiento es cierto, si tiene sentido, si es de ayuda o si nos causa daño. Desafiar el pensamiento determina si un pensamiento es de ayuda o dañino, y si debemos mantenernos pensando de esa manera o no.

Segunda tarea. El líder identifica las formas de las preguntas en el desafío del pensamiento, las cuales incluyen:

- ¿Dónde está la prueba de que...?
- ¿Es verdad que...?
- ¿Me ayuda pensar de esa manera...?
- ¿Me hace daño pensar así...?
- ¿Tiene esto sentido tan sólo porque yo quiero...?
- ¿Debo tener absolutamente...?
- ¿Qué siento cuando pienso...?
- ¿Cómo actúo cuando pienso...?
- ¿Solamente porque... es cierto acerca de mí, eso no quiere decir que yo soy una persona mala por completo?

Tercera tarea. El líder da señales al niño que le indican un pensamiento irracional o dañino. Las palabras usadas como señales incluyen:

- Terrible.
- Horrible.
- Catastrófico.
- Sin valor.
- Estúpido.
- Debo.
- Debería.
- Tengo que.
- Necesito.
- Nunca.
- Siempre.
- Completamente.
- Todo.
- Ninguno.

Cuarta tarea. El líder toma un pensamiento como muestra relacionado con alguna situación que le haya ocurrido al niño durante la semana anterior o actual. La TREC aconseja desafiar el núcleo de las creencias irracionales del niño antes de desafiar las inferencias hechas por el niño. Esta estrategia obtiene un cambio más “elegante” y filosófico, y protege acerca de la posibilidad de que las inferencias del niño puedan ser verdaderas, o se vuelvan verdaderas en el futuro. Por ejemplo, la TREC sugiere desafiar la creencia central del niño de que él/ella es "un niño sin valor si falla en una prueba escolar" antes de desafiar la inferencia del niño de que él "nunca hará bien las pruebas escolares" (esto podría ser correcto en el caso de los niños con problemas de aprendizaje). Sin embargo, podría haber casos en que sería mejor el desafío al nivel de las inferencias, por ejemplo, la creencia de un niño de que es terrible no tener amigos ("¿Realmente es cierto que no le agradas a nadie?") opuesta a un nivel más elegante y filosófico ("¿Qué significaría para ti si no le agradaras a nadie?").

Para detectar las creencias irracionales centrales, el líder utiliza la estrategia de **la cadena de inferencias**, que consiste en plantear hipótesis de que las inferencias del niño son ciertas, y luego le pide al niño que elabore más utilizando oraciones incompletas como "aguijones" para inducir la elaboración de parte del niño, como: "¿Y si... (inferencia) es cierto, tú sientes (emoción) porque...? (el niño responde con una nueva inferencia; ¿(nueva inferencia) sucediera, y eso quiere decir...? (el niño responde con una nueva inferencia); ¿y si (nueva inferencia) es cierto, tú te sentirás (emoción) porque eso querrá decir acerca de ti (u otra persona)...? (el niño responde)".

Quinta tarea. El líder y el niño ponen el pensamiento en el "desafío de pensamientos". Veamos un ejemplo:

LÍDER: Bien, Danilo, veamos si podemos hacer que este desafío del pensamiento trabaje para ti. ¿Anoche cuando estabas llorando en tu habitación en vez de hacer tu tarea escolar, cómo te sentías?

DANILO: Muy triste.

LÍDER: ¿Qué tan triste en el termómetro de los sentimientos, de 1 a 10?

DANILO: Como un 10.

LÍDER: Bien. A eso le llamamos una depresión. ¿Por qué estabas deprimido?

DANILO: Porque la tarea escolar es muy difícil, y continúo cometiendo errores.

LÍDER: ¿Así que te sentías deprimido porque la tarea escolar es muy difícil y porque...?

DANILO: Porque no puedo hacerla.

LÍDER: ¿Y si no puedes hacerla, entonces qué sucederá?

DANILO: Entonces no entenderé esa parte, y lo haré mal en la prueba.

LÍDER: ¿Y si haces mal la prueba eso querrá decir?

DANILO: Que mi papá y mi mamá estarán disgustados, y los compañeros se burlarán de mí.

LÍDER: ¿De manera que si tus papás estuviesen disgustados y tus compañeros se burlan de ti, qué querrá decir eso acerca de ti?

DANILO: Eso querrá decir que soy un niño malo que no puede aprender nada. (El niño ha identificado el núcleo de la creencia irracional y una inferencia adicional en esta declaración.)

LÍDER: ¡Ah! Yo pienso que hemos encontrado el pensamiento que hay que desafiar. Tú piensas que si sales mal en un examen, eso prueba que eres un mal niño que no puede aprender nada, ¿correcto?

DANILO: Correcto.

LÍDER: Pero desafiemos ahora ese pensamiento.

Disputa propiamente. El líder ha decidido dividir el pensamiento en dos partes: en primer lugar, la idea de que salir mal en un examen (obtener mala calificación) es igual a ser un niño malo y, en segundo lugar, el pensamiento de que nunca puede aprender nada. Entonces el desafío comienza así:

LÍDER: ¿Dónde está la prueba de que eres completamente malo, sólo porque saliste mal en ese examen (cualquier materia)?

DANILO: Pero es que he salido mal en muchos exámenes, y no solamente en éste.

LÍDER: De acuerdo, ¿en cuáles otros?

DANILO: Bueno... como en matemáticas y otras materias.

LÍDER: ¿Bien, dónde está la prueba de que sólo porque has fallado en algunos exámenes de matemáticas y gramática eres completamente malo?

DANILO: Mi hermano dice eso, y también mis compañeros en la escuela.

LÍDER: Pero solamente porque tu hermano y tus compañeros de escuela te dicen que eres malo, ¿eso en verdad te vuelve malo?

DANILO: No.

LÍDER: Qué hay acerca de las otras cosas que haces bien Danilo, como en la clase de historia, jugar basquetbol y ayudar a tu papá con los trabajos de la casa. Si tú sales mal en el examen de matemáticas, ¿quiere eso decir que también lo haces mal en historia y en basquetbol?

DANILO: No, yo soy bueno en esas cosas, soy mejor que muchos de mis compañeros.

LÍDER: Correcto, pero si fuese cierto que eres completamente malo porque fallaste en el examen de matemáticas, esto significaría que serás malo en todo lo que hagas: en historia, jugar basquetbol, ayudar a tu papá, en escritura, andar en bicicleta, etc., y que, por tanto, no tendrás ningún valor para todo el mundo.

A través de este ejercicio el líder continúa desafiando los pensamientos en esta forma socrática, utilizando los desafíos establecidos en la segunda tarea y sustituyendo cada pensamiento e inferencia racional dentro de los formatos de desafíos. Es conveniente dedicar tanto tiempo como sea posible en la disputa desafiando o contraatacando los pensamientos en tantas formas como sea posible. También hay que continuar hasta que el niño parezca convencerse de que su pensamiento es falso, y que sería mejor cambiarlo por uno racional.

Una quinta tarea alterna posible consiste en aplicar estrategias creativamente desarrolladas por el líder para ese fin, u otras ya diseñadas por otras personas que usan el modelo de la TREC y adaptarlas si es necesario, para que el niño exprese las ideas irracionales según sus habilidades verbales y razonamiento. El líder puede detectar las creencias del niño con preguntas abiertas, como: "¿Y qué te decías a ti mismo cuando te sentías triste?" o "¿qué pensabas cuando te sentiste triste?" Si el niño no responde estas preguntas, el líder puede utilizar el formato socrático descrito en la conversación previa entre el líder y el niño. El líder puede repetir lo que sucedió (A), o la inferencia (B), y luego mencionar la emoción y hacer una pregunta abierta como: "¿Y si tú fallas el examen (A), te sentirás muy triste (C) porque...?" o, "¿te sentirás deprimido (C) si nunca sales bien en matemáticas (B), porque eso querría decir que eres...?"

Los niños con menos desarrollo de las habilidades verbales pueden requerir asistencia en etiquetar (ponerle nombre a sus creencias), de modo que el líder debe proporcionarle una lista de posibles creencias irracionales y pedir al niño que identifique cuál creencia podría estar pensando. Por ejemplo, el líder puede decir: "Cuando te sientes triste por fallar en el examen de matemáticas, ¿piensas algo como: ¡Soy un estúpido perdedor!, o ¿mis papás no me querrán más porque fracasé?", y luego permitir que el niño responda sí o no.

Sexta tarea. El líder y el niño generan pensamientos racionales alternativos para remplazar el pensamiento irracional. El siguiente diálogo ilustra este proceso:

LÍDER: Bien, Danilo, ahora estamos de acuerdo en que tu pensamiento respecto de que "Si fracasas en tu examen, y luego quizá tus papás se molestarán contigo y tus compañeros te molestarán, significa que eres tonto y nunca aprenderás nada" (el líder escribe este pensamiento en un papel o en un pizarrón, cartelón o una cartulina) no es un pensamiento sensato. De hecho es un pensamiento dañino. De manera que ahora necesitamos encontrar un pensamiento de mayor ayuda para remplazar ese viejo pensamiento. Puedes usar el nuevo pensamiento para evitar sentirte deprimido y tratar de hacerlo mejor cuando fracases en un examen en la escuela. ¿Tienes algunas ideas?

DANILO: Quizá podría pensar que solamente porque no lo hice bien en esta ocasión eso no quiere decir que fracasaré en la próxima ocasión.

LÍDER: ¡Magnífico! ¿Y qué podrías cambiar respecto de que nunca aprenderás nada?

DANILO: Quizá que podría aprender algunas cosas si continúo intentándolo.

LÍDER: ¡Muy bien! Añadamos a ese pensamiento que aún si no lo haces bien en tu examen de matemáticas, muchas veces eso sólo significa que esas cosas son difíciles de hacer para ti y que tendrás que continuar trabajando más fuerte que otros niños para aprender esa materia.

DANILO: Correcto.

LÍDER: Y a propósito, Danilo, ¿qué quiere decir acerca de ti si fracasas en el examen de matemáticas muchas veces, si tus compañeros se burlan y tus padres se disgustan contigo?, ¿te vuelve eso completamente malo?

DANILO: No, eso solamente quiere decir que no lo hago tan bien en matemáticas como lo hacen otros niños en algunas ocasiones, pero que hago bien otras cosas, y que siempre o todavía soy un buen niño.

LÍDER: Eso es correcto. De manera que entonces Danilo, si piensas esos nuevos pensamientos de ayuda que son más apropiados o racionales, en vez de tus viejos pensamientos dañinos, ¿como crees que te sentirás si fracasas en otra prueba de matemáticas?

DANILO: Creo que no tan mal, quizá solamente un poco mal, como disgustado.

LÍDER: Correcto, porque la mayoría de las personas se sentirían disgustadas si fallaran en algo que ellos quisieran hacer bien, como pasar una prueba de matemáticas. Pero si te sientes solamente disgustado, en vez de deprimido, ¿piensas que abandonarás tratar de hacerlo mejor?

DANILO: No, no creo eso.

LÍDER: Entonces probemos los nuevos pensamientos para ver si es así. Si en alguna ocasión durante esta semana haces algo equivocado, o si fallas en una prueba, quiero que trates de aplicar esos nuevos pensamientos. Evalúa cómo te sientes después de usarlos, ¿de acuerdo?

DANILO: Está bien, los probaré.

El líder escribe el pensamiento racional en una pequeña tarjeta. El niño puede llevar la tarjeta a la escuela, o ponerla frente a él cuando haga su tarea escolar. El líder debe animar al niño a usar los nuevos pensamientos tan frecuentemente como sea posible.

Séptima tarea. Se hacen simulaciones a través de juego de papeles para practicar la disputa y cambiar las ideas irracionales. El líder debe pedir al niño que imagine que tiene una prueba de matemáticas la próxima semana (el juego de papeles, igual que todas las partes de este ejercicio, debe realizarse en relación con la situación o problemática discutida), y que el maestro le entrega su examen con una "mala" nota. El líder le dice al niño la idea irracional en voz alta, y el niño ensaya el desafío de las ideas irracionales en voz alta. El niño remplaza las antiguas creencias irracionales con las nuevas racionales en voz alta. Luego se repite la misma imagen, con el líder repitiendo las ideas irracionales en voz alta, y el niño desafiándolas en silencio para sí mismo.

Octava tarea. Consiste en hacer tareas. El niño debe practicar el desafío de pensamientos irracionales relacionado con situaciones específicas durante la semana y con preocupaciones anteriores que pueda tener (puede practicar el juego de papeles con sus hermanos o padres).

A continuación se presenta un resumen de la definición y pasos para la disputa o desafío de ideas irracionales.

Disputa. Técnica que se usa para combatir nuestro pensamiento irracional una vez que lo hemos identificado.

Los pasos de una disputa son los siguientes:

1. Identificar los pensamientos racionales e irracionales (puede usarse en combinación con el ejercicio anterior).
2. Escoger un pensamiento identificado como irracional y establecer argumentos lógicos y racionales que nos ayuden a combatirlo para modificar nuestra forma de pensar. Aquí podemos utilizar el ejemplo establecido en el esquema sobre el compañero que nos pide fugarnos de la escuela.

- *Idea irracional*: Si le digo que no, pensará que soy cobarde.
- *Disputa*:

  – Decir que no quiero fugarme no me vuelve cobarde. Demuestra más valentía decir que no.
  – Decir que no me ahorrará problemas.
  – Lo que yo piense de mí mismo es más importante.

Otra forma para analizar ideas irracionales es mediante el análisis de costo-beneficio de dichos pensamientos y las autoinstrucciones.

Análisis de costo-beneficio. Consiste en escoger una idea irracional y analizarla con el siguiente formato, para llegar a una conclusión sobre si debemos actuar o no basados en ella, o por el contrario, desecharla.

Mi pensamiento irracional: ________	
Ventajas de creer esto	*Desventajas de creer esto*
1.	1.
2.	2.
3.	3.
4.	4.
5.	5.

Autoinstrucciones racionales. Esta estrategia implica desarrollar frases de contenido racional que sean contrarias al pensamiento irracional, para decírnosla "mentalmente" con fuerte convicción firme, como un medio de eliminar el pensamiento irracional. Por ejemplo:

- Idea irracional: Siempre me dejo presionar por Luis, jamás podré decirle que tengo una opinión diferente.
- *Autoinstrucciones racionales*:

  – Este pensamiento es erróneo.
  – Tengo derecho a tener mi propia opinión.
  – Me sentiré mejor conmigo si se lo digo.
  – Si deseo actuar asertivamente, debo expresar mi opinión.
  – Si Luis no lo entiende, no veo cómo podemos ser amigos si sólo su opinión es válida.
  – ¡Inténtalo! ¡Exprésate!

Las autoinstrucciones para que sean eficaces deben:

– Ser realistas.
– Tener sentido.
– Ser claras y concretas.
– Sugerirnos estar en control.
– Usarse con convicción (creyendo de verdad en ellas).

A continuación se presenta un método para enseñar a utilizar las autoinstrucciones y desarrollar la habilidad de solucionar problemas.

MODIFICACIÓN DE PENSAMIENTOS IRRACIONALES RELACIONADOS CON EVENTOS ESPECÍFICOS

ENSEÑANZA DE DESTREZAS PARA SEGUIR AUTOINSTRUCCIONES Y PARA LA SOLUCIÓN DE PROBLEMAS

Una meta importante de este modelo de intervención con los niños es enseñarles cómo abordar problemas en forma sistemática. Esto significa que sean capaces de plantear cuál es el "problema", producir las alternativas de solución posibles y las consecuencias probables de cada alternativa, desarrollar un plan para llevar a la acción la(s) alternativa(s) más apropiada(s), y finalmente evaluar los resultados. Las técnicas basadas en procedimientos de modelaje cognitivo son muy útiles en estos casos. La siguiente secuencia para enseñar los pasos de la solución de problemas y las autoinstrucciones respectivas resulta muy apropiada con los niños, pero el líder puede ajustarla a las necesidades y características de los niños en la intervención. Asimismo, el niño debe aprender a preguntarse a sí mismo:

- ¿Cuál es mi problema?
- ¿Cómo puedo solucionarlo?
- ¿Estoy usando mi plan?
- ¿Cómo lo hice?

Para ejemplificar cómo aplicar esta técnica a un problema real, el líder del grupo puede comenzar con un problema impersonal, como un rompecabezas (sería conveniente tener el rompecabezas para usarlo mientras se desarrolla el ejemplo). Para ofrecer el modelaje de cómo seguir los pasos y las autoinstrucciones, el líder debe pensar en alto (expresar la forma en que está pensando):

¿*Cuál es mi problema*? Tengo que poner esas piezas juntas para armar el rompecabezas ¿*Cómo puedo hacerlo*? Bueno, puedo hacerlo por colores... puedo poner todas esas piezas verdes juntas... también puedo comenzar por las formas... quizá podría usar las formas y los colores... ¡Eso es! Puedo usar ambas cosas... Ahora necesito una pieza amarilla que tiene la cara de una niña... Aquí está... ¿*Estoy usando mi plan*?... Sí, eso creo. Estoy usando el color y necesito la forma de la pieza que está al lado. (Más adelante.) ¿*Cómo lo hice*? ¡Lo hice bien! Es una buena idea seguir un plan. ¡*Qué bien lo hice*!

Los problemas sencillos pueden irse cambiando por otros más complejos que involucren a otras personas (el líder puede trabajar de antemano en desarrollar estos ejemplos).

Algunas técnicas parecidas para enseñar los pasos de la solución de problemas y las autoinstrucciones que la acompañan para desarrollar esta habilidad pueden ser:

- Usar muñecos o títeres como personajes para el modelaje cognitivo de las situaciones, y para el modelaje de las autoinstrucciones y los pasos de la solución de problemas.
- Crear historias o dibujos para colorear, donde los personajes piensen racionalmente respecto de sus problemas y usen autoinstrucciones apropiadas y de ayuda.
- Según los recursos disponibles, usar videograbaciones o que los mismos niños representen o dramaticen como si fuese una obra de teatro las situaciones y en voz alta vayan mencionando los pasos de la solución de problemas y las autoinstrucciones racionales.

Cometer errores

Las metas para este ejercicio son:

- Enseñar el concepto de que todos cometemos errores.
- Enseñar el concepto de que una persona no es igual a sus ejecuciones.
- Enseñar el concepto de que una persona puede aprender de sus errores.
- Demostrar cómo las preocupaciones del niño acerca de cometer errores lo hacen más propenso a cometerlos.
- Enseñar declaraciones de lidia para usar después de cometer un error.

Tareas

Primera tarea. El líder discute la idea de que todos (el niño, los hermanos, amigos, padres, maestros y el líder) cometemos errores. Le pide al niño si puede recordar algún error que haya cometido él o sus hermanos.

Segunda tarea. El líder discute el concepto de que cometer un error es solamente parte de una persona, o sólo una cosa que la persona hace. El líder señala que cometer un error o fallar no elimina las buenas cualidades del niño y no lo hace ser una persona peor que un niño que no comete el mismo error.

Tercera tarea. El líder muestra al niño que los errores son oportunidades para aprender y mejorarse a sí mismo, especialmente cuando se siente avergonzado por cometer errores. Se le pide al niño recordar si conoce a alguna persona famosa o un héroe de algún cuento o historia popular que haya cometido algún(os) error(es). Después, puede sugerir personas que sean conocidas y que hayan cometido errores. Por ejemplo, Babe Ruth (famoso jugador de beisbol) falló 1331 veces al bat; los hermanos Wright estrellaron muchas veces su avión antes de que éste pudiese volar; en los manuscritos de la música de Beethoven aparecen grandes cantidades de correcciones que hizo a su música antes de que le quedara bien; Thomas Alva Edison (inventor de la bombilla eléctrica) expresó que "ya conocía 100 maneras erróneas" de cómo no proceder en el perfeccionamiento de su invento cuando llegó a cometer ese número de errores. Preguntarle al niño si esas personas famosas se dieron por vencidas después de que cometieron errores. ¿Qué hacían cuando cometían un error? Trataban de aprender algo de sus errores, de manera de no incurrir en ellos la próxima vez.

Cuarta tarea. El líder enseña la conexión B-C en la cual los pensamientos irracionales acerca de cometer un error nos ponen ansiosos o temerosos, de manera que es más probable volver a cometer otro error. Pide al niño que deletree una palabra difícil, como *parafrasear*. Conforme el niño deletrea la palabra, el líder va diciendo rápidamente en voz alta diversas ideas irracionales acerca de cometer errores, como:

- "Yo nunca cometo errores."
- "Si cometo un error será terrible, catastrófico."
- "Mis amigos pensarán que soy un idiota si cometo un error."
- "Si cometo un error, eso quiere decir que soy un tonto."

El líder continúa repitiendo las ideas irracionales en voz alta hasta que el niño finaliza su intento de deletrear la palabra. Luego le pregunta al niño cómo se sintió cuando él estaba diciendo los pensamientos que no ayudan en voz alta: ¿Preocupado, tenso, temeroso, ansioso? Cuando se sentía preocupado, ¿fue capaz de pensar con "fuerza" en cómo deletrear la palabra, o solamente estaba pensando en no cometer errores?

Quinta tarea. El líder trabaja con el niño para llegar a desarrollar declaraciones de lidia racionales acerca de cometer errores, como:

- "Todo el mundo comete errores en algunas ocasiones."
- "Si cometo un error, qué malo... pero quizá pueda aprender de eso."
- "Aun si otras personas piensan que soy tonto por cometer un error, eso en realidad no me vuelve un tonto."

- "Si yo cometo un error, eso sólo significa decir que no soy perfecto, sino como cualquier ser humano, como todo el mundo."

Sexta tarea. El líder pide al niño que recuerde su "peor error". Luego hace que el niño vaya a través del diagrama **SPEC** (suceso, pensamiento, emoción/sentimiento, conducta) concerniente al suceso o circunstancia del error, incluyendo el desafío del pensamiento, y remplazar el pensamiento irracional con las declaraciones de lidia racionales.

Séptima tarea. Como una asignación, el niño preguntará a sus padres o a personas adultas conocidas que le cuenten dos errores que hayan cometido.

MANEJO Y EXPRESIÓN DEL CORAJE

La meta del ejercicio es que los participantes aprendan a expresar apropiadamente la emoción del coraje.

Al enseñar a los niños a manejar y expresar apropiadamente su coraje, debemos asegurarnos de que ya sean capaces de reconocer las sensaciones físicas y emocionales, así como los indicadores cognitivos o de pensamiento que definen o caracterizan el coraje cuando está comenzando y cuando ya tenemos plenamente dicha emoción. Es importante que los niños identifiquen tempranamente esas señales para prevenir reacciones muy fuertes de coraje y poder aplicar las destrezas racionales-emotivas conductuales, ya que a menudo los niños desarrollan la creencia de que no tienen control sobre su coraje.

El apoyo parental y de los maestros es de gran utilidad en estos casos para que el niño identifique cuándo comienza su coraje y animarlo a utilizar la identificación de pensamientos que generan coraje, usar los desafíos, autoinstrucciones y demás procedimienos. Hay que ser discretos y neutrales al señalar al niño su coraje, ya que decirle a alguien que está con coraje puede suscitar mayor coraje u otros problemas de conducta, quizá usar una frase acordada y practicada previamente ayude al propósito mencionado.

1. El líder pedirá a los participantes que hagan un listado de tres situaciones en las cuales han reaccionado con coraje, y traten de recordar los pensamientos que les llevaron a sentirse con dicha emoción y/o a comportarse en forma agresiva.
2. El grupo practicará el análisis de los pensamientos que comúnmente producen coraje. Se desarrollará una lista de disputas y se hará un análisis de costo-beneficio de cada pensamiento irracional productor de coraje.

Base conceptual del ejercicio. Una de las emociones que promueve reacciones agresivas es el coraje, de modo que el coraje suele ser muy perturbador. Sin embargo, desde una perspectiva positiva, a menudo nos indica la necesidad de que actuemos de forma diferente y asertiva. Por consiguiente, el coraje puede tener una función importante si se maneja y canaliza apropiadamente, más que tratar de ignorarlo, reprimirlo, actuar con agresividad o incrementarlo hasta el punto de la rabia.

Los niños se involucrarán en los siguientes ejercicios adicionales, destinados a obtener una comprensión de algunas de las dinámicas del coraje, así como conocer diversas estrategias para expresarlo y manejarlo asertivamente:

1. Discutir el esquema del coraje desde el punto de vista de la TREC, según el cual nuestra forma de pensar acerca de determinadas situaciones y actuaciones de otras personas nos conduce a sentirnos frustrados y con coraje. Por ejemplo.

A Un compañero nos insulta.

B
* Nunca debió hacer eso.
* Nadie me insulta y se queda sin consecuencias.
* Debería pagarle del mismo modo.
* No puedo aguantar que me hagan esto.

C
* Sentimos frustración y coraje.
* Deseamos golpear, insultar, gritar, etcétera.

2. Aprender a reconocer cuando estamos sobregeneralizando las situaciones en que nos enojamos y hacemos una catástrofe de ellas.

Por ejemplo:

- Todos desean hacerme daño. (Sobregeneralización.)
- Jamás podré controlar mi enojo. (Sobregeneralización.)
- Esta situación es demasiado molesta. (Catastrofización.)
- Es terrible que me haya hecho eso. (Catastrofización.)

3. Utilizar el esquema de declaraciones "yo-siento" para expresar apropiadamente nuestro malestar y coraje.

Las declaraciones "yo-siento"

Utilizamos este mensaje (esquema) cuando decimos: "Cuando tú hiciste eso, yo me sentí de esta manera", "no me agradó cuando tú hiciste eso...". El "eso" es una conducta que hizo la otra persona y el "yo me sentí" es nuestro sentimiento específico. Por ejemplo:

- Cuando te marchaste sin darme explicaciones, me sentí herido y frustrado. Quisiera que en otra ocasión me des una breve explicación.
- Cuando me insultaste me sentí con coraje, desearía que no volviera a ocurrir.

Efectos del mensaje. Ayuda a expresar nuestros sentimientos sin atacar la autoestima de la otra persona. Clarifica para nosotros y las demás personas exactamente cómo nos sentimos, y también ayuda a establecer una forma alternativa de cómo deseamos que se nos trate en lo futuro para evitar situaciones en que sintamos coraje. Esto puede ayudar a reducir malos entendidos acerca de la naturaleza de nuestros sentimientos. Por ejemplo, cuando nos sentimos incómodos, las demás personas pueden asumir que tenemos coraje (y solamente nos sentimos incómodos). Al describir la conducta específica que nos gusta o disgusta, le damos a la otra persona información específica que puede considerar cuando decida cómo va a actuar.

Guías útiles para utilizar las declaraciones "yo-siento". Utilizar sentimientos específicos para describir cómo nos sentimos realmente. Usar reiteradamente sólo un sentimiento (por ejemplo, "Me siento perturbado") no ayuda a mostrar cómo nos sentimos en verdad. En ocasiones podemos sentir coraje, en otras, frustración, y en otras, simplemente molestia.

Al expresar molestia, irritación o coraje es más conveniente describir primero la conducta de la otra persona y después expresar nuestros sentimientos. La razón de esto es que muchas personas se atemorizan y desorientan de inmediato cuando las primeras palabras que escuchan son "Tengo coraje contra ti".

Pasos en la expresión de mensajes "yo-siento":

1. Describir la conducta de la otra persona que nos ha molestado.
2. Describir cómo nos sentimos.
3. Pedir lo que deseamos en el futuro.

Comprensión y manejo de la baja tolerancia a la frustración

La baja tolerancia a la frustración (BTF) lleva a numerosas dificultades o problemas personales e inclusive a desórdenes de salud mental (desórdenes o problemas de ansiedad, de conducta, obsesivo-compulsivos, problemas alimentarios y de control de impulsos). La BTF a menudo se encuentra en la base de problemas académicos, sociales y dificultades generales en la vida que, si no son tratados, acompañan al individuo a través de todas las etapas de desarrollo.

Este factor es muy importante en predecir el éxito personal, ya que muchas cosas importantes en la vida requieren un esfuerzo sostenido por prolongados periodos. El niño o la persona con deficiencia en este aspecto conductual-emocional carece de la disciplina que conlleva completar la tarea. Cuando las cosas se vuelven "difíciles" y no se percibe satisfacción inmediata la BTF se dispara y el individuo abandona la tarea o la consecución de la meta. Esto a menudo se vuelve un patrón automático muy arraigado y difícil de vencer.

Las creencias irracionales en el núcleo de la BTF son la idea de que la vida debe ser fácil y sin frustraciones, y por el contrario, a menudo la vida se deletrea "f-r-u-s-t-r-a-c-i-ó-n", y la idea de que es demasiado difícil actuar disciplinadamente y mantener una conducta hasta lograr resultados.

Knaus (1983) menciona las siguientes conductas como posibles indicadores de BTF:

- Lloriquear.
- Quejarse (constantemente).
- "Soñar despierto" (lucir con la "mente" alejada).
- Falta de responsabilidad.
- Abandonar tareas o metas fácilmente.
- Pataletas y demandar para que las cosas se hagan de inmediato o a través de exigencias.
- Timidez, alejamiento social y baja autoestima.

- No intentar tareas.
- Demandar recompensa inmediata.
- Ser siempre el primero.
- Pobre control emocional y de impulsos.
- Falta de destreza para lidiar con conflictos.
- Falta de destreza para lidiar con los aspectos sociales cotidianos de las relaciones con los pares.

La BTF es un problema difícil porque a menudo evitar la tarea o conducta que produce la frustración puede ser momentáneamente recompensante y genera alivio. Además, por lo general no hay castigo o consecuencias negativas inmediatas como resultado de los errores decisionales o de juicio producto de la BTF. Si hay consecuencias negativas, a menudo ocurren días o semanas después.

Los métodos o técnicas que ayudan a combatir la BTF pueden ser:

1. **Disputa de ideas irracionales.** Se focalizan en desafiar la creencia de que "la vida es demasiado dura y debe estar totalmente libre de frustraciones".
   Desafío. Donde está escrito que porque no te agrade algo o te parezca difícil, no tiene que existir o no tiene que sucederte. Hasta el presidente, ricos y pobres, niños y adultos hacen cosas difíciles y que no les agradan, es parte de la vida y adoptar una actitud quejumbrosa o postergar solamente hará peor la situación.
2. **Trazar las consecuencias de la conducta de evitación.** Al trazar la conducta de evitación se pueden examinar las consecuencias negativas de la BTF. Algo que a menudo la persona escoge minimizar o no darse por enterado.
   Líder. Marcos, recuerda que decidiste no hacer la tarea escolar y luego pasaste un mal rato en el salón de clases frente a tus compañeros.
3. **"Forzar" a cambiar el diálogo interno.** Se puede enseñar a los niños o jóvenes a que cambien su pensamiento o diálogo interno productor de BTF con pensamientos que lo combatan y provean motivación para actuar. Por ejemplo, "Entre más tiempo lo posponga más trabajo me dará", "si me esfuerzo en hacerlo, me sentiré mejor y satisfecho de mi logro", etcétera.
4. **Establecer límite de tiempo para completar o llevar a cabo la tarea.** Por ejemplo, trabajar concentradamente durante 15 o 20 minutos, descansar y volver a trabajar concentradamente 20 minutos hasta completar la tarea.
5. **Establecer contratos conductuales.** Hacer compromisos a través de contratos conductuales en los que se establezca la tarea o con-

ducta que se pretende llevar a cabo y los criterios de logro. Después, negociar consecuencias positivas que serán otorgadas por cumplir y/o las consecuencias no deseables que ocurrirán si no se cumplen. Sin embargo, la idea es que el contrato esté basado en la premisa de que se cumplirá.

A continuación se listan las estrategias adicionales para fortalecer la tolerancia o el manejo de la BTF.

Desarrollo de la tolerancia a la frustración

Las metas para este ejercicio son:

- Que el niño aprenda la diferencia entre tareas fáciles, difíciles, muy difíciles e imposibles.
- Que el niño aprenda que puesto que algunas tareas son más difíciles para él, necesitará practicar más y durante más tiempo que otros niños.
- Que el niño aprenda que si persiste en aprender tareas difíciles, aunque ocurran errores y frustraciones, éstas se tornarán menos difíciles en el futuro.
- Que el niño aprenda que si no intenta resolver tareas difíciles, nunca mejorará.
- Que el niño identifique pensamientos que le llevan a sus frustraciones y a abandonar tareas, aun antes de haberlas intentado.

Tareas

Primera tarea. El líder pide al niño ejemplos de tareas escolares y de juegos que sean fáciles de hacer, difíciles, muy difíciles e imposibles de hacer. Le preguntará al niño si una tarea, que nunca antes ha hecho, le resulta imposible de hacer.

Segunda tarea. El líder explica al niño que algunas tareas escolares le resultarán muy difíciles, al exigirle trabajar más tiempo y un mayor esfuerzo de lo que le lleva a otros niños aprender esas tareas (de seguro a sus compañeros de clase o para otros niños habrá tareas específicas que les resulten muy difíciles de hacer: a todos se nos hace muy difícil realizar algunas tareas en diversas áreas de nuestra vida). Le preguntará al niño si tener que trabajar más duro lo convierte en una mala persona o lo hace sentirse menos de alguna manera.

Tercera tarea. El líder pide al niño que describa una ocasión en la que se haya sentido muy molesto con sus padres por haberle pedido hacer algo que pensó que era demasiado difícil. El líder puede preguntar a los padres o a los maestros para que le den un ejemplo.

Cuarta tarea. El líder y el niño identifican ideas irracionales asociadas con la frustración, como:

- "¡No puedo soportar cuando mis padres me piden que haga esta estúpida tarea!"
- "¡Ellos deberían saber que no puedo hacer esto, no deberían seguirme pidiendo que lo haga!"
- "¡Es demasiado difícil!"
- "¡Nunca seré capaz de hacer esto!"

El líder y el niño conectan la emoción y la conducta con los pensamientos irracionales expuestos (por ejemplo, el niño se disgusta, tira los libros al piso, le grita a sus padres, abandona intentar hacer bien la tarea).

Quinta tarea. El líder y el niño generan creencias racionales alternativas, como:

- No me agrada cuando mis padres me piden que haga las tareas escolares, pero puedo tolerar eso.
- De seguro no moriré por tener que hacer la tarea escolar.
- Desearía que mis padres dejaran de pedirme que haga esto. Pero están tratando de ayudarme. Ellos no tienen que detenerse sólo porque yo lo deseo.
- Es difícil, pero no es imposible, o ellos no me pedirían que lo hiciera.
- Puede tomarme un tiempo aprender esto, pero si continúo intentándolo y preguntando o pidiendo ayuda, probablemente lo lograré.

El líder pregunta al niño: ¿Cómo te ayudará si reflexionas acerca de esos nuevos pensamientos racionales de ayuda? El niño "debería" responder que eso hará que la tarea sea más fácil con la práctica, o que tendrá una mejor oportunidad de mejorar que si se da por vencido y abandona el intento.

Sexta tarea. El líder y el niño hacen adicionalmente el diagrama SPEC respecto de las tareas que el niño piensa que son demasiado difíciles, de manera que no las abandone dándose por vencido, o que no las intente del todo.

Séptima tarea. Consiste en hacer ejercicios. Se le pide al niño que haga una lista de las cosas difíciles que ha sido capaz de realizar exitosamente en el pasado. También, debe pensar en algo difícil que tenga que hacer la próxima semana. Debe evaluar cuán difícil piensa que será en una escala del 1 al 10 (siendo el 10 lo más difícil). Llevará a cabo la tarea, y luego evaluará cuán difícil fue realmente después de haberla hecho.

Manejo de las críticas de los compañeros

Las metas de este ejercicio son:

- Enseñar al niño el concepto de que si alguna persona nos rechaza, o no quiere ser nuestro amigo, esto no prueba que somos completamente malos, menos buenos, o que nadie nos querrá nunca más.
- Enseñar el concepto de que las opiniones y los comentarios de los demás no son necesariamente correctos.
- Enseñar el concepto de que aun en el caso de que las críticas sean ciertas, es sólo un aspecto del niño, y eso no lo hace una persona completamente mala o menos buena.
- Destacar que los insultos o las críticas de las demás personas no deben molestar al niño a menos que él permita eso (las B que llevan a las C).
- Enseñar declaraciones de lidia racionales para ayudar al niño a luchar de manera más eficaz con las críticas.

Tareas

Primera tarea. El líder evalúa el diagrama SPEC del niño con respecto a un suceso reciente en el cual un compañero de escuela lo haya rechazado. Por ejemplo, un compañero dijo que no le caía bien, actuó como si no le cayera bien el niño, o no quería ser su amigo.

Segunda tarea. El líder presenta una explicación al niño acerca de las comidas favoritas del niño, que tiene muchas variedades, como caramelos o frutas. Le explica que si no le agrada una variedad particular de sus comidas favoritas, eso no hace a esa variedad mala; sólo quiere decir que no es de la preferencia del niño. Se discute el incidente con el compañero. El líder enfatiza el concepto de que si un compañero no lo escoge ni prefiere ser su amigo, eso no hace al niño malo o menos bueno. El siguiente diálogo ilustra el uso de esta explicación:

LÍDER: Me dices que te gustan las frutas, ¿correcto?
JAVIER: ¡Sí, me encantan!
LÍDER: ¿Cuál es tu fruta favorita?
JAVIER: ¡La piña... qué rico!
LÍDER: ¿Cuál es la menos favorita?

JAVIER: El tamarindo… ¡guácala!
LÍDER: ¿Conoces a alguien que le guste el tamarindo?
JAVIER: Sí, a mi mamá le gusta mucho. También a mi amigo Pedro.
LÍDER: De manera que, Javier, si fueses al mercado a comprar una piña, ¿querría eso decir alguna cosa respecto del tamarindo?
JAVIER: Bueno, que no me gusta.
LÍDER: Claro, pero solamente porque no te gusta el tamarindo, ¿eso no significa que haya algo malo con el tamarindo?
JAVIER: No, solamente que no me gusta.
LÍDER: Correcto, pero a tu mamá todavía le gusta, ¿correcto?
JAVIER: Correcto.
LÍDER: También le gusta a tu amigo, ¿correcto?
JAVIER: Correcto.
LÍDER: Así que eso quiere decir que no hay nada erróneo con el tamarindo, sino simplemente que a ti no te gusta. Ahora, Javier, supongamos que un niño (nombre) dice que tú no le agradas, y no quiere jugar contigo. ¿Qué quiere decir eso acerca de ti?
JAVIER: Quiere decir que no le agrado.
LÍDER Podría querer decir eso. ¿Y eso significa acaso que eres una mala persona porque no le agradas?
JAVIER: Creo que no, así como con el tamarindo, ¿correcto?
LÍDER: Correcto. ¿Y eso quiere decir que no le agradarás a nadie más porque a ese niño (nombre) no le agradas?
JAVIER: No, porque todavía le agrado a Francisco y también a mis padres.
LÍDER: Correcto. No le podemos agradar a todo el mundo todo el tiempo, pero eso no quiere decir que no le agrademos del todo a ninguna persona.

Tercera tarea. El líder evalúa el diagrama SPEC de una situación reciente en la que un compañero se burló o le puso un mal nombre al niño. Se le enseña el concepto de que ponerle a alguien un sobrenombre o apodo no convierte al niño en "la cosa" que se le llamó. Se pide al niño que responda una serie de preguntas:

- Si te llamo lagarto, ¿te hace eso un lagarto?
- ¿Te conviertes en un lagarto?
- Si te llamo marciano, ¿te hace eso un marciano?
- Si te llamo tonto, ¿te hace eso un tonto?
- Si te llamo cobarde, ¿te vuelve eso un cobarde?

Cuarta tarea. El líder le pregunta al niño acerca de una situación en la que otros niños se han burlado de él en relación con algo que fue o es cierto (por ejemplo, el niño recibió una mala nota o fue regañado por la profesora). ¿Qué quiere decir eso acerca del niño? ¿Que es malo y sin valor, o que es menos bueno y menos valioso que otros? No, eso solamente indica que no es perfecto, sino tan parecido a los niños que se burlan de él (tampoco ellos son perfectos).

Quinta tarea. El líder le pregunta al niño si es solamente el que sus compañeros de clases le rechacen o se burlen de él, lo que lo hace sentir deprimido, con coraje y todo lo demás. El líder ayuda al niño a responder que son sus propios pensamientos acerca de lo que los niños le dicen lo que lo hace sentirse perturbado.

Sexta tarea. El líder ayuda al niño a generar declaraciones de lidia para desarrollar "tolerancia a las burlas". Esas declaraciones podrían incluir:

- "Los garrotazos y pedradas pueden romperme los huesos, pero las palabras nunca pueden herirme."
- "De manera que si ellos me llaman (sobrenombre), no me preocuparé por eso."
- "Yo sé que no soy solamente un..."
- "No me agrada que me pongan sobrenombres, pero no es catastrófico."
- "Los sobrenombres pueden molestarme sólo si yo lo permito."

El líder le explica al niño cómo se sentirá si piensa estas declaraciones la próxima vez que alguien se burle de él.

Séptima tarea. El niño hará ejercicios. Los padres o los amigos pueden colaborar en ayudar al niño a desarrollar su tolerancia a las burlas; primero se burlarán del niño, mientras él responde en voz alta con declaraciones de lidia racionales. Después se repite el ejercicio mientras el niño se dice las declaraciones de lidia en silencio. Es aconsejable practicar este ejercicio varias veces a la semana. Por último, hay que tratar que el niño ponga en práctica sus nuevas destrezas con algún compañero de la escuela, o con sus hermanos.

INVENTARIOS Y TÉCNICAS DE EVALUACIÓN

Inventario racional-emotivo de oraciones incompletas

Instrucciones. Lea el comienzo de la oración y complétela de la manera que usted piense es apropiada de acuerdo con lo que el niño diga. Trate de escribir lo primero que le venga a la mente. No hay respuestas correctas o erróneas, ni se dará nota por este ejercicio. Sus respuestas serán utilizadas con el propósito de ayudarle.

No puedo aguantar...
Cuando cometo errores...
Me siento terrible cuando...
Me pongo enojado cuando...
Las cosas difíciles me hacen sentir...
Es una catástrofe cuando...
Los otros niños piensan que yo soy...
Cuando no puedo tener lo que quiero...
Me siento deprimido cuando...
Cuando fracaso pienso...
Si no le agrado a las personas, pienso que...
Cuando pienso en el futuro...
Yo soy...
Cuando me tratan injustamente...
Me pongo nervioso(a) cuando...
Me siento avergonzado(a) después de...
Siento que quisiera golpear a alguien cuando...
Cuando hago las cosas bien, pienso que...
Es una tragedia cuando...
Me "rebajo" a mí mismo cuando...
El mundo es...
Cuando no hago alguna cosa bien, pienso que...
Algún día yo...
Cuando soy disciplinado, yo...
Mi mayor problema es...
Me da miedo...
Yo necesito...
No tener lo que quiero es...
Las personas deben ser castigadas cuando...
Los demás nunca deberían...
El mundo debería ser...

Inventario de las ideas

Nombre: ______________________________

Sexo: M ______ F ______

Edad: ______________________________

Fecha: ______________________________

Instrucciones. Las personas tienen diferentes ideas. Estamos interesados en escuchar tus opiniones e ideas respecto de las siguientes oraciones. Coloca una *X* encima del número que represente mejor tus creencias acerca de cada una de estas ideas.

Claves:

1 = Estoy de acuerdo (A).
2 = No estoy seguro(a) (N).
3 = Estoy en desacuerdo (D).

	A	*N*	*D*
1. Las personas necesitan amor o aprobación de casi todas las personas que consideran importantes para ellas.	1	2	3
2. Me siento como una persona tonta cuando no hago las cosas bien como mis amigos.	1	2	3
3. Los criminales necesitan ser severamente castigados por sus fechorías.	1	2	3
4. Es terrible cuando las cosas no salen como uno quisiera.	1	2	3
5. Las personas en mi familia en ocasiones me hacen enojar.	1	2	3
6. Constantemente me preocupo acerca de la ocurrencia de accidentes peligrosos.	1	2	3
7. Es muy fácil hacer a un lado algunas responsabilidades y dificultades en vez de enfrentarlas directamente.	1	2	3
8. Me molesta cuando no hay nadie que me ayude a pensar sobre problemas difíciles.	1	2	3
9. Me molesta reconocer que algunas de mis creencias que he tenido por mucho tiempo prácticamente no se pueden cambiar.	1	2	3
10. Uno debería perturbarse por los problemas y dificultades de las demás personas.	1	2	3
11. Tengo temor de no encontrar la mejor manera de relacionarme y lidiar con mis superiores.	1	2	3
12. Me molesta cuando a las demás personas les desagrada cómo me veo y critican el estilo de ropa que visto.	1	2	3
13. Para ser una persona valiosa, debemos ser completamente adecuados, lograr todas las metas y ser competentes en todo lo que hacemos.	1	2	3

14. A nuestros enemigos deberíamos hacerlos sufrir y pagar por sus malos actos.	1	2	3
15. Me molesta y me da coraje cuando mis planes salen mal.	1	2	3
16. La infelicidad es causada por las personas y las circunstancias que nos rodean y no tenemos control sobre eso.	1	2	3
17. Con frecuencia me preocupo por la posibilidad de llegar a tener una terrible enfermedad.	1	2	3
18. Me pongo muy ansioso(a) y trato de evitar tener que enfrentar tareas difíciles, como darle a alguien una mala noticia.	1	2	3
19. Necesitamos depender siempre de los demás y de alguien más fuerte que nosotros.	1	2	3
20. Me deprimo cuando me doy cuenta que nunca seré capaz de cambiar alguno de mis hábitos de conducta muy arraigados.	1	2	3
21. Me deprimo cuando escucho que uno de mis conocidos está seriamente enfermo.	1	2	3
22. Es terrible cuando no podemos encontrar la solución correcta o perfecta a nuestros problemas.	1	2	3
23. Cuando estoy en una fiesta, me siento muy mal si las personas no se acercan y me saludan.	1	2	3
24. Me siento inadecuado(a) y sin valor cuando fracaso en la escuela o en otras cosas.	1	2	3
25. Las personas que son muy malas y perversas deberían ser culpadas y castigadas.	1	2	3
26. Me siento enojado(a) y rechazado(a) cuando mis ideas y opiniones no son aceptadas.	1	2	3
27. Me siento deprimido(a) cuando los demás me desilusionan.	1	2	3
28. Cuando algo es peligroso y causa gran preocupación, deberíamos pensar constantemente en la posibilidad de su ocurrencia.	1	2	3
29. Como me pongo muy nervioso(a), evito situaciones en las que tenga que tomar decisiones difíciles.	1	2	3
30. Me pongo ansioso(a) y necesito la ayuda de los demás cuando debo enfrentar yo solo(a) responsabilidades difíciles.	1	2	3
31. Muchas situaciones de mi pasado me han afectado tan fuertemente que es imposible para mí cambiar.	1	2	3
32. Me siento aplastado por la emoción cuando veo a una persona seriamente retardada.	1	2	3
33. Me preocupa no encontrar la solución perfecta para mis problemas escolares o en otras cosas.	1	2	3

LECTURAS RECOMENDADAS

DiGiuseppe, R. (1989). "Cognitive therapy with children." En A. Freeman, K. Simon, L. Beutler y H. Arkowitz (Eds.). *Comprehensive handbook of cognitive therapy* (pp. 515-534). New York: Plenum.

Dryden, W. & DiGiuseppe, R. (1990). *A primer on rational-emotive therapy.* Champaign, IL: Research Press.

Gerald, M. & Eyman, W. (1981). *Thinking straight and talking sense: An emotional education program.* New York: Rational Institute.

Hauck, P. (1977). *The Management of Children.* New York: Libra Publishers.

Huber, C. & Baruth, L. (1989). *Rational-emotive family therapy: A systems perspective.* New York: Springer.

Navas, J. (1991). *Cómo controlar su ansiedad en situaciones de evaluación o examen.* San Juan, Puerto Rico: Publicación de Autor.

Navas, J. (2007). *Modificación conductual y disciplina asertiva.* San Juan, Puerto Rico, Publicación de Autor.

Navas, J. (1988). *Proceso e innovaciones de la terapia racional-emotiva.* San Juan, Puerto Rico: Publicación de Autor.

Navas, J. (1987). *Cómo tomar decisiones y solucionar problemas racionalmente.* San Juan, Puerto Rico: Editorial Librotex.

Navas, J. (2005). *Estrategias para el crecimiento y desarrollo personal.* San Juan, Puerto Rico: Publicación de Autor.

Wilde, J. (1992). *Rational Counseling with School-Aged Populations: A Practical Guide.* Indiana: Acelerated Development Inc.

9

Cómo descubrir, desarrollar y potenciar las habilidades cognoscitivas de los niños

PATRICIA WIENER B.

INTRODUCCIÓN

Desde su creación, el ser humano ha intentado perpetuarse, trasmitiendo sus conocimientos a sus generaciones futuras. Esta trasmisión de información se ha ido sistematizando hasta cristalizarse en lo que hoy día llamamos "educación formal".

Actualmente, las tendencias generales en las reformas educativas apuntan a que la educación no se limite simplemente a la trasmisión de información, sino que también pueda convertirse en el reflejo de los valores y de las necesidades sociales de los diferentes países y culturas en los que está inmerso.

En este sentido, puede entenderse que es importante lograr un acercamiento personal entre dos individuos: el educador y el educando, y no sólo cumplir la tarea específica de impartir conocimientos, respetando la individualidad de cada persona.

La idea de que cada ser humano es único se remonta hacia los principios de la filosofía y a los consiguientes movimientos que se han ido creando hasta nuestros días. Por ejemplo, movimientos como el existencialismo realzan la autenticidad del ser humano y claman por su dignidad.

En el campo de la exploración neurofisiológica del hombre, esta noción se ha visto reforzada con el desarrollo de la neuropsicología cuando, entre las décadas de 1940 y 1970, científicos soviéticos postulaban que el cerebro se organiza de diferente manera en cada uno de los seres humanos. Sin duda, la fundación de la neuropsicología ha aportado enormemente a la idea de que el hombre es un ser único, siendo que el cerebro se organiza de una manera particular en cada individuo, siguiendo un comportamiento sistémico.

Esta afirmación se ve apoyada con importantes estudios actuales, como los descubrimientos genéticos de la clonación y de los gemelos idénticos, en cuanto si bien es posible que dos seres tengan las mismas predisposiciones genéticas, las particulares experiencias de interacción con diferentes factores ambientales van a determinar, finalmente, el desarrollo de una u otra característica.

Al respecto, ya Greenough, Black y Wallace, en 1987, estudiaron los conceptos de expectativa de experiencia y dependencia de experiencia, para diferenciar aquellas habilidades que son adquiridas por el común de las personas y aquellas que son idiosincrásicas.

Más adelante, Greenough y su equipo sistematizaron estos conceptos con base en la actividad cerebral, y concluyeron que "expectativa de experiencia" es un proceso en el cual el cerebro produce sinapsis (conexiones neuronales), con el fin de prepararse para almacenar información específica y más adelante establecer solamente aquellas sinapsis que han sido activadas; en tanto que "dependencia de experiencia" es el almacenamiento de información en un proceso "de por vida" que incorpora los efectos de la experiencia en la organización funcional del cerebro, por lo que un ambiente enriquecido y una estimulación adecuada van a resultar en mayores experiencias positivas que enriquecerán las conexiones neuronales y, por tanto, la organización funcional del cerebro.

Es mediante este y otro tipo de procesos que a lo largo de su crecimiento, el ser humano desarrolla diferentes estilos cognoscitivos, teniendo por tanto un modo particular de procesar la información, que se evidencia no sólo en su rendimiento académico, sino también en el modo de enfrentar su vida cotidiana.

En consecuencia, la tarea de la educación no debería circunscribirse solamente a la trasmisión de conocimientos formales, sino también al desarrollo de la sociabilización del niño, enseñándole a relacionarse con otros, a resolver problemas cotidianos y a interiorizar sus valores, respetando en cada ser humano su modo particular de procesar la información y de ser en el mundo.

EL PROCESO DE APRENDIZAJE

En las últimas décadas, el desarrollo de la neuropsicología y la psicología cognoscitiva han abierto nuevos horizontes en el campo de la enseñanza.

En efecto, respecto de la neuropsicología se han construido modelos generales que han intentado identificar el funcionamiento del cerebro y, por ende, han ayudado a identificar los procesos de aprendizaje llevados a cabo por maneras particulares de procesamiento de información, como los abordajes de Goodglass y Kaplan, Luria, Jakobson, Hécaen y otros. Por su parte, la psicología cognitiva también ha intentado estudiar y sistematizar estas particularidades individuales y ha creado diferentes modelos de procesamiento de la información, como los de Johnson-Laird, Newell y Simon, Mayer y otros. Así también, la neuropsicología cognitiva apunta a la integración de estos modelos.

Por supuesto, el estudio de la mente y de la existencia humana puede realizarse desde más de un punto de vista, y es así que la psicolingüística y la psicología de la comunicación se constituyen en otras ramas de la psicología que se interesaron por el estudio del hombre y de su relación con el mundo, siendo que una de las principales consecuencias de estos estudios fue el desarrollo de la psicología sistémica, con la cual surgieron muchos nombres importantes, como el de Bateson, Watzlawick, Satir, Erikson, Haley, Minuchin, Grinder, Bandler y otros.

Es bien sabido, entonces, que existen muchas maneras de procesar la información, y uno de los principales argumentos que hay que tomar en cuenta es el de que existen diferentes estilos cognoscitivos que pueden entenderse en los términos de Von Uexkull, quien introdujo el concepto de "mundo perceptual" en biología: diferentes especies viven en distintos mundos perceptuales, los cuales están dados por las diferentes habilidades perceptuales que poseen, y la selectividad que se hace entre los estímulos potencialmente accesibles. En consecuencia, los diferentes perfiles de habilidades cognoscitivas o estilos cognoscitivos y los efectos individuales de las experiencias y el aprendizaje permitirían suponer que la subjetividad del hombre se encuentra enmarcada en un "mundo cognoscitivo" específico.

Dentro de todo este análisis es innegable el importante papel que desempeña el lenguaje en el ordenamiento del mundo humano, consecuentemente, el lenguaje se constituye en el mediador del pensamiento y éste está íntimamente ligado a la manera como concebimos nuestro entorno. En este caso, el término "lenguaje", no debe ser entendido solamente en su condición verbal, sino que el lenguaje no verbal adquiere la misma importancia que el primero, entendiéndose por lenguaje no verbal la parte del lenguaje que contiene conceptualizaciones extraverbales, es decir, desprovistas de información semántica.

Desde un punto de vista neurolingüístico, se pueden distinguir dos tipos básicos de comunicación: el digital y el analógico.

Esta aseveración puede, además, ser corroborada con los estudios dedicados a las asimetrías cerebrales. En efecto, a lo largo del desarrollo, tanto ontogenético como filogenético del hombre, el cerebro ha ido desarrollando una asimetría tanto hemisférica como funcional. Esta asimetría se traduce en el hecho de que existen ciertas capacidades cognitivas que se procesan preferentemente en uno u otro hemisferio. Asimismo, no se debe perder de vista que el cerebro funciona como un sistema integral, es decir, unidades funcionales que poseen una misma organización citológica, autónoma y funcional, pero que actúan en interacción. Sin embargo, dado que los estudios sobre asimetrías cerebrales no han logrado llegar aún a una conclusión específica, es importante recalcar que al hablar de especialización hemisférica se habla más que nada de un modelo que permite hacer explicaciones más plausibles sobre el procesamiento de la información en el cerebro.

De manera general, entonces, es posible realizar una aproximación global a lo que sería la especialización cerebral, basada en los estudios de asimetrías cerebrales en personas diestras, aunque debe tomarse en cuenta que ambos hemisferios trabajan de una manera coordinada para alcanzar sus objetivos (cuadro 9.1).

Cuadro 9.1. Esquema de lateralización cerebral.

Función	*Hemisferio izquierdo*	*Hemisferio derecho*
Sistema visual	Letras, palabras, números	Modelos geométricos complejos Caras
Sistema auditivo	Lenguaje-relación de sonidos	Sonidos ambientales que no son del lenguaje Música Prosodia
Sistema somatosensorial	Reconocimiento táctil de modelos simples contralaterales	Reconocimiento táctil de modelos complejos Braile
Movimiento	Movimiento voluntario complejo	Movimiento general contralateral
Memoria	Memoria verbal	Memoria no verbal
Lenguaje	Habla Elementos gramaticales complejos Lectura Escritura Aritmética	Elementos paraverbales del lenguaje Comprensión abstracta
Procesamiento espacial		Geometría Sentido de la dirección Rotación mental de las formas y elementos
	Detalles	Holístico
	Digital	Analógico

En consecuencia, podría afirmarse que el tipo de comunicación digital engloba las actividades relacionadas con el hemisferio izquierdo, en tanto que la comunicación analógica corresponde a lo que serían las actividades efectuadas por el hemisferio derecho.

La comunicación digital, entonces, correspondería a la verbal y, por tanto, este tipo de comunicación estaría basada en reglas gramaticales donde las palabras son signos arbitrarios, manipulados de acuerdo con la sintaxis del lenguaje. Por otro lado, la comunicación analógica sería la no verbal y, por tanto, correspondería al movimiento corporal, incluyendo en éste los elementos cinestésicos, postura, gesto y expresión facial, además de manifestaciones no verbales, relacionadas con el lenguaje verbal, como la inflexión de voz, la secuencia, el ritmo y la modulación de las palabras; se incluye también dentro de comunicación analógica cualquier otro tipo de manifestación no verbal que un organismo sea capaz de emitir y que esté presente en el contexto en el cual se desarrolle interacción.

Asimismo, la síntesis de la información se organiza a partir de la recepción sensorial de la vista, el oído y la somestesia, por lo cual pueden identificarse tres canales de procesamiento de la información, como el visual, el verbal y el cinestésico. En la figura 9.1 se esquematizan estos tipos de procesamiento de información.

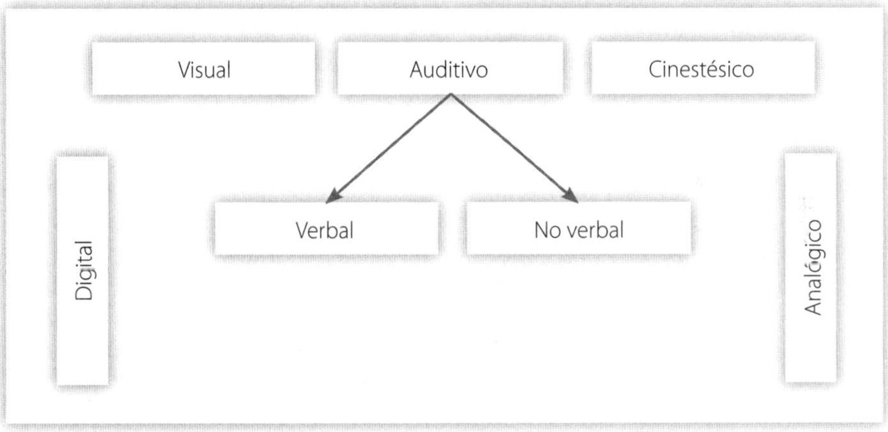

Figura 9.1. Canales de procesamiento de la información.

Es precisamente a partir de este análisis como puede entenderse la existencia de preferencias de estilos cognoscitivos, ya que existen personas que son preferentemente visuales, preferentemente cinestésicas o preferentemente auditivas. Ahora bien, debe tomarse siempre en cuenta que la manera como la información es procesada no depende solamente del uso exclusivo de un canal particular. Los canales pueden ser combinados unos con otros.

Con respecto al proceso enseñanza-aprendizaje, así como en la vida cotidiana en general, no se debe olvidar el importante papel que desempeña el manejo de las emociones, tanto en el proceso de aprendizaje como en la totalidad de la vida del individuo; otra de las variables que se debe considerar en el proceso de aprendizaje es la motivación.

La diferencia en el procesamiento de la información puede verse reflejada en ejemplos basados en la vida cotidiana, como se especifica a continuación:

a) **Uso del canal visual.** Las personas tienden a organizar su pensamiento en imágenes. Este canal se basa en un modo de razonamiento que hace énfasis en los aspectos espaciales y pictóricos. Por ejemplo, si estas personas escuchan la palabra *manzana*, tenderán a imaginarse una manzana.

b) **Canal cinestésico.** Las personas recuerdan texturas, olores, posturas, etc., por ejemplo: si estas personas escuchan la palabra *manzana*, inmediatamente serán capaces de "olerla", "saborearla", "tocarla". Estas personas son muy perceptivas en todo lo que respecta al lenguaje corporal.

c) **Canal auditivo. 1. (Verbal).** Estas personas tienden a recordar preferentemente palabras. Este canal da cuenta de una manera de razonamiento verbal, lógico y práctico, organizado en términos del manejo del lenguaje, el orden y los detalles. Ejemplo: Si estas personas escuchan la palabra *manzana* no se imaginarán esta fruta con claridad, tenderán a simplemente recordar la palabra. **2. (No verbal).** Estas personas tienden a recordar la manera como las palabras son pronunciadas, más que la palabra específica que escuchan; en otras palabras, hacen mayor énfasis en "cómo" se les dice las cosas en lugar de "qué" se les dice en sí. En pocas palabras, hacen referencia al dicho que dice: *El tono hace la música*. Por ejemplo, si estas personas escuchan la palabra *manzana*, prestarán más atención en cómo se pronuncia esta palabra, si el interlocutor utilizó un tono amable o si está gritando.

Después de analizar estos ejemplos, resulta fácil entender no solamente el proceso de aprendizaje en sí, sino también elementos importantes de las relaciones humanas. En la vida cotidiana es muy fácil entender estas situaciones. Por ejemplo, una persona que ha sido criada en un medio en el cual se expresa cariño a través de mediadores auditivos-verbales, percibirá cariño, preferentemente, cuando está expuesta, a estos mediadores. Si, por su parte, esta persona se casa con otra, que ha introyectado el hecho de que el cariño se expresa mediante mediadores cinestésicos, posiblemente sus canales de comunicación encontrarán una interferencia y el mensaje de cariño de la persona auditivo-verbal no será percibido con la misma intensidad por la persona cinestésica y viceversa. De esta manera, incluso es posible reconciliar parejas correspondiendo sus canales de procesamiento de la información con la manera particular de trabajo de su cerebro.

En el aprendizaje ocurre prácticamente la misma situación. Si un niño es preferentemente visual y recibe la información sólo por el canal auditivo, su rendimiento no sólo será menor a su potencial, sino que terminará sin poder desarrollar bien ninguno de estos dos canales o mediadores de procesamiento de información y podrá incluso presentar dificultades de aprendizaje y/o de atención.

Identificación de habilidades cognoscitivas

Uno de tantos recuerdos que tengo del colegio se remonta cuando tenía 16 años y estudiaba geografía. Era obligatorio saber todos los límites geográficos de los países del mundo, los ríos, las montañas y otros; por supuesto, se requerían largas horas de estudio. Un día, me di cuenta de lo fácil que era para mí aprenderme de memoria las canciones que me gustaban, por un lado, y lo fácil que era crear imágenes en mi mente, por otro. Decidí, por tanto, "crear" mi propio método de estudio, que consistía en ponerme el mapa en frente e inventar una canción con todos los datos que debía aprender, y luego grabarla y escucharla mientras veía el mapa. Este "método" resultó tan bueno que me preguntaba por qué en el colegio no se enseñaban todas las materias cantando.

Hoy día tengo la respuesta a esa pregunta: no se enseña cantando sencillamente porque no todas las personas procesan con preferencia la información analógica como yo, específicamente la información visual y auditiva no verbal. Sin embargo, en muchos métodos de enseñanza, sí se da preferencia a aquellas personas que utilizan con mayor énfasis un razonamiento digital, ya que se prioriza el canal de información auditivo-verbal en la trasmisión de conocimientos.

Gracias al ejemplo podemos entender la importancia que tiene intentar descubrir al menos de manera general el modo de razonamiento de cada niño, para poder desarrollar y potenciar estas habilidades cognoscitivas. Debido a las diferencias individuales entre los seres humanos, es difícil identificar un instrumento que mida el modo particular de procesamiento de información de cada niño, ya que este instrumento se debería construir para cada persona. Sin embargo, es posible identificar, de manera global, la tendencia de procesamiento de información de los niños. En el cuadro 9.2 se presenta un instrumento para medir estas diferencias individuales, seleccionando tareas de baterías neuropsicológicas y otras. De esta manera es posible identificar los canales de comunicación con tareas concretas que, de igual forma, se utilizan para determinar cómo procesa el niño la información que llega a su entorno y cómo, en función de este procesamiento, responde al mismo.

Cuadro 9.2. Instrumentos de medición de diferencias individuales.

Estímulo	*Tarea*	*Canal que puede ser medido*
1. El examinador da dos estímulos verbales neutrales, uno a uno: "flor"; "limón".	El niño debe expresar qué es lo primero que le vino a la mente al momento de escuchar dicha palabra.	De esta manera se mide si el niño expresa preferentemente su pensamiento de una manera visual, auditiva o cinestésica.
2. El examinador pide al niño que relate algún acontecimiento de su vida o invente una pequeña historia.	El niño elige la historia o el relato y la manera como quiere contarla (con dibujos, mímica, etc.).	De esta manera se mide el pensamiento digital o analógico, dependiendo de cómo la historia o relato es contado.
3. El examinador aplaude de manera aleatoria, con y sin dejar que el niño vea sus manos.	El niño debe repetir los aplausos.	De esta manera se mide si es que la ejecución del niño es mejor con o sin ayuda del canal visual, midiéndose así el canal visual y el canal auditivo no verbal.
4. El examinador pide al niño que tararee una canción.	El niño elige la canción que desea tararear.	Así se verifica el grado de dificultad o facilidad con el que el niño elige y tararea la canción. De esta manera, se puede medir el canal auditivo no verbal.
5. El examinador da de dos a cuatro diferentes tonos al niño, con un instrumento sencillo, cada uno de los cuales se refiere a una tarea específica por realizar.	El niño debe seguir las instrucciones viendo y sin ver la ejecución del examinador.	De esta manera, se mide el canal visual y el canal auditivo no verbal.

6. El examinador pide al niño que dibuje.	El niño realiza un dibujo libre.	El detalle y la creatividad del dibujo explican la utilización del canal visual.
7. El examinador pide al niño que exprese, corporalmente, alguna acción o vivencia.	El niño debe ejecutar lo que se le ha pedido.	De esta manera, se mide el canal cinestésico.
8. El examinador pide al niño que cierre los ojos y "escribe" y/o "dibuja" en el brazo del niño.	El niño debe describir el dibujo y/o la palabra.	Se mide así el canal cinestésico.
9. El examinador pide al niño que arme alguna estructura con el lego.	El niño elige lo que quiere armar.	Se mide así el pensamiento analógico, de acuerdo con la preferencia y la facilidad con la que el niño utiliza el lego.
10. El examinador pide al niño que arme un rompecabezas.	El niño debe armar el rompecabezas.	La facilidad y preferencia con la que el niño realiza la tarea explican el pensamiento analógico.

La evaluación de estas tareas se realiza de manera cualitativa, teniendo en cuenta la capacidad de representación del niño y la etapa evolutiva de su pensamiento cognoscitivo.

Además de estos estímulos, no está de más considerar algunos otros aspectos, como la observación del niño, su comportamiento en diferentes situaciones, sus preferencias en la vida cotidiana y, por supuesto, su ejecución en el colegio; se deberá realizar una entrevista minuciosa con los padres o tutores.

Desarrollo y potenciación de las habilidades cognoscitivas

Una vez identificadas las fortalezas y debilidades del niño, es posible desarrollar y potenciar sus habilidades cognoscitivas. Partiendo de un análisis objetivo acerca del desarrollo de las capacidades cognoscitivas, debe considerarse que, en última instancia, la corteza cerebral como tal está organizada en varios módulos o factores, que interactúan los unos con los otros. Así, es de esperarse que varios módulos participen simultáneamente en cada tipo específico de procesamiento de la información. En consecuencia, las operaciones realizadas por los diferentes módulos podrían ser útiles para habilidades cognoscitivas aparentemente muy diferentes y, potencialmente, podrían ser también útiles para otras habilidades aún no desarrolladas o analizadas. Por ejemplo, en el caso de la lectura, lo que se activan son diferentes factores o habilidades que estaban ya presentes en la evolución del hombre hace miles de años y que, por ende, están presentes también en una persona analfabeta. Por tanto, lo que sería "localizable" en el cerebro no es la habilidad de la lectura en sí, sino los factores necesarios que en su conjunto hacen posible que el ser humano sea capaz de leer.

Dentro de esta perspectiva, el contacto en general con la educación debe tener en cuenta los siguientes aspectos:

Los *periodos críticos*, son espacios de tiempo en los cuales los circuitos del cerebro normal se desarrollan, en tanto reciban los estímulos apropiados (dependientes de experiencia y dependencia e independencia de actividad). Una vez que estos periodos terminan, la oportunidad de formar este cableado neuronal no está eliminada del todo, pero evidentemente disminuye. Estos periodos críticos se dan, para la formación de percepciones básicas, hasta los tres años, periodo en el cual existe mayor cantidad de conexiones neuronales. Sin embargo, está claro que mayor cantidad de conexiones sinápticas no aseguran una mayor potencia en el cerebro y, además, no se ha llegado a una conclusión específica de cómo las experiencias en el niño afectan el desarrollo de la corteza asociativa y lóbulos frontales. En este sentido, es importante considerar la noción de que un ambiente ricamente estimulado depende de la sociohistoria de la que proviene el individuo, por lo que no existe un estereotipo de ambiente enriquecido (expectativa de experiencia). Así, los periodos críticos y la expectativa de experiencia son soluciones que la naturaleza ha adoptado para lograr un equilibrio entre la programación genética, la estimulación ambiental y la sociohistoria.

En este sentido, lo que debe estimularse en el niño no son solamente las tareas globales, sino que deben destacarse el desarrollo y la potenciación de la manera como el niño realiza la actividad global. En otras palabras, para que el niño aprenda aritmética, no basta sólo con asegurar el resultado matemático exacto, sino que es aún más importante asegurar que el camino por el cual el niño llegue a ese resultado sea adecuado a su forma de razonar.

Un ejemplo claro estaría dado por una muchacha (G) de 17 años que cursaba, por segunda vez, el último curso del colegio. Había perdido el año, ya que había reprobado matemáticas y física. Toda su vida escolar G tuvo problemas en estas materias y tomaba clases particulares con diferentes profesores. Esta vez era la segunda mitad del año escolar y, como le causaba mucha ansiedad la posibilidad de perder el año nuevamente, decidió, junto con su familia, que cambiaría las clases particulares por asesoramiento neuropsicológico.

Tras el diagnóstico correspondiente, se pudo determinar que G tenía un razonamiento predominantemente analógico y específicamente visual. Por tanto, le resultaba muy difícil aprender matemáticas de una manera puramente lógica y verbal. Se procedió a estructurar un programa específico para G que consistía en cuatro sesiones de 45 minutos a una hora por semana, durante un periodo de dos meses. En estas sesiones se estimulaban diferentes factores que constituían las fortalezas de G, por lo que en este sentido se utilizaron estrategias tanto de sustitución como de compensación.

El programa se concentraba en enseñar a G a llegar al resultado deseado razonando dentro de sus propias potencialidades. Como la muchacha tenía muchísima capacidad de imaginación y una amplia capacidad de razonamiento visual, se potenciaron estas capacidades con juegos abstractos y con actividades cotidianas en las que ella debía planificar la mejor manera de llegar a la meta. Se le planteaban situaciones diarias de resolución de problemas lógicos y se entrenaba su capacidad de planificación con juegos de mesa, como las damas chinas. Asimismo, se le pedía que llegara a la solución de sus problemas de física utilizando objetos y haciendo sus propias inferencias. Finalmente, se estimularon otros canales de comunicación, como el auditivo verbal, pidiéndole que analizara textos y figuras gramaticales. Paralelamente, se inducía a G a que transfiriera este mismo proceso de razonamiento a las materias de matemáticas y física, y se evaluaba semanalmente su ejecución, dejándole que realizara su trabajo sola, el quinto día de la semana.

Al cabo de dos meses, G mejoró su ejecución notablemente y, una vez terminado el tratamiento, pudo completar de manera satisfactoria el año escolar sin ningún otro tipo de ayuda. Al año siguiente G fue admitida en la universidad en la carrera de diseño gráfico.

El ejemplo anterior clarifica el objetivo de la identificación de los canales particulares de comunicación. Queda clara la importancia del respeto al niño como un ser integral. Queda claro, además, que en nuestros sistemas escolares y, por ende, en nuestras sociedades, se priorizan ciertos tipos de razonamiento en desmedro de otros, siendo que, en principio, el sistema escolar debería convertirse en una fuente de estimulación de las potencialidades de cada niño y proyectarse, indudablemente, a la formación del niño como un ser humano capaz de enfrentar diferentes situaciones de la vida cotidiana de una manera creativa.

Es importante tomar conciencia de la trascendencia de cada una de las habilidades cognoscitivas que aprendemos, ya que éstas pueden y deben ser transferidas a la vivencia diaria. Finalmente, no debe olvidarse que el desarrollo y la potenciación de las habilidades cognoscitivas, desde el punto de vista planteado, no es responsabilidad solamente del sistema escolar, sino también del entorno familiar y, en última instancia, de todas las esferas en las que el niño se desenvuelve.

LECTURAS RECOMENDADAS

Azcoaga, J. (1985). *Alteraciones del aprendizaje escolar.* Buenos Aires: Paidós.

Goleman, D. (1996). *La inteligencia emocional.* Buenos Aires: Javier Vergara Editor, S.A.

Grinder, M. (1989). *Righting the educational conveyor belt.* Portland, Oregon: Metamorphous Press.

Ostrosky, F. Ardila A. y Chacayo, R. (Eds.). (1996). *Rehabilitación neuropsicológica.* México: Planeta.

Mayer, R. (1936). *Pensamiento, resolución de problemas y cognición.* Buenos Aires: Paidós.

Watzlawick, P. (1983). *¿Es real la realidad*? Barcelona: Herder.

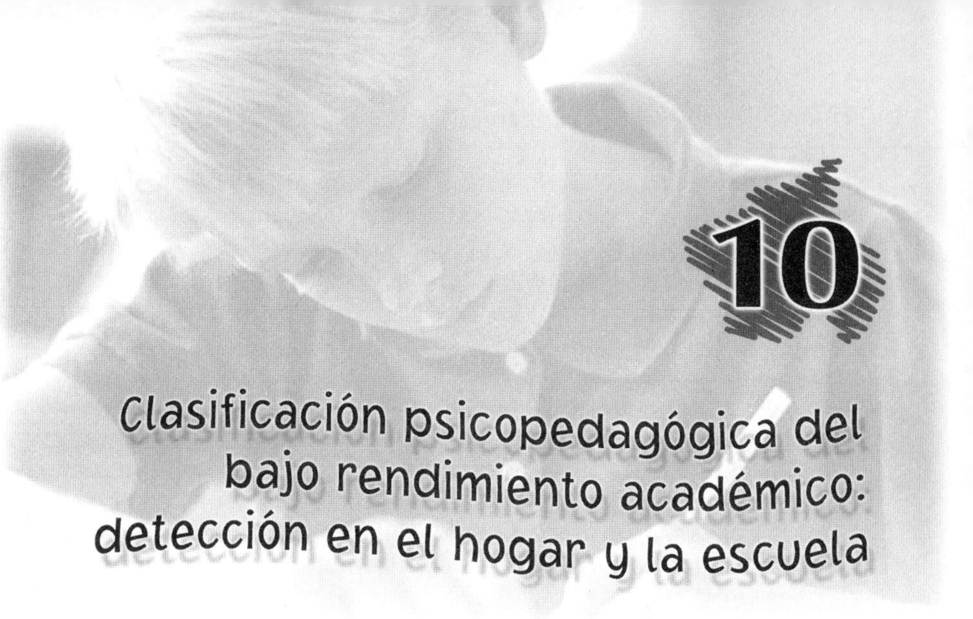

10

Clasificación psicopedagógica del bajo rendimiento académico: detección en el hogar y la escuela

Clara Enriqueta Salazar Meléndez

INTRODUCCIÓN

Cuando Juanita y Juanito empiezan el aprendizaje escolar, se abre ante ellos un mundo nuevo, repleto de interacciones sociales y demandas intelectuales hasta entonces desconocidas por ser propias del mundo escolar. Más que los padres, los docentes notan desajustes sociales y académicos porque el ambiente escolar, más que el hogareño, los hace evidentes. Por ejemplo, observan que Juanito no se está quieto, interrumpe, no entiende y no completa los trabajos asignados. Juanita es callada, tiene miedo de acercarse a los demás y no participa. No entiende las instrucciones, no completa sus trabajos en clase y está en riesgo de repetir el año. Los síntomas de Juanito y Juanita están asociados a problemas de aprendizaje. Es conveniente que el docente los identifique y reporte porque de esta manera los estudiantes reciben la ayuda necesaria para que su aprendizaje continúe según lo esperado. El objetivo del presente capítulo es ayudar a identificar los síntomas asociados con cuatro tipos de problemas de aprendizaje.

Para mejor comprensión del aprendizaje escolar, veamos primero tres de sus características. Primero, en la escuela se aprenden conceptos generales, abstractos y eminentemente verbales. Ejemplos de estos conceptos son: calcular el precio por unidad sabiendo el costo total o viceversa; establecer las causas de las independencias sabiendo la situación sociopolítica que les antecede; aprender la definición de pupila, etc. Es muy difícil elaborar una representación física que represente exactamente todo lo atingente a estos conceptos, por eso, decimos que son abstractos. Los niños no ven a los protagonistas de una revolución peleándose por el poder; tampoco oyen sus discursos ni sienten la pasión que los impulsa. Los ejemplos, las ilustraciones, las maquetas y las dramatizaciones intentan concretar los conceptos, pero no los concretizan al mismo nivel que un albañil concreta el concepto *mezcla*. Éste manipula los ingredientes, los combina para hacer la mezcla y observa el producto final. Su maestro le informa si la mezcla salió bien o mal. En cambio, un estudiante no manipula las condiciones sociopolíticas que vienen a ser la causa de los movimientos independentistas o revolucionarios. Tampoco combina las condiciones conducentes al estallido de la revolución ni ve el producto final. Por carecer de representaciones físicas, los conceptos deben representarse con palabras. Los estudiantes y los maestros hablan, leen, escriben y escuchan explicaciones verbales respecto de los conceptos. Por tanto, cualquier niño o niña con deficiencias verbales presentará trastornos en su aprendizaje.

La segunda característica del aprendizaje escolar es que éste sucede en grupo. Este hecho genera dificultades porque los miembros del grupo tienen diferentes perfiles de ajuste social y desarrollo académico. Unos entienden con la primera explicación mientras que otros necesitan muchas y distintas explicaciones. Pocos brillan en todo, la mayoría va al día, mientras que otra minoría siempre va un poquito rezagada. A pesar de esta diversidad, el maestro planifica para el alumno promedio. Hacer excepciones para resolver necesidades particulares genera demandas que a veces perturban el transcurso de una lección. Así, cuando un padre de familia solicita las acomodaciones necesarias para el buen aprendizaje de su hijo o hija, a veces no las obtiene.

El aprendizaje en grupo también requiere que el individuo se integre al mismo, haciendo lo que se espera de él para que el grupo funcione. Así, un niño tiene que aprender a esperar su turno, participar con los demás, no interrumpir, valorar lo que el grupo valora, respetar al adulto en control y congeniar con los demás. Es bueno que un niño pueda relacionarse con los demás, dando y recibiendo cariño, evitando los insultos, frases denigrantes y, especialmente, los pellizcos, empujones y cualquier otra señal de agresividad. En general, el aprendizaje escolar necesita orden, disciplina, compostura y relaciones interpersonales sanas. Por tanto, cualquier niño o niña que no pueda integrarse presentará problemas sociales.

La tercera característica del aprendizaje escolar es que los niños con problemas de aprendizaje no están motivados para aprender. Motivación quiere decir "ganas". Las ganas de aprender son resultado de tener éxito en una actividad que se ha escogido libremente. El éxito deviene de la habilidad y de la práctica. Por ejemplo, yo disfruto la lectura porque siento éxito. Leo de corrido, comprendo lo que leo y el mensaje comprendido me satisface. Desde pequeña he sobresalido por la facilidad con que leo y comprendo; tengo habilidad para hacerlo. También, desde pequeña he leído mucho. Los que la han visto, admiran mi biblioteca.

Ahora bien, los niños con problemas de aprendizaje no sienten ganas de leer. No disfrutan de la lectura, al contrario, la detestan. A pesar de ello, dejar de leer para estudiar no es una opción. Nadie puede leer ni estudiar ni examinarse en lugar de ellos. No hay salida. Entonces, ellos evaden, se quejan y regatean. Los adultos en control hacemos "tratos" con ellos con tal de que aguanten la lectura y el estudio. Al final, sólo nos queda reportar, con pena, que "no están motivados" para aprender.

PROCESAMIENTO COGNOSCITIVO

Hoy día es común hablar de programas de computadora que hacen esto y aquello. Unos procesan números, otros, figuras, y otros, palabras; a veces procesan combinaciones de datos. De la misma forma, los seres humanos tenemos un procesador de información que procesa cualquier clase de datos, ya sean palabras, figuras, movimientos, fonemas o melodías. Es muy versátil en cuanto al tipo de datos que puede procesar. El procesador humano de información se llama **cognición** y las actividades que allí se desarrollan se llaman **procesos cognoscitivos**. Esta es la definición formal, pero, en términos más familiares, los procesos cognoscitivos se llaman procesos mentales de aprendizaje. Es importante familiarizarse con el procesador humano de información porque los síntomas de los problemas de aprendizaje describen patologías en este sistema.

El procesador humano de información necesita datos. Éstos vienen a ser la materia prima que se aplica a los procesos mentales de aprendizaje. Los datos pueden ser visuales, motrices, espaciales, verbales, fonológicos o combinación de éstos. Los datos tienen dos fuentes: externa e interna. Los datos externos son los percibidos por los sentidos, los internos son los recuerdos de aprendizajes anteriores.

Los datos que alimentan la cognición humana atraviesan tres etapas: **memoria sensorial**, **memoria de corto plazo** y **memoria de largo plazo**. Son como paradas que hacen los datos para que se le aplique algo. La primera etapa guarda lo que los sentidos captan del ambiente. Al ver un dibujo, el ojo retiene una imagen de lo que ve. Al oír la explicación referente al dibujo, el oído retiene el eco de lo escuchado. Al sentir el contorno del dibujo, el dedo retiene la sensación de lo palpado. El problema está en que la imagen, el eco y la sensación son de corta duración. Es decir, esta etapa tiene serias limitaciones en cuanto a duración. Los científicos creen que tarda entre la mitad y una tercera parte de un segundo. El problema se agudiza cuando nos damos cuenta de que un aprendizaje efectivo debe durar toda la vida y no sólo la mitad de un segundo. El proceso responsable de mantener la información en el sistema se llama **atención**. Más adelante nos ocuparemos de ella.

Si los datos son atendidos, pasan de memoria sensorial a memoria de corto plazo, o memoria inmediata; a veces ésta se diferencia de la memoria de trabajo. La memoria inmediata o de corto plazo es donde se combina la información; la memoria de trabajo sostiene la información que se combinará. La memoria de corto plazo se alimenta de la información que recibe de la memoria sensorial, gracias a la atención. También recibe los recuerdos de aprendizajes anteriores. Es una etapa informática importantísima porque aquí suceden todos los procesos del aprendizaje mental o procesos cognoscitivos. A continuación se enumeran y describen los procesos necesarios para aprender la siguiente definición: "La pupila es la apertura del ojo por donde entra la luz. Tiene un tamaño proporcional a la cantidad de luz disponible. A mayor cantidad de luz, menor el tamaño de la pupila y viceversa."

En la memoria de corto plazo:

- Se forman asociaciones: apertura es lo mismo que hoyo.
- Se hacen discriminaciones o distinciones: la pupila es parte del ojo y no del oído. La pupila no tiene color. El iris sí tiene color.
- Se razona usando información verbal: entre más luz, más pequeña es la pupila.
- Se sacan conclusiones: ya entendí. La pupila no deja entrar mucha luz. Se torna pequeña cuando hay mucha luz. Pero, tampoco le gusta tener poca luz. Se agranda como para buscar más luz. Es inteligente la pupila.
- Se forman conceptos o generalizaciones: los sentidos necesitan una apertura para que entre la energía externa.
- Se mantiene activada la información para que no se pierda: uno repite "la pupila es la apertura del ojo, la pupila es la apertura del ojo, la pupila es la... apertura del ojo". Ya casi me lo sé.
- Se le pone nombre a lo aprendido: ¿cómo se llama la apertura del ojo por donde entra la luz? Pupila. Otra vez... ________ es la apertura del ojo por donde entra la luz. Ya sé. Pupila.
- Se guarda lo aprendido: ya sé la definición de pupila y la del iris.
- Se recupera lo aprendido: sin leer y cubriendo el dibujo digo la definición de pupila.
- Se revisa la efectividad del aprendizaje, es decir, se desarrolla metacognición: ¿se me está grabando?, ¿lo estoy aprendiendo de la forma en que me van a evaluar?, ¿me da resultado aprender como lo estoy haciendo?

Igual que la memoria sensorial, la memoria de corto plazo tiene limitaciones en cuanto a cantidad y duración. El procesador humano de información tiene capacidad para procesar 7 ± 2 unidades informativas, significando que, en buenos días procesamos nueve grupos de datos mientras que en malos días sólo procesamos cinco. En 1957, George Miller, responsable de esta conclusión, llamó a este hecho "una de las siete maravillas del mundo". Respecto de la duración, si no es atendida, la información en memoria de corto plazo tiene vida durante 17 segundos únicamente. Aunque la situación ha mejorado un poco desde la memoria sensorial, persisten las deficiencias. Dichas deficiencias son resueltas por la atención, la cual se explica más adelante.

El producto del aprendizaje mental hace su última parada en la memoria de largo plazo. Aquí se almacenan los conceptos con sus respectivas asociaciones, discriminaciones, nombres, razonamientos, etc. Lo aprendido se guarda en redes informativas llamadas **esquemas mentales**, que son grandes racimos informáticos parecidos a los racimos de uvas. El tronco del racimo define la relación entre los ejemplos mientras que las uvas del racimo son los ejemplos. Así, *pupila* viene a ser un ejemplo (una uva) del concepto *partes del ojo*. La relación *parte de* es lo que une el ejemplo con el concepto. Un concepto viene a ser ejemplo de otro concepto aún más grande. *Ojo* es un ejemplo de *órganos de los sentidos*. Es por esto que cada concepto debe ser precisamente identificado con su nombre, sus asociaciones, sus discriminaciones, etcétera.

La memoria de largo plazo no tiene limitaciones ni de duración ni de cantidad. Se puede almacenar cualquier cantidad y tipo de datos durante toda la vida, salvo accidentes causantes de daño cerebral. El peligro que corre la información almacenada es de no ser recuperada. Respecto de esto, educadores, estudiantes y padres de familia dicen: "Lo sabía, pero, a la hora del examen, se le quedó la mente en blanco."

Los conceptos almacenados no son recuperados por varias razones. La primera razón es que el concepto se guarda aisladamente, sin asociarse a conceptos parecidos; las uvas se guardan sin racimo. Para que haya buenas posibilidades de recuperación, lo guardado tiene que estar bien ordenado. Además, el nuevo aprendizaje tiene que guardarse asociado a lo ya aprendido que se le parece: partes del ojo, partes del oído, partes del olfato. El ojo, el oído y el olfato son sentidos. La segunda explicación del fracaso evocativo es que el concepto se almacenó sin nombre: no tiene etiqueta que lo identifique. Saben el ejemplo pero no saben el nombre. Por ejemplo: diga el tiempo, modo y persona de *haga*. Probablemente no se acuerde que *haga* es la primera persona, tiempo presente, modo subjuntivo del verbo hacer. No se acordó del nombre. Tercero, el aprendizaje es débil por falta de uso o porque no se estudió a profundidad. Si no ha repasado la gramática que aprendió hace muchos años, no se acuerda de la primera persona, modo subjuntivo, tiempo presente del verbo hacer (*haga*), pero, con un breve repaso, se le viene a la mente. Por otro lado, un concepto que no se ha procesado a profundidad con asociaciones, discriminaciones, razonamientos, conclusiones y metacogniciones es un aprendizaje débil. No se localiza porque no está o porque su huella es débil. Los aprendizajes que se hacen a última hora son de este tipo. Esto pasa cuando uno estudia de once de la noche a las cinco de la mañana para un examen que será a las siete de la mañana. Esto se llama **aprendizaje masivo**. Cuarto, la información fonológica y verbal usada para codificar el concepto es escasa y de baja calidad. Así, aunque tenga la etiqueta y haya conclusiones, no se localiza el concepto porque el código informático aparece y desaparece. Es como si la etiqueta estuviera borrosa y/o mal escrita. Quinto, el encargado de localizar el producto o concepto, es lento y comete muchos errores. Gasta mucha energía en buscar por todas partes pero al final no localiza lo encargado o trae lo equivocado. Sexto, a veces, cuando los fracasos escolares han sido muy frecuentes y cuando el estudiante se ve presionado por límite de tiempo, se pone nervioso. Esto se llama **ansiedad de evaluación.** Inicia una serie de pensamientos irracionales que interfieren con la función buscadora y disminuye la calidad de lo guardado. El estudiante está más preocupado por lo que sus compañeros y la maestra piensan de él que por evocar lo aprendido. Por todas estas razones, a veces se dice "Lo sabía pero, a la hora del examen, se le quedó la mente en blanco."

Atención

De la anterior descripción se puede concluir que el aprendizaje mental requiere que los datos se mantengan en el sistema y que éstos sean debidamente procesados. El camino (memorias sensorial y de corto plazo) es azaroso y el destino final (memoria de largo plazo) está igualmente lleno de azares. Se necesita una función que mantenga los datos en el sistema y que aplique los procesos mentales pertinentes. Esta función se llama **atención.** En psicología cognoscitiva, atención es la función mental que mantiene los datos en el sistema y coordina el procesamiento mental de los mismos. Es por esto que a la atención se le llama **función ejecutiva**.

Como cualquier ejecutivo, la eficiencia de la atención depende de la calidad de sus subalternos. Los subalternos de la atención son: los datos en el sistema y los procesos mentales. Los datos son de buena calidad cuando están agrupados y cuando los miembros de cada grupo se procesan sin pensar. En psicología cognoscitiva, los grupos de datos que se procesan sin pensar se llaman **unidades informativas** o *chunks*. Cuando los miembros de cada grupo se procesan sin pensar, se dice que han alcanzado **automaticidad**. Cuando uno ya sabe manejar, ejecuta los movimientos de las manos y de los pies automáticamente, es decir, sin esfuerzo, sin errores e imbricadamente. La formación de unidades informativas y el desarrollo de la automaticidad favorecen el aprendizaje mental porque se liberan espacios y porque los datos automáticos no requieren atención. Recordemos que el aprendizaje en memoria de corto plazo se limita a siete más o menos dos datos. En la definición de la pupila hay 39 datos o palabras, que, al agruparse en unidades informativas, se reducen a dos o tres datos. Así, se liberan espacios para procesar el significado de las palabras nuevas que aparecen en la definición, como: apertura, proporcional y viceversa.

Ahora veamos cómo la atención vela por la aplicación de los procesos de aprendizaje. Fíjese que los procesos en sí vienen a ser datos manejados por la atención. Esto es importante recordarlo porque si no se han desarrollado procesos de aprendizaje, la atención no tiene nada que aplicar.

Si tiene buenos datos (incluyendo procesos de aprendizaje) y está sana, la atención:

- **Coordina el aprendizaje alineando las ideas**, llevando la cuenta de lo aprendido y de lo que falta, y seleccionando los procesos que va a usar. Por ejemplo, mientras aprende la definición de la pupila, el estudiante dice: "Primero aprendo la definición de pupila y después lo del tamaño. Para aprender la definición voy a repetirla hasta que se me quede. Ya sé lo que es pupila, ahora vamos a lo del tamaño."
- **Enfoca lo que en ese momento es pertinente.** Por ejemplo, al darse cuenta de que no sabe el significado de "apertura", enfoca esa palabra, resuelve la deficiencia y luego regresa a la definición, que viene a ser el foco de atención en ese momento.
- **Selecciona.** Inhibe lo innecesario mientras enfoca lo necesario. Los datos enfocados se mantienen en el sistema mientras que los inhibidos salen; se olvidan.
- **Alerta.** Esta función es como un despertador interno que sirve para mantenerse despierto y atento. También detecta errores, hace las correcciones y evalúa los resultados. Mientras uno estudia, se dice: "Ya me bloqueé. No estoy entendiendo nada. A ver, ¿dónde me quedé? Me estoy durmiendo. Mejor me voy a otro lugar."

Resumiendo: la atención es la función ejecutiva que maneja el buen funcionamiento del aprendizaje interno mediante el sostenimiento de datos en el sistema y la aplicación de los procesos cognoscitivos. De esta forma se superan las limitaciones de tiempo y duración que son los peligros para que no se lleve a cabo un aprendizaje.

CUATRO GRUPOS PARA CLASIFICAR LA SINTOMATOLOGÍA PSICOPEDAGÓGICA

Las deficiencias en el aprendizaje que notan docentes y padres de familia se pueden clasificar en cuatro grandes grupos: déficit de atención, dislexia, aprendizaje lento y trastornos emocionales.

DÉFICIT DE ATENCIÓN

El problema esencial de un estudiante con déficit de atención es que, a pesar de tener buenos datos y eficientes procesos mentales, su atención no puede echar a andar la función ejecutiva. Específicamente, al estudiante le cuesta trabajo mantenerse alerta, coordinar, enfocar y seleccionar los datos necesarios. En lugar de enfocar lo deseado, brinca de un estímulo a otro, no inhibe cambios prematuros ni elimina la información impertinente. En lugar de coordinar los procesos, aplica el primero que le viene a la mente, termina prematuramente y sin control de calidad. Le cuesta mantenerse alerta y, en lugar de ello, se duerme, habla de otras cosas y juega con todo lo que tiene enfrente. Por supuesto, en medio de este desorden el aprendizaje mental es muy difícil.

Síntomas del déficit de atención

¿Qué observan los maestros y los padres de familia cuando un niño o niña presenta déficit de atención?

1. Inatención:

    a) Dificultad para concentrarse o mantener la mente centrada en la actividad hasta terminarla.
    b) Se distrae, se le va la mente, se le va "la onda" y hace cosas no relacionadas con lo que está haciendo.
    c) Lapsos cortos de trabajo.
    Ejemplos:

    – Si mientras se pone un calcetín, tiene que cerrar la ventana, se queda distraídamente viendo lo que sucede afuera.

Se pone el calcetín cuando el frío que siente en el pie le recuerda lo que estaba haciendo.

- Cuando está escribiendo, quiere hacer una corrección, busca el borrador pero se queda hurgando en su estuche. Cuando vuelve a hacer la corrección, ya no se acuerda de lo que iba a escribir.

2. Impulsividad:

a) Tendencia a contestar o a actuar precipitadamente, antes de tener toda la información o de haber razonado la respuesta.
b) Dificultad para inhibir sus respuestas o actuaciones hasta tener toda la información.
c) Sus actuaciones parecen fuera de lugar.
Ejemplos:

- Al jugar un juego de mesa, no espera su turno y tira el dado antes o después de lo indicado. Siempre necesita que se le recuerde su turno.
- En casa o en el colegio, contesta cuando no le toca, levanta la mano antes de haber escuchado toda la pregunta, empieza un ejercicio antes de comprender las instrucciones, brinca de un ejercicio a otro sin terminar ninguno.

3. Déficit de atención sin hiperactividad:

a) Retraimiento, timidez, ansiedad, depresión y bajo rendimiento en matemáticas.
b) Como los síntomas no son llamativos, con frecuencia pasan inadvertidos.
c) No sostiene su atención; se distrae con facilidad.
d) Su mirada es vaga y perdida. Sus ojos no tienen brillo.
Ejemplos:

- Se sienta hasta atrás o en una esquina donde pocos lo ven.
- Allí sentado, sin que nadie lo vea, se pasa el tiempo haciendo dibujos, estudiándose las uñas, rayando el cuaderno, etcétera.
- Cuando se le hace una pregunta, no sabe lo necesario para contestar.

4. Déficit de atención con hiperactividad o exceso de movimiento:

a) Le cuesta mucho quedarse quieto.
b) Bota o derrama las cosas.

c) Se sube a los armarios, escritorios, paredes, árboles y techos.
d) Puede observarse incoordinación motriz fina o gruesa; a veces parece torpe.
e) Es rechazado por sus compañeros por su exceso de actividad.
f) Puede presentar trastornos emocionales.
Ejemplos:

- Bota la mochila mientras busca o coloca algo en ella.
- Bota los cubiertos, quiebra los platos, se mancha la ropa.
- No se queda quieto para escuchar una explicación o cuento.
- Necesita algo en la mano para estar jugando.
- Se hamaquea mientras lee o escucha.
- Toca todo lo que tiene enfrente: abre gavetas pero no las cierra, azota las puertas, juega con los cubiertos.
- No coordina sus movimientos finos por lo que no le salen bien las líneas, círculos, etcétera.
- Sus trabajos suelen ser sucios, arrugados o doblados.
- Pierde sus útiles.

Consecuencias cognoscitivas del déficit de atención

Cuando la atención no controla el aprendizaje, éste se vuelve muy deficiente. Brincar de un estímulo a otro hace que se abandonen los datos pertinentes, perdiendo así su nivel de actividad. Los datos inactivos salen de la memoria de corto plazo; se olvidan. Al cambiar de foco de atención, ingresa un nuevo pero impertinente dato que le roba actividad y desplaza al que se está procesando. Por tanto, lo poco que se había aprendido del concepto y el proceso que se estaba aplicando salen de la memoria; se olvidan. Por no permanecer enfocado el tiempo necesario, un concepto no se aprende a profundidad, es decir, no se hacen asociaciones, discriminaciones, razonamientos y conclusiones. No se almacena dentro de las redes informativas ni con las etiquetas claras. Por todo esto, lo aprendido no es evocado. En consecuencia, los conceptos aprendidos rara vez facilitan aprendizajes posteriores. Así, se van creando lagunas en el conocimiento. Vemos claramente un círculo vicioso. Con lagunas de conocimiento, la atención no tiene buenos datos, lo cual dificulta su funcionamiento, lo que viene a exacerbar la brecha en el conocimiento.

Dislexia

Dislexia es lentitud inesperada para aprender y desarrollar la lectura, la escritura y la comprensión lectora. Hay dos tipos de dislexia: **evolutiva** y **adquirida**. La primera describe lentitud en el aprendizaje y desarrollo de la lectura cuando no ha habido enfermedades o accidentes causantes de daño cerebral. La segunda es una súbita pérdida de la lectura y escritura como consecuencia de daño cerebral.

Síntomas de dislexia

La dislexia es un malfuncionamiento mental que se manifiesta al procesar el lenguaje. Por tanto, al estudiante disléxico se le dificulta leer, escribir, comprender palabras y expresarse con ellas.

¿Qué observan los padres y docentes en los estudiantes disléxicos?

1. Dificultad para aprender el nombre o el sonido de las letras:

- Escriben una letra por otra, omiten letras o sílabas, unen y/o separan palabras.
- A veces confunden letras parecidas: $d \times b$, $m \times n$, $p \times q$, etcétera.
- Casi siempre es el último en terminar y deja las tareas incompletas.
- En inglés, mucha dificultad para aprender las combinaciones de letras que expresan los fonemas.

2. Lentitud y deficiencia para evocar el nombre o sonido de las letras aprendidas.

3. Falta de fluidez en lectura oral:

- Dejan caer cada fonema como con gotero.
- Los fonemas no caen imbricadamente sino que los prolongan o cortan.
- No controlan el proceso lector: a veces leen rápidamente pero con errores.
- Repiten la lectura de las sílabas iniciales pero no leen las últimas letras.
  Ejemplo:

  – "Laaaa puuupi puupillla es la a a aper... la perta... la aaaper la apertunnaa".

Al escuchar una lectura oral así, compañeros y docentes pierden la paciencia.

- En inglés:

  - Leen lentamente las palabras que son fáciles y muy conocidas.
  - Olvidan la lectura de palabras conocidas.
  - Tienen mucha dificultad para desarrollar destrezas decodificadoras.
  - No puede separar en sílabas conocidas las palabras nuevas, tiene mucha dificultad para retener en memoria de trabajo la parte de la palabra que ya ha leído, le cuesta mucho hacer la asociación fonema-grafema en una palabra nueva, no puede resolver ambigüedades porque los datos fonológicos en su memoria de corto plazo y de trabajo se salen del sistema.
  - Al encontrar una palabra nueva, omiten su lectura.
  - Tienen mucha dificultad para leer seudopalabras.

4. Incurren en faltas de ortografía inesperadas para la edad:

- Omiten y/o agregan letras o sílabas.
- Unen y/o separan palabras incorrectamente. Por ejemplo: "La pupla esla apertu la del ijo."
- Escriben con fonología correcta pero con ortografía equivocada. Por ejemplo: dulse, mui, ijo, cavesa.
- Muestran mucha dificultad para aprender y aplicar las reglas de ortografía. Por ejemplo: escriben "abia" en lugar de "había".
- Respecto de las tildes: entienden un poco de las reglas pero no aplican lo que saben, sobre todo bajo presión. Ellos memorizan algunas palabras que llevan tildes.
- En inglés, olvidan la ortografía de las palabras. Se les queda la mente en blanco.

5. Lentitud para escribir:

- La copia y la toma de dictado son lentas. Por ejemplo:

  - Cuando tienen que copiar del pizarrón, los otros ya van terminando cuando ellos van por la primera oración.
  - Durante el dictado, el docente tiene que repetirles y esperarlos.

6. Incomprensión lectora por falta de fluidez:

- La lectura incorrecta de palabras y frases obstaculiza la comprensión.
- La atención está más centrada en el procesamiento fonológico que en el procesamiento semántico, sintáctico y gramatical necesarios para la comprensión del párrafo.
- Se observa mucha fatiga mental expresada por bostezos, hiperactividad, regateos y quejas. Dicen que están aburridos y le restan importancia a la tarea.
- Su memoria de términos es desordenada y siempre diferente, como siguiendo la regla: "el último en entrar es el primero en salir".
- Sus respuesta son incorrectas e incompletas por carecer de detalles. Por ejemplo: una niña disléxica tiene que leer acerca de la Tierra y su posición en el espacio. Las respuestas correctas están entre paréntesis, y entre comillas, las suyas.

  – ¿A qué sistema planetario pertenece la Tierra? (La Tierra pertenece al Sistema Solar). "Al Universo."
  – ¿Qué posición ocupa la Tierra en este sistema planetario? (La Tierra ocupa la tercera órbita en el Sistema Solar). "La tercera órbita."
  – ¿Qué significa órbita? Podía ver una ilustración del recorrido de los planetas alrededor del Sol. (Órbita es el camino que siguen los planetas alrededor del Sol.) "Órbita es así como hay muchas órbitas en el universo. Hay muchas."
  – Explica los movimientos de rotación y traslación. (El movimiento de rotación es el movimiento de la Tierra sobre su propio eje. El movimiento de traslación es el movimiento de la Tierra alrededor del Sol. La Tierra se tarda 24 horas en el movimiento de rotación y 365 días en el movimiento de traslación.) "Quiere decir que el Sol gira sobre un eje." ¿Es esto rotación o traslación? "Rotación." ¿Y qué es traslación? "No sé."
  – ¿Qué entendiste de este párrafo? "La Tierra ocupa la tercera órbita, forma parte de un conjunto de astros, llamado planetario o sistema. Se desplaza alrededor del Sol, se le llama rotación, y sobre su eje se llama rotación."

7. Pobre expresión oral:

- Respuestas incorrectas y carentes de detalle, esto cuando la información ha sido leída o escuchada.

- Por ejemplo:

DANILO: La pupila es la apertura del ojo por donde entra la luz.
DOCENTE: ¿Qué es pupila?
NIÑO: La puerta.
DOCENTE: No, es la APERTURA por donde entra la luz.
NIÑO: ¿Aper. . . . qué?
DOCENTE: **Apertura.** Apertura es puerta u hoyo por donde entra la luz. ¿Qué es pupila?
NIÑO: Vaya, la puerta.
DOCENTE: (*haciendo uso de toda su vocación*) ¿Qué más?
NIÑO: (*con dulce ingenuidad*) Sólo.

8. Fatiga mental mientras hace cualquier actividad relacionada con la lectura o escritura:

- Mientras leen y escriben, los niños y niñas disléxicos sienten fatiga mental. Para expresarla, ellos:

  – Bostezan, se frotan los ojos, se hamaquean, se ponen irritables; algunos lloran.
  – Dicen que leer y escribir "es aburrido", "cae mal", "no les gusta".

9. Los niños disléxicos evaden la lectura y la escritura:

- Para evadir: van al baño, botan los útiles; pierden, buscan, encuentran y vuelven a perder sus útiles; comen, beben, vuelven a ir al baño, platican, preguntan, mienten, engañan, "olvidan", no apuntan las tareas, le restan importancia a la actividad, se autoengañan diciendo que ya lo saben, etcétera.

Explicación de la dislexia

¿Por qué los niños disléxicos son así? La explicación de la dislexia es una historia muy interesante. A finales del siglo XIX, los neurólogos se dieron cuenta que hay personas que no aprenden ni desarrollan la lectura y la escritura al ritmo esperado. Al principio, la explicación se buscó en las áreas del cerebro asociadas al habla porque pacientes que habían sufrido lesiones en dichas áreas perdieron varias habilidades verbales, incluyendo la lectura y la escritura. Más adelante, hace poco más de 100 años, Morgan (neurólogo) y Hinshelwood (oftalmólogo), observaron que algunos sujetos tienen habilidades verbales y visuales intactas pero no pueden leer ni escribir las letras o palabras necesarias para su examen de la vista. Esto, a pesar de no tener daño cerebral. Entonces, Hinshelwood y Morgan, llamaron a esta enfermedad **ceguera congénita de la palabra**. Más adelante, entre 1940 y 1950, cuando los veteranos de la Segunda Guerra Mundial regresaron a Estados Unidos, un grupo de pisconeurólogos se dio cuenta que las deficiencias en el procesamiento del lenguaje en estos veteranos eran muy parecidas a las de cierto grupo de niños con bajo rendimiento académico pero sin daño cerebral. Dichos niños padecían un atraso en el desarrollo que ellos llamaron inmadurez. Según ellos, la inmadurez se debía a malfuncionamiento y pobre integración de las funciones neurológicas pero sin daño cerebral. Por esta razón, a la inmadurez también se le llamó **disfunción cerebral mínima**. Los síntomas asociados a dicha disfunción son: incoordinación visual, motriz, espacial, psicomotriz, visomotriz y visoespacial. Debido a este enfoque, antes tomábamos la confusión de letras con grafía (dibujo) parecido como el síntoma esencial de dislexia. Ejemplo de esto es la confusión de *b* por *d*. Esta es la famosa lectura en espejo.

La evolución del conocimiento continuó. En la década de 1960 el término disfunción cerebral mínima se confundió con otro parecido: problema de aprendizaje. Ambos describían deficiencias en lectura, escritura, comprensión de lectura y expresión oral; también se incluían dificultades en atención. Alrededor de 1970, una pareja de apellido Liberman descubrió, por casualidad, que la habilidad para la lectura y la escritura es fonológica. Impulsados por la consistencia de los hallazgos, los científicos se fueron en estampida a los laboratorios, donde hicieron numerosos descubrimientos que afinaron la explicación fonológica. En 1987, Richard Wagner y Joseph Torgesen, de la Universidad Estatal de Florida, en Tallahassee, sintetizaron todos estos hallazgos. Desde entonces, la explicación fonológica ha recorrido el mundo. Se han investigado idiomas como el finlandés, el noruego, el danés, el hebreo, el turco, el albanés, el coreano, el mandarín, el cantonés y el español. Los resultados indican consistentemente que la fluidez en lectura oral, la rapidez para escribir y la ortografía se predicen, explican y corrigen en términos fonológicos y no visuales ni motrices ni espaciales ni semánticos. Al controlar los efectos de la habilidad verbal, la comprensión de lectura y la expresión oral también se predicen, explican y corrigen según lo propuesto por la teoría fonológica.

Explicación fonológica de la dislexia

La base fundamental del aprendizaje verbal es la palabra. En ella se combinan varios tipos de información. La semántica describe el significado. La gramática nos dice el papel de la palabra en la oración: si es sustantivo o verbo. La parte fonológica que es la combinación de fonemas o sonidos que forman la palabra. Por ejemplo, *mesa* tiene cuatro fonemas /m/e/s/a/, mientras que *sillón* tiene cinco, /s/i/ll/o/n/. Los fonemas se representan con letras. La asociación mental entre el fonema y la letra que lo representa se llama **asociación fonema-grafema.** Cuando hablamos y leemos, formamos palabras uniendo fonemas imbricadamente, es decir, los fonemas caen uno sobre otro y quedan como las escamas en un pescado. No se nota dónde termina uno y dónde empieza el siguiente. Para aprender a leer y escribir, el estudiante tiene que darse cuenta que las palabras están formadas de fonemas, que éstos se representan con letras y que leer y escribir se trata de asignarle a cada fonema su respectiva letra.

La deficiencia fonológica de los disléxicos se manifiesta, por lo menos, de cuatro formas. Primero, la información fonológica inherente a las palabras es escasa y de baja calidad. Hay pocos fonemas y los que hay están borrosos. Segundo, el procesamiento de datos fonológicos en memoria de trabajo y de corto plazo es deficiente. Les cuesta mucho hacer las asociaciones, discriminaciones, razonamientos, conclusiones y almacenajes con los datos fonológicos. Por ejemplo, en inglés, les cuesta discriminar los fonemas vocálicos y asignarles a éstos la letra o combinación de letras que los representa. Tercero, la evocación fonológica es lenta y descontrolada. No evocan los fonemas imbricadamente sino uno por uno. Es por esto que su lectura es pausada, "con gotero". La mejor forma de medir esta dificultad es comparar el tiempo que se tardan los disléxicos para leer el nombre de letras y dígitos contra el tiempo que se tardan los lectores normales. Los disléxicos se tardan más que los lectores normales. Cuarto, cuando los disléxicos procesan información fonológica, su memoria de trabajo, de corto y de largo plazos, parecen ser más deficientes que la memoria de los estudiantes no disléxicos. Retienen menor cantidad de información fonológica y por menor tiempo. Estas cuatro deficiencias fonológicas explican y predicen los síntomas primarios de la dislexia: lentitud y deficiencia para aprender el nombre de las letras, falta de fluidez en lectura oral, faltas de ortografía inesperadas para la edad, lentitud para escribir e incomprensión lectora por falta de fluidez en lectura oral.

Aprendizaje lento

Como su nombre lo indica, aprendizaje lento es lentitud para aprender cualquier cosa, dentro y fuera del colegio. Anteriormente se describió el aprendizaje escolar como abstracto, verbal y de principios generales, pues los estudiantes no ven, ni oyen ni manipulan a los protagonistas de una revolución. Más bien, leen, escriben, escuchan y explican ideas expresadas con palabras. El aprendizaje mediante palabras se llama **aprendizaje verbal**. A los niños con aprendizaje lento les cuesta captar las ideas expresadas con palabras, colocarlas en memoria de trabajo y de corto plazo, aplicarles todos los procesos de aprendizaje (asociaciones, discriminaciones, razonamientos, etc.), almacenarlas en las redes informativas y luego evocarlas en el momento que las necesitan. En otras palabras, los niños con aprendizaje lento tienen marcadas deficiencias en el aprendizaje verbal.

Con toda seguridad, usted ha oído hablar de las pruebas de inteligencia que aplicamos los psicólogos. Estas pruebas tienen varias partes para medir la habilidad verbal. Por ejemplo, pedimos definiciones de palabras, damos dos palabras o dibujos para que nos digan en qué se parecen o difieren. También damos listas de palabras, dígitos o letras para que ellos las repitan en el orden indicado. Los niños con aprendizaje lento obtienen puntuaciones bastante bajas en estas pruebas, especialmente en las partes que miden vocabulario, razonamiento verbal y capacidad en memoria de corto plazo. En estas pruebas ellos obtienen entre 70 y 85, cuando deberían obtener 100. Es muy importante agregar que los niños de aprendizaje lento, igual que los disléxicos, también presentan deficiencias fonológicas que no les permiten desarrollar la lectura y la escritura al ritmo esperado. Sin embargo, la habilidad fonológica de los niños con aprendizaje lento es mejor que la de los disléxicos, quienes tienen mejor habilidad verbal.

Síntomas del aprendizaje lento

¿Qué ven los padres de familia y los docentes en los niños con aprendizaje lento?

1. Deficiencia para efectuar todos los procesos cognoscitivos que se realizan en la memoria de corto plazo:

a) Su memoria de corto plazo retiene menos de 7 ± 2 reactivos. Debido a esto, hay confusión u olvido en la ejecución de encomiendas o mandados, particularmente cuando se requiere el recordatorio de varios objetos o ideas. Por ejemplo, comprar varias cosas y calcular el costo o cambio que se debe recibir. Traer el juguete del bebé que está en la sala y luego traer el biberón que está en la cocina:

- Los docentes notan que necesitan enseñarles una idea o concepto a la vez. Los padres notan que deben cumplir con un encargo a la vez.
- Estos niños necesitan mayor cantidad de explicaciones, ejercicios y mucha ayuda durante la evaluación.
- Los ejercicios adicionales requieren distintas formas de explicar; no es más de lo mismo sino más de lo que les falta por comprender.

b) Su memoria de corto plazo tarda menos de 17 segundos:

- Olvidan casi todo lo que escuchan.
- Si van de un lugar a otro, no recuerdan a qué iban.
- Dan la impresión de no saber nada relacionado con lo que están estudiando.
- No llevan la cuenta de lo que han aprendido ni de lo que les falta.

c) Les cuesta trabajo controlar su foco de atención:

- Brincan de un estímulo a otro, les cuesta controlar el impulso de contestar prematuramente, inician conversaciones irrelevantes al tema, interrumpen, tienen lapsos cortos de trabajo y de atención, ven sin mirar y oyen sin escuchar.
- No se dan cuenta de las características del estímulo que necesitan aislar para aplicar los procesos cognoscitivos. Por ejemplo, de la función de la pupila, no se dan cuenta que cantidad de luz y tamaño de la pupila son importantes.

d) Carecen de procesos cognoscitivos superiores, como elaboración de conceptos y razonamiento inferencial

- Por ejemplo, no ven la lógica que relaciona el tamaño de la pupila con la cantidad de luz.
- No entienden por qué una causa tiene que suceder antes de su respectiva consecuencia, por ejemplo, al aumentar la cantidad de luz disminuye el tamaño de la pupila.

e) No transfieren o generalizan la información aprendida:

- **Transferencia** o **generalización** es la forma en que algo que ya se aprendió facilita lo que se está aprendiendo.
- Por ejemplo, no ven la relación entre ga, gue, gui, go, gu y ca, que, qui, co, cu.
- Se les olvida lo que aprendieron inmediatamente después del repaso o evaluación.
- Para ellos, todo lo que se aprende es nuevo.

2. Inhabilidad verbal marcada:

a) Pobreza de vocabulario.

- Dificultad para explicar sus ideas. Por ejemplo, les cuesta explicar cómo quieren que se les sirva el cereal.
- Dificultad para comprender el bien común. Por ejemplo, les cuesta comprender los beneficios de la cortesía, el orden y las rutinas.
- No se les graban las palabras que designan las partes del ojo, las capas de la Tierra, los estados del agua, los puntos cardinales, etc. Por ejemplo, cuando están aprendiendo las partes del ojo, les cuesta decir "pupila", "iris".
- Cambian los vocablos nuevos (pupila e iris) por palabras conocidas. Así, la pupila viene a ser "un hoyo" y el iris "el color" del ojo.

b) Pobreza en la expresión oral:

- No se dan cuenta que su respuesta no contesta la pregunta.
- Usan oraciones sin sujeto o sin predicado.
- Se paran a media oración como esperando que les fluyan las ideas pero olvidan lo que iban a decir.
- No pueden contestar con oraciones formadas por varias frases.
- Por su carencia de detalle, sus respuestas son cortas.
- Usan palabras sencillas que no precisan el significado de lo que se quiere decir. Por ejemplo, dicen: "Los mayas miraban las estrellas" en lugar de "los mayas hacían observaciones de fenómenos astronómicos para decidir cuál era la época más indicada para sembrar maíz".
- Cuando necesitan recordar lo que ya "se les grabó", dicen parte de la idea, paran, esperan, miran con la vista perdida y fuera de foco, luego dicen: "Se me olvidó."

Pobreza en vocabulario y lenguaje expresivo

Las deficiencias en vocabulario y lenguaje expresivo son las características más descriptivas de los niños con aprendizaje lento. ¿Por qué tienen tanta dificultad para aprender palabras nuevas? Es bueno saber la respuesta a esta pregunta porque así habrá una mejor comprensión del funcionamiento de su mente.

Para aprender una palabra, digamos, *citoplasma,* primero hay que formar el conjunto de fonemas que componen el nombre y luego lo colocamos en memoria de corto plazo para decirlo. Esto es difícil para ellos. Haga la prueba. Dígales: citoplasma, mitocondria, organelos, cuerpo de Golgi, núcleo, cromosomas. Pídales que repitan cada palabra, una por una, inmediatamente después de haberla escuchado. No pueden. Esto refleja la mala calidad de los datos fonológicos, lo cual produce olvido del nombre. Simplemente, el nombre sale del sistema antes de procesarse. Ahora bien, sin nombre, el significado de *citoplasma* no tiene con qué asociarse, ni etiqueta para almacenarse. En el momento de la evocación se pierde en las redes informativas.

La pobreza verbal también obstaculiza la comprensión de la definición. En los textos se lee: "Citoplasma es una sustancia densa y viscosa. Su aspecto es muy parecido a la clara de un huevo. El citoplasma se encuentra entre la membrana y el núcleo." Para comprender esta definición, primero se necesita saber el significado de: *sustancia, densa* y *viscosa.* Por la pobreza de vocabulario, sabemos que ignoran estos significados. Su aprendizaje viene a ser otra tarea de aprendizaje de vocabulario. Segundo, es necesario razonar con el fin de relacionar "denso" y "viscoso" con clara de huevo. Tercero, por falta de vocabulario y deficiente razonamiento, no comprenden la frase "se encuentra entre la membrana y el núcleo". Cuarto, por la dificultad de control del foco de atención, les cuesta enfocar *densa* para aprender su significado. Al final, el estudiante tiene ideas vagas expresadas con palabras conocidas pero que no precisan el significado. La definición de *citoplasma* probablemente se reducirá a "El juguito de la célula para que naden las cosas". Sin nombre, sin precisión y sin comprensión, la evocación es muy difícil.

Explicación del aprendizaje lento

La lentitud en el aprendizaje de estos estudiantes tiene por lo menos cinco explicaciones:

1. Necesitan mayor cantidad de práctica para que se les grabe. Si el niño normal requiere dos o tres ejercicios, los de aprendizaje lento necesitan cinco o hasta 10.

2. De cada práctica o ejercicios comprenden menos que lo que comprenden los niños normales. Por ejemplo, no les queda claro por qué "noche" es el sujeto en todas las siguientes oraciones: "La noche estaba oscura"; "la noche estaba fría"; "la noche es para dormir"; "la noche me enfermó".
3. Su mente funciona más lentamente. Son lentos para todo: para vestirse, para comer, para responder, para explicar lo que desean, para escribir, etcétera.
4. No transfieren el aprendizaje. No evocan los conceptos almacenados en las redes informativas para facilitar lo que ahora están aprendiendo. Por ejemplo, no traen a la mente que la pupila deja entrar la luz para ayudarse a comprender que la pupila cambia de tamaño según la cantidad de luz.
5. No generalizan el aprendizaje. Es necesario enseñar y evaluar cada paso y cada detalle en una cadena informativa, pues no pueden, por su cuenta, formar el concepto o generalizar. Por ejemplo, deben aprender por separado la ortografía de hacer, haciendo, hecho, haremos, hizo, etc., pues no toman en cuenta la regla ortográfica que relaciona la ortografía de la raíz y sus derivados.

Las explicaciones anteriores ameritan la pregunta: ¿por qué son lentos, no generalizan, no transfieren y necesitan mayor cantidad de ejercicios? Básicamente, los niños de aprendizaje lento son así porque su procesador humano de información es deficiente. El programa tiene fallas: retiene menor cantidad de datos y por menos tiempo. El programa no tiene buenos datos: los datos fonológicos y verbales son escasos y de baja calidad. El programa no tiene buenos procesos: no aplican las discriminaciones, asociaciones, razonamientos, conclusiones, que son pertinentes. La función ejecutiva, la atención, pierde el control porque la cantidad y la calidad en sus dependientes son muy bajas. A esto se le llama **pérdida de atención por sobrecarga cognoscitiva**.

Trastornos emocionales

El bajo rendimiento académico por trastornos emocionales se observa en niños y niñas que presentan ansiedad, depresión, cólera, apatía, retraimiento, etc. Un niño ansioso presenta un temple irritable y malhumorado. Un niño deprimido se ve triste, sin energía, apático y retraído. Todos estos estados emocionales son constantes, no están asociados a un evento externo y son profundos. Específicamente, la irritabilidad o la apatía no se debe a una derrota en un partido de futbol ni al divorcio de sus padres. Más bien, en la casa o en la escuela la irritabilidad es constante y no tiene una causa externa evidente. Además, es profunda y general, pues cuando algo perturba al niño, por trivial que sea, sus reacciones son fuertes, desproporcionadas y prolongadas. Es importante aclarar que cuando hay un evento estresante, como un divorcio, se pueden observar varias de las emociones arriba mencionadas. Pero cuando ha habido armonía en el hogar y en el colegio las reacciones son transitorias. Desaparecen cuando el niño integra en su vida el evento causante de la crisis.

Síntomas de los trastornos emocionales

¿Qué observan los padres de familia y los docentes en el niño con trastornos emocionales?

1. *Baja tolerancia a la frustración*

- Frustración es el estado emocional que deviene al no alcanzar algo deseado, por ejemplo, un juguete, comprender una explicación, completar un ejercicio o integrarse en un equipo.
- El estudiante con trastornos emocionales:

  – Se irrita porque lo que quiere no le sale exactamente como quisiera.
  – No tolera cambios en las rutinas, al mismo tiempo, no le gusta que ordenen su desorden.
  – No le gusta hacer un esfuerzo para lograr una meta, por ejemplo, contestar un cuestionario.
  – Detestan esperar.
  – Les cuesta mucho posponer la gratificación, especialmente si lo deseado es producto de un esfuerzo.
  – Expresan su frustración con conductas destructivas como: evasión, mentira, agresividad, hiperactividad, inatención, drogadicción y delincuencia.
  Por ejemplo Juanito tiene que tildar una lista de palabras y luego clasificarlas según la tilde. Tiene fluidez en lectura oral; su vocabulario y razonamiento verbal son adecuados. No sabe las reglas de la tilde porque, por su mal comportamiento, no participó cuando se explicaron. Por tanto, tiene que hacer un esfuerzo adicional para aprender las reglas. En esta situación, se contempla este escenario. Primero, hay una lucha para que se siente a hacer la tarea. Luego, dice que no tiene tarea o miente sobre la cantidad de palabras que tiene que tildar. La mamá se irrita. Continúa la batalla para que haga la tarea. La madre gana y Juanito trabaja, pero malhumorado. Comete un error y la madre lo

quiere corregir, pero él niega el error y rechaza la corrección. Distorsiona la regla. La batalla sigue pero va aumentando su intensidad. La madre vuelve a ganar pero Juanito ahora trabaja de mala gana y con mala letra. La mamá ve que no está aprendiendo nada, de modo que se siente tentada de permitirle que se vaya a jugar, como él solicitó desde el principio. Sin embargo, persiste la lucha para enseñarle quién tiene el control. Al oír que sus hermanos están trabajando, Juanito dice que está cansado, le duelen los ojos y no puede seguir trabajando. La madre se da por vencida y Juanito gana. No hace la tarea, no aprende la regla de la tilde y se pone en desventaja para aprendizajes posteriores que requieran estos conocimientos. Siendo así, tendrá que hacer un esfuerzo aún mayor en aprendizajes posteriores, cabalmente lo que tanto le cuesta.

2. *Inhabilidad para dar y recibir afecto*:

- El niño con trastornos emocionales:

  – No desarrolla vínculos afectivos con los adultos en control.
  – No siente afinidad emocional ni con los maestros ni con sus compañeros.
  – De todos ellos dice: "Me caen mal."
  – No acata las reglas en el colegio, en la clase ni en el hogar.
  – No respeta a los adultos.
  – Desafía el poder del adulto en control.
  – Describe a sus compañeros con frases denigrantes: "Son presumidos, gays."
  – No le gusta que se le trate con cariño.
  – Odia a los soplones.
  – Cuando lo castigan, no se arrepiente, lo ve como una debilidad de su parte, refina la técnica para volver a cometer la falta.

3. *Inhabilidad para controlar impulsos*:

- No controla las ganas de gritar, empujar, pellizcar, fastidiar, etcétera.
- Habla, se levanta, se sienta, ríe o grita cuando no lo debe hacer.
- Durante un examen, cuando todos están concentrados, empieza a cantar para fastidiar a los demás.
- Se le describe como niño mal educado, rebelde, berrinchudo, fastidioso y mentiroso.
- Es rechazado por el grupo y por los docentes pero él arremete contra el rechazo.

Por ejemplo, Juanito sabe que a su compañero le fastidia que le pase rozando su libro. Ya lo han castigado varias veces por eso. Sin embargo, se levanta e intencionalmente pasa rozando el libro. El compañero se fastidia y da la queja, lo cual interrumpe la explicación del docente y la atención de la clase. Él lo niega rotundamente, pero hay pruebas de que él lo hizo. El maestro se fastidia, emite su fallo y lo retira. Toda la clase se ha perturbado. El docente, el compañero y el grupo están terriblemente fastidiados y Juanito es retirado. Esto le trae rechazo social por parte de sus compañeros y del personal docente y administrativo.

Explicación del bajo rendimiento académico por trastornos emocionales

El bajo rendimiento académico de los estudiantes con trastornos emocionales no se debe a un mal funcionamiento del procesador humano de información. La escasez de conocimientos es resultado de falta de oportunidad para aprender, lo cual deviene de las complicaciones sociales y emocionales que prevalecen en estos estudiantes. Los desajustes emocionales vienen del hogar y del entorno social donde han crecido. Ya en el colegio, dichos desajustes no les permiten aprender lo necesario para rendir de manera adecuada.

La siguiente secuencia describe la forma en que el desajuste emocional entorpece el aprendizaje académico. Primero, con estos estudiantes, el tiempo que se invierte en manejar su conducta se le debe restar al tiempo necesario para adquirir conocimientos. Así, los docentes tienen menos tiempo para enseñarles y ellos menos oportunidades para aprender. Segundo, para resolver los problemas sociales que ellos ocasionan en el salón, los docentes los retiran de las actividades académicas, a veces temporalmente o por varios días. Al retirarse, el estudiante pierde la oportunidad de aprender. Cuando regrese necesitará hacer un esfuerzo mayor para ponerse al día y para congraciarse con los demás. Hacer esfuerzos y congraciarse es cabalmente lo que tanto les cuesta hacer. Tercero, por la baja tolerancia a la frustración no desarrollan disciplina mental y perseverancia para hacer las actividades académicas bajo condiciones adversas. En lugar de vencer la adversidad, se retiran del cansancio, de la confusión y del olvido, tan frecuentes al estudiar. Dicha retirada produce lagunas de conocimientos, malos hábitos, falta de disciplina y perseverancia. Cuarto, la inhabilidad para dar y recibir afecto obstaculiza el rendimiento académico porque estos estudiantes no se identifican con los docentes, no valoran ni el contenido académico ni los útiles. Así, desprecian e insultan a los docentes, pierden sus útiles y no les importa su ignorancia de los temas. En conclusión, los trastornos emocionales conducen a una pérdida de oportunidades para aprender. Así, aunque su procesador humano de información esté bien, estos estudiantes tienen bajo rendimiento académico. Sin embargo, puede ser que un estudiante con trastornos emocionales tenga, concomitantemente, dislexia, déficit de atención y/o aprendizaje lento. En tal caso, tanto el diagnóstico como el tratamiento se vuelven más complejos.

TRASLAPE DE SÍNTOMAS

Al leer la descripción de síntomas se pudo dar cuenta que varios aparecen simultáneamente en la descripción de dos o más grupos. A este fenómeno se le llama **traslape de síntomas**. El traslape de síntomas causa confusión en los que observan a los estudiantes e inexactitud en los que diagnostican y tratan los problemas de aprendizaje. Por ejemplo, docentes y padres de familia de todos los estudiantes con bajo rendimiento observan lapsos cortos de atención, pobre seguimiento de instrucciones y falta de motivación académica. Con base en estas observaciones no resisten la tentación de concluir que tales síntomas se deben a déficit de atención. Enseguida aceptan y hasta exigen un diagnóstico de déficit de atención con su respectivo tratamiento de fármacos. El problema estriba en que no se estableció la existencia de los síntomas primarios de cada uno de los cuatro grupos: déficit de atención, dislexia, aprendizaje lento y trastornos emocionales. Por tanto, los lapsos cortos de atención, el pobre seguimiento de instrucciones y la falta de motivación pueden estar asociados a dislexia y/o aprendizaje lento. Esta situación se parece a la que sucede cuando hay enfermedades físicas con síntomas que se traslapan. Por ejemplo, la fiebre y el malestar general se observan con sarampión, rubéola y varicela. Mal haría el médico al diagnosticar y dar tratamiento para varicela sólo porque los padres reportan fiebre y malestar general.

Los síntomas que se traslapan se pueden clasificar en cuatro grupos: problemas de adaptación social, deficiencias cognoscitivas, malos hábitos durante las actividades académicas y falta de motivación académica. Es bueno tener en mente estos síntomas porque nos sirven para distinguir un grupo dentro de otros.

Problemas de adaptación social que se traslapan

1. Hiperactividad.
2. Distracción.
3. Agresión.

4. Impulsividad: pobre control de impulsos.
5. Rechazo social.
6. Irrespeto a reglas.
7. Desafío a las autoridades.
8. Mentira.
9. Irresponsabilidad.
10. Retraimiento.
11. Apatía.
12. Falta de energía.

Hay cuestionarios que llenan padres de familia y docentes que sirven para establecer la existencia de los síntomas ya mencionados. Tal vez usted, padre de familia o maestro, ha llenado uno de estos cuestionarios: *Conners, Iowa Conners, Child Behavioral Checklist, Yale Children's Inventory, SNAPS* y *DICA*. Los resultados de estos cuestionarios se asocian a déficit de atención. Sin embargo, según los reportes de Peggy Ackerman y Roscoe Dykman, de la Universidad de Arkansas; de Dennis Cantwell y Lorian Baker, de la UCLA; de Frank Gresham, de la Universidad de California en Riverside; de Kenneth Kavale, de la Universidad de Iowa, y de Elana Rock, del Loyola College de Maryland, las puntuaciones de estos cuestionarios no distinguen al déficit de atención entre dislexia, aprendizaje lento y trastornos emocionales. Por tanto, las puntuaciones de estos cuestionarios no nos sirven para decir a qué se debe el bajo rendimiento.

Deficiencias cognoscitivas que se traslapan

1. Inatención por sobrecarga cognoscitiva.
2. Falta de control de los procesos mentales.
3. Lapsos cortos de trabajo.
4. Pobre comprensión de instrucciones.
5. Pobre seguimiento de instrucciones.
6. Escasez de conocimientos o lagunas mentales.
7. Deficientes procesos mentales, como: asociación, discriminación, razonamiento, almacenaje y recuperación.
8. Carencia de estrategias metacognitivas, como: detección de errores, planificación y evaluación del procedimiento usado para corregir los errores.
9. Pobreza en lenguaje expresivo y receptivo.
10. Escasez de vocabulario.
11. Incomprensión lectora.
12. Faltas de ortografía.
13. Carencia de hábitos de estudio.

Es importante hacer notar que las anteriores deficiencias son, en buena medida, resultado de falta de práctica en lectura y escritura, del incumplimiento con tareas y de la mala preparación para los exámenes. Hay escasez de conocimientos y de procesos, lo cual entorpece aún más la adquisición de aprendizajes posteriores. Los resultados reportados por Patricia Alexander, de la Universidad de Maryland, indican que, cuando aprendemos un tema, digamos, las causas de la independencia, aprendemos respecto del tema y la forma de estudiar el tema. Esto es aprender a aprender. Además, los resultados de este tipo de investigaciones también indican que las estrategias y los hábitos de estudio se aprenden mejor cuando se adquieren *mientras* se estudia para una evaluación y no aisladamente. Parece ser que es mejor reflexionar acerca de lo que se hizo para que se le grabara y no asistir a un curso de hábitos de estudio o estrategias de aprendizaje.

Síntomas de bajo rendimiento académico que se traslapan

1. Bajas calificaciones.
2. Repetición de grados.
3. Reprobación de cursos.
4. Incumplimiento con tareas.
5. Desorden y suciedad en los cuadernos, trabajos, etcétera.
6. Pobre participación en grupos.
7. Lentitud y deficiencia en las actividades asignadas en clase.

Los maestros que al fin deciden solicitar ayuda para un estudiante lo hacen movidos por dos razones: inadaptación social y bajo rendimiento académico. Así, si le piden que vaya al colegio de su hijo, probablemente oirá que se porta mal, que va perdiendo las clases y que no pone atención. Aunque parezca redundante, es necesario recalcar que el bajo rendimiento académico, la inatención y el mal comportamiento están asociados a déficit de atención, dislexia, aprendizaje lento y/o trastorno emocional. En otras palabras, si concluimos que todo el que no pone atención es porque tiene déficit de atención es como decir que todo el que tiene fiebre tiene catarro.

Síntomas motivacionales que se traslapan

1. Nunca tiene ganas de estudiar.
2. No le gusta leer.
3. Evade las actividades académicas.
4. No se esfuerza.

5. Falta de perseverancia.
6. No escarmienta con el castigo.
7. No tiene disciplina mental.
8. Es necesario perseguirlo para que estudie. Hay que hacer tratos para que al fin estudie.

A veces, los síntomas motivacionales se usan para "explicar" el bajo rendimiento académico. Uno escucha: "No entiende lo que lee porque no tiene hábito de estudio", "no se le graba porque no pone interés", "no se queda quieto porque no pone de su parte". Para resistir la tentación de "explicar" el bajo rendimiento académico con la motivación, vale la pena recordar la forma en que se desarrolla la motivación académica. Ya en la introducción se explicó que la motivación es resultado de ejecutar una actividad libremente escogida y que brinda placer por el éxito alcanzado. Imagínese, los disléxicos ¡cómo van a sentir placer al leer! Al contrario, el malestar producido por la lectura genera deseos de evasión, cosa que no les es permitido. En lugar de ello, exigen concesiones o "tratos" para aguantar la lectura.

Si la falta de motivación no explica el bajo rendimiento académico, tampoco lo cura. Mejor dicho, si existiera el curso perfecto para desarrollar motivación académica y si los estudiantes salieran perfectamente bien motivados, al enfrentarse con el quehacer académico persistiría su desmotivación. Es que, cuando uno se enfrenta a una situación que demanda destrezas y conocimientos por encima de los que tiene, cuando no se experimenta éxito y no hay opción para terminarla, entonces no hay motivación para continuar. A uno no le dan ganas de hacer eso.

SÍNTOMAS CLASIFICATORIOS

Después de enumerar los síntomas que se traslapan, conviene especificar los síntomas que sí distinguen entre grupos.

DÉFICIT DE ATENCIÓN

1. Definición. El **déficit de atención** es un trastorno para enfocar los estímulos atingentes y sostener el procesamiento mental el tiempo necesario.

2. Síntomas primarios:

a) Inatención.
b) Impulsividad.
c) Inatención e impulsividad con hiperactividad.
d) Inatención e impulsividad sin hiperactividad.

3. Condiciones para que los síntomas primarios sean indicadores de déficit de atención:

a) Los datos fonológicos son abundantes y de buena calidad.
b) El lenguaje receptivo y expresivo es adecuado.
c) Las calificaciones obtenidas en las pruebas de vocabulario están dentro de lo esperado para su edad.
d) No hay trastornos emocionales.
e) La inatención, la impulsividad y la hiperactividad estuvieron presentes antes de ir al colegio.
f) La inatención, la impulsividad y la hiperactividad se observan con todo tipo de actividades, educativas y no educativas.
g) Los síntomas anteriores se observan cuando el estudiante está ejecutando una actividad con un nivel de dificultad adecuado.

Dislexia

1. Definición. Dislexia es un atraso inesperado en el aprendizaje y desarrollo de la lectura, escritura y comprensión de lectura.
2. Síntomas primarios:

a) Lentitud e ineficiencia para aprender el nombre o sonido de las letras.
b) Una vez aprendidos, les es difícil evocar el nombre o sonido de las letras.
c) Falta de fluidez en lectura oral.
d) Faltas de ortografía inesperadas para su edad.
e) Lentitud para escribir.
f) Incomprensión lectora por falta de fluidez.
g) Deficiencias fonológicas.

3. Condiciones para que los síntomas primarios sean indicadores de dislexia:

a) Ha tenido las mismas oportunidades que el grupo comparativo para aprender.
b) Tiene desarrollo mental dentro del promedio esperado para su edad.
c) No tiene deficiencias visuales ni auditivas.
d) No tiene daño cerebral.
e) No tiene trastornos emocionales.

Aprendizaje lento

1. Definición. Aprendizaje lento es la inhabilidad verbal que causa lentitud en el aprendizaje verbal.

2. Síntomas primarios:

a) Deficiencia para efectuar todos los procesos mentales realizados en memoria de corto plazo.
b) Inhabilidad verbal medida por lenguaje receptivo y expresivo.
c) Pobreza en vocabulario.
d) Cociente intelectual entre 70 y 85.

3. Condiciones para que los síntomas primarios sean indicadores de aprendizaje lento:

a) La lentitud es general, con todo tipo de datos y en todo lugar.
b) La deficiencia fonológica es menor que la deficiencia verbal.
c) La lentitud en el aprendizaje existió antes de iniciarse el aprendizaje escolar.

Trastornos emocionales

1. Definición. Trastornos emocionales son deficiencias en la adaptación social.

2. Síntomas primarios:

a) Baja tolerancia a la frustración.
b) Pobre control de impulsos.
c) Dificultad para formar lazos afectivos.
d) Reacciones emocionales dominadas por ansiedad, ira, tristeza, irritación y letargo.

3. Condiciones para que los síntomas primarios sean indicadores de trastornos emocionales:

a) Las reacciones emocionales están en desproporción con los eventos desencadenantes.
b) Las reacciones emocionales son frecuentes y duraderas.
c) No hay deficiencias fonológicas.
d) Hay habilidad verbal dentro del rango esperado.
e) Enfocan y sostienen la atención.

A veces los estudiantes presentan varios síntomas primarios al mismo tiempo. En tal caso, se dice que el estudiante padece dos trastornos concomitantemente. Por ejemplo, un estudiante puede presentar deficiencias fonológicas, falta de fluidez en lectura oral, pérdida de atención cuando está dándole de comer al perro e impulsividad cuando está jugando un juego de mesa. En este caso, se podría hablar de dislexia y déficit de atención. Lógicamente, el diagnóstico y el tratamiento son más complejos cuando existen dos padecimientos.

RECOMENDACIONES PARA EL DIAGNÓSTICO

¿Qué información debería estar incluida en el reporte? Es bueno que el reporte indique el diagnóstico y la forma como éste se respalda con los datos emanados de la evaluación. Además, y muy importante, es tan útil que en el reporte se aborden las preocupaciones planteadas por todos los adultos en control del estudiante. Para respaldar el diagnóstico, padres de familia y docentes leerán datos respecto de las habilidades y destrezas asociadas a los cuatro grupos: déficit de atención, dislexia, aprendizaje lento y trastornos emocionales. Las habilidades son factores que permiten el aprendizaje y el desarrollo de un conocimiento. Son nuestras predisposiciones para aprender. Las destrezas son los conocimientos adquiridos. Además de habilidades y destrezas, los reportes incluyen datos respecto del desarrollo físico, emocional y académico. En nuestro caso, es muy útil hacer una historia detallada del desarrollo académico, pues ésta nos da pistas respecto del padecimiento. Mientras reporta el desarrollo, plantee sus preocupaciones, reporte lo que ha escuchado, haga las preguntas que desea contestar mediante la evaluación.

La siguiente es una lista de habilidades que probablemente encontrará en un reporte psicológico.

1. Habilidad verbal:

   a) Vocabulario.
   b) Lenguaje receptivo: comprensión de mensajes verbales.
   c) Lenguaje expresivo: habilidad para darse a entender con palabras.
   d) Razonamiento con palabras.

2. Habilidad no verbal:

   a) Asociaciones, discriminaciones, razonamiento, conclusiones, etc., sin palabras.

3. Habilidad fonológica:

   a) Rapidez para evocar el nombre de letras, dígitos, colores y objetos.

b) Eficiencia para identificar o producir rimas o sonidos iniciales.
c) Eficiencia para unir, separar, omitir o cambiar los fonemas de palabras presentadas oralmente.
d) Rapidez y eficiencia para aprender el nombre y/o sonido de las letras.

4. Memoria de corto plazo:

a) Eficiencia para el recordatorio inmediato de letras, dígitos, palabras, figuras o movimientos, todos presentados sin un orden específico.
b) Repetición inmediata de seudopalabras o palabras desconocidas.
c) Retención inmediata de asociaciones verbales o no verbales.

5. Memoria de largo plazo:

a) Evocación de cualquier información previamente aprendida. Puede ser verbal o no verbal.
b) Aplicación de conocimientos adquiridos para resolver problemas actuales.

6. Atención:

a) Eficiencia para el recordatorio inmediato de letras, dígitos, palabras, figuras o movimientos.
b) Habilidad para mantenerse alerta, inhibir respuestas y cambiar el foco de atención.

Como puede ver, esta lista de habilidades es cabalmente la que se necesita para establecer el diagnóstico, es decir, en cuál de los cuatro grupos encajan mejor las inhabilidades del estudiante reportado.

Enseguida se incluye una lista de destrezas o conocimientos adquiridos.

1. Fluidez en lectura oral:

a) Cantidad de palabras correctamente leídas por minuto.
b) Tiempo (en segundos) empleado para leer listas de palabras o párrafos.
c) Errores cometidos al leer en voz alta.

2. Ortografía:

   a) Cantidad de palabras escritas con ortografía correcta.
   b) Cantidad de palabras escritas sin omisiones, uniones o separaciones.

3. Rapidez para escribir:

   a) Cantidad de palabras escritas por minuto.
   b) Tiempo empleado para escribir una cantidad de palabras.

4. Comprensión lectora:

   a) Cantidad de respuestas correctas a preguntas sobre un párrafo leído.

5. Conocimiento en matemáticas:

   a) Cantidad de respuestas correctas sobre contenidos de matemáticas.

6. Vocabulario en ciencias naturales:

   a) Cantidad de definiciones correctas de palabras que designan conceptos en esta materia.

7. Vocabulario en ciencias sociales:

   a) Cantidad de definiciones correctas de palabras que designan conceptos en esta materia.

8. Redacción:

   a) Uso correcto de puntuación.
   b) Redacción correcta de oraciones y párrafos.

Las listas de habilidades y destrezas proveen información respecto de la existencia de las fallas y atrasos asociados con los cuatro grupos de diagnóstico. Esta información resulta ser de gran utilidad cuando se coteja con los datos descriptivos del desarrollo académico. Si el diagnóstico responde preguntas, despeja incógnitas y calma tormentas, todos nos sentimos satisfechos. Por eso es bueno que los que solicitan la evaluación planteen preguntas, dudas e inquietudes. A veces, a los psicólogos, enamorados de las pruebas y de los números, se nos olvida que ellos representan conductas, y que éstas pueden o no estar dentro de las preocupaciones de los que nos encargaron la evaluación.

RECOMENDACIONES PARA EL TRATAMIENTO

El diagnóstico nos da pistas sobre el tratamiento indicado para que se resuelvan las inhabilidades y se nivelen las destrezas. La siguiente es una lista de recomendaciones para optimizar los resultados de un tratamiento.

1. Definir prioridades:

a) Si hay varios síntomas, decidan cuál es el que está afectando más negativamente el rendimiento académico. Sería bueno empezar por allí.
b) Consideren que generalmente hay recursos limitados. Los padres no pueden pagarle a todo un equipo de especialistas. Los estudiantes no pueden pasar mucho tiempo en terapias pues necesitan hacer tareas.

2. Trabajar en equipo:

a) Si el estudiante está recibiendo varios tratamientos, es bueno que todos usen estrategias que se complementan.
b) Lo anterior es especialmente cierto cuando se recibe tratamiento para la dislexia. El estudiante se confunde cuando se le enseñan distintos procedimientos para la lectura, escritura, ortografía y comprensión de lectura.
c) Lo más recomendable es que sólo un profesional se encargue de la rehabilitación cognoscitiva en el caso de dislexia, déficit de atención y aprendizaje lento.

3. Establecer línea base:

a) Es útil tener un dato respecto del nivel inicial en una destreza o habilidad.
b) El punto de partida nos sirve para decidir la efectividad del tratamiento, pues se pueden especificar el adelanto, estancamiento o atraso.
c) Ejemplo de línea base es la cantidad de palabras por minuto leídas correctamente al inicio del tratamiento.

4. Es más factible lograr éxito cuando la destreza intervenida se parece a lo que se le está pidiendo al estudiante:

a) El alumno que no puede leer bien aprende a hacerlo leyendo. Los cursos de estrategias, hábitos de estudio o motivación no son tan útiles porque no ejercitan lo necesario para leer bien.
b) Si no puede inhibir impulsos, que haya reglas, por ejemplo: "No se vale interrumpir", "no se vale contestar antes de que yo haga toda la pregunta".
c) Si no lee las instrucciones, que se ejercite esta destreza durante el tratamiento.

5. Los tratamientos con mayor éxito tienen las siguientes características:

a) Los da un profesional con grados académicos pertinentes: licenciatura, maestría y/o doctorado en psicología educativa.
b) Es de uno a uno: un estudiante con un profesional.
c) Se da en las etapas iniciales. Entre más temprano, más eficaz.

6. Aunque sea difícil, es útil definir las causas y consecuencias del bajo rendimiento e intervenir las causas:

a) Por ejemplo, la falta de motivación es resultado y no causa de los síntomas primarios de dislexia. Por tanto, es bueno desarrollar la habilidad lectora para propiciar motivación para leer.
b) El autoestima académica y los malos hábitos de estudio pueden también ser resultado y no causa del bajo rendimiento.

7. Detección y tratamiento tempranos:

a) Si, como docente o padre de familia, le inquieta lo que está viendo en un estudiante de cinco o seis años, consulte. Es mejor salir de la duda que quedarse con ella, pues así se evitan complicaciones.
b) Los tratamientos en etapas iniciales tienden a ser más eficaces porque todavía no han aparecido complicaciones a causa del problema de aprendizaje.

8. Por último, se recomienda que tanto el diagnóstico como el tratamiento lo haga un profesional calificado. Es bueno que tenga grados académicos pertinentes, que sepa la teoría que sustenta sus intervenciones y que lo capacita para hacer las modificaciones necesarias para acomodar las necesidades de cada estudiante. Es bueno recordar que el diagnóstico es obra del profesional y no de los resultados de las pruebas. La eficacia de un tratamiento es también obra de un profesional que sabe seleccionar, aplicar y evaluar los resultados de un tratamiento. No se deje llevar por programas con nombres extranjeros que se aplican en grupo por un profesional con experiencia en el programa pero ignorante de las preocupaciones de los adultos en control del aprendizaje del estudiante en cuestión.

Ya dijimos que cuando el diagnóstico responde preguntas, despeja incógnitas y calma tormentas nos hace sentir satisfechos a todos. El tratamiento que nivela destrezas y desarrolla habilidades nos hace sentir satisfechos, alegres y ¡galanes! Si el diagnóstico y el tratamiento son acertados, todos veremos remisión de los síntomas anteriormente enumerados. Esperemos que la descripción del procesador humano de información, los síntomas primarios de cada grupo y las recomendaciones para el diagnóstico y para el tratamiento nos ayuden a todos a sentirnos satisfechos, alegres y galanes.

LECTURAS RECOMENDADAS

Alexander, P. (1997). "Knowledge-seeking and self-schema: A case for the motivational dimensions for exposition." *Educational Psychologist, 32,* 83-94.

Salazar, C. E. (1999). *Criterios para seleccionar ejercicios de aprestamiento, enseñanza, evaluación y corrección de lectoescritura en español.* Guatemala: Autor.

Snowling, N., Goulandris, N., Defty, N. (1996). "A longitudinal study of reading development in dyslexic children." *Journal of Educational Psychology, 88,* 653-669.

Stanovich, K. (1986). "Matthew effects in reading: Some consequences of individual differences in the acquisition of literacy." *Reading Research Quarterly, 16,* 32-71.

Stanovich, K. (1991). "Discrepancy definitions of reading disability: Has intelligence led us astray?" *Reading Research Quarterly, 26,* 7-29.

Stanovich, K. (1992). "Speculations of the causes and consequences of individual differences in early reading acquisiton." En P. Gough, L., Ehri, L., R. Treiman (Eds.). *Reading Acquisition.* Hillsdale, NJ: Erlbaum Associates.

Stanovich, K. & Cunningham, A. (1993). "Where does knowledge come from? Specific associations between print exposure and information acquisition." *Journal of Educational Psychology, 85,* 211-229.

Stanovich, K. & Siegel, L. (1994). "Phenotypic performance profile of children with reading disabilites: A regression-based test of the phonological-core variable-difference model." *Journal of Educational Psychology, 86,* 24-53.

Swanson, H. (1994). "Short-term memory and working memory: Do both contribute to our understanding of academic achievement in children and adults with learning disabilities?" *Journal of Learning Disabilities, 27,* 34-50.

Swanson, H. & Alexander, J. (1997). "Cognitive processes predictors of word recognition and reading comprehension in learning-disabled and skilled readers: Revisiting the specificity hypothesis." *Journal of Educational Psychology, 89*, 128-158.

Torgesen, J. (1990). "Learning Disabilities: Historical and conceptual issues." In B. Y. L. Wong (Ed.). *Learning about Learning Disabilities.* New York: Academic Press.

Torgesen, J., Wagner, R., Rashotte, C. (1997). "Prevention and remediation of severe reading disabilities: Keeping the end in mind." *Scientific Studies of Reading, 1*, 217-234.

Torgesen, J., Wagner, R., Rashotte, C., Burgess, S. & Hecht, S. (1997). "Contributions of phonological awareness and rapid automatic naming ability to the growth of word-reading skills in second to fifth-grade children." *Scientific Studies of Reading, 1*, 161-185.

Índice analítico